Pour parler AFFAIRES

Méthode de français commercial

Margaret Mitchell

Chancerel

Pour parler AFFAIRES

Coordination éditoriale :
Béatrice Rigaud assistée de
Viviane Klein
Profils et activités sur le Net :
Béatrice Rigaud et
Véronique Olivo
Grammaire : Hakim M'Barek
Lexique : Gabriele Korn,
Carole Coen
Initialisation du projet :
Picot Cassidy assistée de Petite
Planète Editions (recherche
documentaire, conseil
linguistique et corrections)

**Maquette et conception
graphique :** STARFISH DESIGN
FOR PRINT, Gregor Arthur
Iconographie : Barbara Préat
Illustrations : Dominique Boll
Cartes : Cédric Knight

Crédits photographiques :

Couverture : ICONOS/Reperant/Explorer ; Ilico/WALLIS.
LA DOCUMENTATION FRANÇAISE, photos : France
Télécom/ONS/COM/Michel Reynaud, 15, 53 ; Crédit Lyonnais, 34;
Françoise Saur/Visum, 43 ; France Télécom/DR/Emile Lombard, 57 ;
Jean-Marc Lalier/Editing, 38, 48, 55, 57 (2 photos), 73, 74, 93 (2
photos), 120 ; P. Schuller/Editing, 83 ; Patrick Dewarez, 88, 92, 98 ;
Edouard Petit, 98 ; F. de la Mure/MAE, 103 ; Dominique
Bravermann, 112 ; Gilles Larvor/Vu, 118. ICONOS, photos : Gabriel,
8 ; Villerot/Diaf, 8 ; Villerot, 11 ; Richer/Hoa-Qui, 19 ; J. Hérault/
Hoa-qui, 70. OFFICE DU TOURISME DE COURCHEVEL, Ch. Arnal, 17 ;
Basile/M. Buscail, 19. QUICK Snickers/Transpac, 20.
LA MÉDIATHÈQUE EDF/Marc Monceau, 21. Laurent Agut, 23.
GAMMA/Alain Buu, 28. FRANCE TÉLÉCOM, photos : Jacques Valat,
33 ; P. F. Grosjean, 73. LVMH/Tyen, 45. Musée de la Poste, Paris,
48. CHRONOPOST, photos : C. Dupont, 58 ; Tango periférico, 63.
OFFICE DU TOURISME ET DES CONGRÈS DE NICE : 41 (3 photos), 126.
OFFICE DU TOURISME DE STRASBOURG, photos : B. Henry, 42 ; G.
Engel, 42, 88. AGENCE DEHAIS, (2 photos), 89. SIPA PRESS/B.
Schacht (3 photos), 91 ; Max Colin, 111. NOUVEL ENTREPRENEUR,
97. GROUPE ACCOR, photos : Jean-Pierre Bolle, 101 ; Fabian
Charaffi, 105 ; Jean Guichard, 108 ; Jean-Marc Blache, 110.
AIR FRANCE/Ph. Delafosse, 99, 103. MAIRIE DE PARIS/H. Garat, 102.
Salon SOLO CONNEXIONS, 94. Symboles Le Guide Rouge, MICHELIN
Editions du Voyage 2000, 100. LA VIE CLAIRE/Jean-Claude
Dortmann, 111. HAVAS ADVERTISING/Ch. Boutet, 122.

Remerciements :

3 SUISSES, ADIDAS, AGROSPACK, AIRBORNE, AIRBUS INDUSTRIE,
ALCATEL, ANPE, ART BUREAU, BIC, BNP PARIBAS, CASIO,
CMA CGM, DANONE, DARTY, DHL, DISTRIBORG, EXPRESSELF,
FLO PRESTIGE, FOIRE INTERNATIONALE DE NANTES, FRANCE
TÉLÉCOM, GALERIES LAFAYETTE, GREENPEACE, HAVAS VOYAGES,
Hôtel CLIMAT DE FRANCE Montpellier, INDICATEUR BERTRAND,
INFOGRAMES, KEY TRONIC, LA COURONNE, LA POSTE, LA
REDOUTE, LABORATOIRES GARNIER, LAFUMA, LAROUSSE, LE
PRINTEMPS, LVMH, MAISON PHENIX, MARIONNAUD PARFUMERIES,
MICHELIN, MINISTÈRE DE L'ÉCONOMIE ET DES FINANCES,
MOULINEX, PAGES JAUNES, PETIT BATEAU, PEUGEOT,
POLLUTEC/MILLER FREEMAN, RECKITT & COLMAN FRANCE,
RENAULT, RTL, SMURFIT, SOCIETE GENERALE, SVP, TF1
TELESHOPPING, THOMSON, WEB MARCHAND.

Avant-propos

Résolument actuel et exclusivement ancré dans la vie quotidienne en entreprise, *Pour parler affaires* s'adresse à tous ceux qui, ayant déjà des connaissances de base en français, ont ou auront besoin du français commercial dans leur vie professionnelle.

Pour parler affaires est conçu aussi bien pour des jeunes en formation professionnelle ou universitaire que pour des adultes en formation permanente ou en cours du soir. Cette méthode leur permettra non seulement de « faire des affaires » en français, mais aussi de comprendre comment se font les affaires en France. En effet, les pages *Profils* développent des aspects socio-économiques de la France contemporaine tandis que les rubriques *Conseils pro* sont consacrées à l'explication des usages dans les relations professionnelles.

Avec 125 pages en couleur comportant de nombreux documents authentiques issus d'une recherche approfondie auprès des entreprises françaises, *Pour parler affaires* encourage les apprenants à communiquer directement en situation professionnelle à l'oral comme à l'écrit. La langue commerciale est introduite sous forme de dialogues enregistrés sur cassette ou CD, de jeux de rôle, de textes courts et d'activités interactives sur des sites Internet français. Tout le vocabulaire commercial est repris en fin d'ouvrage dans un lexique complet que l'on retrouvera en version multilingue sur le site Internet de la méthode www.pourparleraffaires.com.

Clairement structuré, *ce Livre de l'étudiant* se compose de 10 Modules découpés en 4 ou 5 Étapes autour d'un même thème. Chaque Étape constitue une leçon à part entière autour d'une situation de communication qui donne lieu à l'apprentissage d'un point de grammaire spécifique. Chaque leçon intègre la pratique collective des quatre compétences langagières. *Le Livre d'activités* ainsi qu'un grand nombre d'exercices autocorrectifs sur le site Internet de la méthode permettent l'approfondissement individuel des structures.

Par son approche authentique et communicative, cette méthode est particulièrement recommandée à tous ceux qui désirent obtenir les certifications de français des affaires de la Chambre de Commerce et d'Industrie de Paris (CCIP).

Guilhène MARATIER-DECLETY
Directrice des Relations Internationales / Enseignement
Chambre de Commerce et d'Industrie de Paris (CCIP)

Tableau des contenus

● *Dossiers simulation* p.126   ● *Transcription des enregistrements* p.143   ● *Grammaire* p.161

● *Lexique alphabétique* Module par Module avec phonétique p.173 ● *Index alphabétique général* p.199

Mode d'emploi

Les Modules

Chaque Module est structuré de sorte que toutes les compétences langagières soient mises en œuvre progressivement.

Objectifs : Ce que l'on va apprendre dans chaque Module.

Expression orale : Pour s'échauffer, on s'exprime d'abord en groupe avec du vocabulaire déjà connu.

Compréhension de l'écrit : On lit un texte ou un document authentique spécialement conçu pour apprendre le vocabulaire spécialisé.

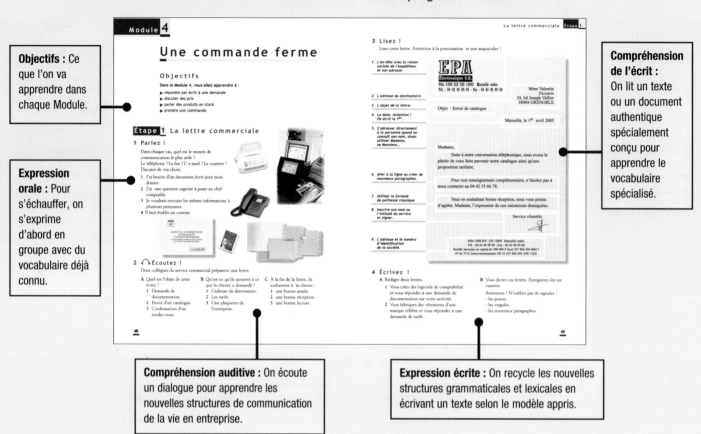

Compréhension auditive : On écoute un dialogue pour apprendre les nouvelles structures de communication de la vie en entreprise.

Expression écrite : On recycle les nouvelles structures grammaticales et lexicales en écrivant un texte selon le modèle appris.

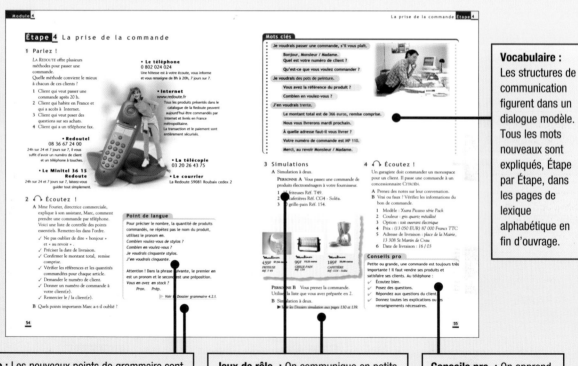

Vocabulaire : Les structures de communication figurent dans un dialogue modèle. Tous les mots nouveaux sont expliqués, Étape par Étape, dans les pages de lexique alphabétique en fin d'ouvrage.

Grammaire : Les nouveaux points de grammaire sont liés à la situation de communication de l'Étape. Pour avoir une explication syntaxique, on peut consulter les **Dossiers grammaire** en fin d'ouvrage. Pour s'entraîner, on peut faire les exercices du Livre d'activités et ceux du site Internet.

Jeux de rôle : On communique en petits groupes et on recycle les structures apprises. Des jeux de rôle supplémentaires sont présentés pour chacun des partenaires dans les **Dossiers simulation** en fin d'ouvrage.

Conseils pro : On apprend comment il faut se comporter dans la vie professionnelle en France.

Les Profils

À la suite de chaque Module, les Profils abordent certains aspects socio-économiques de la France.

Texte d'introduction à lire ou à parcourir pour élargir ses connaissances.

Tableaux, graphiques, schémas propres au monde des affaires à analyser.

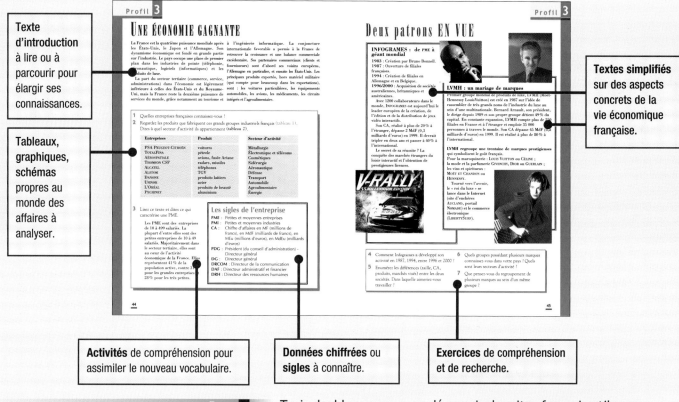

Textes simplifiés sur des aspects concrets de la vie économique française.

Activités de compréhension pour assimiler le nouveau vocabulaire.

Données chiffrées ou **sigles** à connaître.

Exercices de compréhension et de recherche.

Les activités sur le Net

Trois doubles pages pour découvrir des sites français utiles en contexte professionnel. Les exercices se font en se connectant sur le Net. Ils permettent de renforcer des connaissances acquises dans les Modules précédents.

Présentation d'un site pour comprendre ce qu'on y trouve.

Conseils d'utilisation pour éviter les fausses manœuvres.

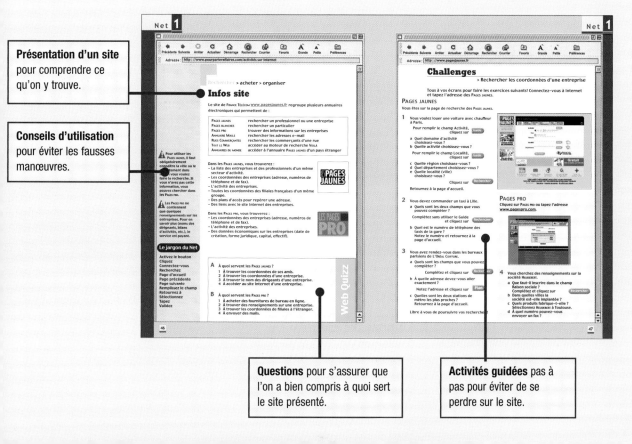

Questions pour s'assurer que l'on a bien compris à quoi sert le site présenté.

Activités guidées pas à pas pour éviter de se perdre sur le site.

Notre entreprise

Objectifs

Dans le Module 1, vous allez apprendre à :

▶ vous présenter dans un contexte professionnel

▶ présenter vos collègues : nom et fonction

▶ décrire un produit

▶ parler des activités d'une entreprise

▶ parler des exportations d'une entreprise

Étape 1 Les présentations

1 ▶ Parlez !

Pour chaque photo, trouvez la bonne salutation.

> Monsieur Chaumel ? Enchantée.

> Salut, ça va ?

> Bonjour, Didier. Vous allez bien ?

Entre amis

Entre collègues

Avec un client

2 🎧 Écoutez !

Écoutez les dialogues 1, 2 et 3. Est-ce que ces personnes rencontrent un(e) collègue, un(e) ami(e), un(e) client(e) ?

1 Michel

2 Hervé Blanc

3 Odile

Mots clés

- Bonjour, Monsieur / Madame.

- Je me présente : je m'appelle Hervé Blanc.

- Je travaille pour la société / l'entreprise DUMONT.
  Je travaille chez DUMONT.

- Très heureux / heureuse de faire votre connaissance.
  Enchanté(e).

3 Parlez !

Lisez les Mots clés et complétez le dialogue.

M. Borteau :	Bonjour, Madame. Je me .... : je suis Christian Borteau. Je travaille pour l' .... PRADIER.
Mme Hernandez :	.... Je m'appelle Monique Hernandez. Je .... pour la .... RACO.
M. Borteau :	Je suis .... de faire votre connaissance.

Conseils pro

Si vous rencontrez un(e) client(e) :

✓ N'oubliez pas de dire **Bonjour** ou **Bonsoir** et d'ajouter **mademoiselle**, **madame** ou **monsieur**. Si vous connaissez le nom de la personne, dites **Bonjour**, **Monsieur Dupont** ou **Bonjour**, **Madame Vigneault**.

✓ Serrez toujours la main des personnes que vous rencontrez ou que vous quittez.

✓ N'utilisez pas les prénoms des personnes.

4 Simulation

A Choisissez une entreprise française. Puis, circulez dans la classe et présentez-vous professionnellement. N'oubliez pas de vous serrer la main !

Exemple
*Bonjour, Madame. Je me présente :
je suis David Roux.
Je travaille pour la société* MICHELIN.

B Combien de personnes avez-vous rencontrées ?

Étape 2 Le personnel

1 ▶ Parlez !

Regardez ces badges. Connaissez-vous ces professions ?
À votre avis, quelle profession est la plus intéressante ?

Nicolas FIRMIN
Chef comptable

Marie-France POMMIER
Secrétaire

Corinne PELLETIER
Ingénieur

Karim BENJEDDI
Commercial

2 ▶ Écoutez !

M. Colin, directeur commercial chez FRAP, rencontre des personnes de la société BOTEL.

Pierre SABATELLI
Architecte

A M. Colin rencontre combien de personnes ?

B Trouvez la fonction de chaque personne.

1	Claudine Musset	**a**	acheteur
2	Henri Dupont	**b**	comptable
3	Hélène Vigneault	**c**	responsable des achats
4	Gilles Dufresne	**d**	directeur général

C Que font ces personnes chez BOTEL ?

Exemple
Claudine Musset travaille chez BOTEL au service des achats.
Elle est responsable des achats.

Mots clés

Je vous présente Nicolas Firmin / Hélène Vigneault.

Il / elle est comptable.

Il / elle s'occupe de la comptabilité de notre entreprise.

DIRECTION
Directeur général

SERVICE DE LA PRODUCTION Directeur technique	SERVICE COMMERCIAL Directeur commercial	SERVICE DES ACHATS Responsable des achats	SERVICE DE LA COMPTABILITÉ Chef comptable
Ingénieurs Techniciens	Commerciaux Secrétaires	Acheteurs Secrétaires	Comptables Secrétaires

3 🎧 Écoutez !

Alain Pontier et Alice Favori parlent de leur travail. Complétez les phrases.

1 Alain Pontier travaille au service de :
   a la production.
   b la comptabilité.

2 Il est :
   a ingénieur.
   b technicien.

3 Il s'occupe :
   a des machines.
   b de l'usine.

4 Il préfère :
   a travailler dans un bureau.
   b travailler de ses mains.

5 Alice Favori travaille au service :
   a commercial.
   b de la comptabilité.

6 Elle est :
   a secrétaire.
   b commerciale.

7 Elle s'occupe :
   a des clients.
   b des machines.

8 Elle préfère :
   a rester au bureau.
   b rencontrer les clients.

Point de langue

Si vous parlez de la fonction de quelqu'un, ne mettez pas d'article.

Il est directeur commercial.
Elle est directrice commerciale.

Il est responsable des achats.
Elle est responsable des achats.

▶ *Voir le Dossier grammaire 1.2.3.*

4 Simulations

A Simulation à trois.
   Regardez les cartes de visite.

   PERSONNE A Vous êtes Olivier Thomas ou Isabelle Lambert. Présentez-vous professionnellement.
   PERSONNE B Vous êtes directeur commercial chez DAC. Présentez Olivier Thomas à un client.
   PERSONNE C Vous êtes directeur technique chez DAC. Présentez Isabelle Lambert à un client.

B Simulation à trois.
▶ *Voir les Dossiers simulation aux pages 126, 135 et 142.*

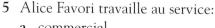

Olivier THOMAS
Commercial
Service commercial
Clients européens

9, rue Rolin - B.P. 304 – 21017 Dijon Cedex
(France)
Tél. : 33-(0)3 80 19 42 00
Fax : 33-(0)3 80 19 42 13

Isabelle LAMBERT
Ingénieur
Service de la production
Nouveaux produits

9, rue Rolin - B.P. 304 – 21017 Dijon Cedex
(France)
Tél.: 33-(0)3 80 19 42 01
Fax : 33-(0)3 80 19 42 12

Étape 3 Les produits

1 ▶ Parlez !

Est-ce que vous avez un baladeur, une calculatrice ou un portable ? Trouvez trois adjectifs pour les décrire.

Exemple
Ma calculatrice est bleue. Elle est petite et pratique.

2 Écoutez !

M. Colin présente trois modèles de chaises de la société FRAP. Écoutez et trouvez l'adjectif qui correspond à chaque modèle.

1 **Plias**
a empilable
b solide
c pratique

2 **Design**
a pliante
b pratique
c confortable

3 **Kado**
a pratique
b solide
c confortable

Mots clés

C'est un produit / un modèle...
pratique / solide / confortable
haut de gamme / bas de gamme
classique / original
en plastique / en métal / en cuir

Il existe en trois coloris : rouge, jaune et noir.

Modèle
Chaise PLIAS
bas de gamme
Coloris
rouge
blanc
noir
Caractéristiques
solide
pliante
classique
Matière
en métal
Prix   (22, 5 €) 150 F

Modèle
Chaise DESIGN
haut de gamme
Coloris
marron
Caractéristiques
confortable
élégante
originale
Matière
en cuir
Prix   (202, 5 €) 1 350 F

Modèle
Chaise KADO
haut de gamme
Coloris
noir
jaune
bleu
Caractéristiques
pratique
empilable
Matière
en plastique
Prix   (54 €) 360 F

3 Lisez !

Vous cherchez des chaises dans un catalogue et vous trouvez ce modèle. Est-il adapté pour :

a la salle de réunion.
b l'accueil.

> **X-tra**
> Il est pratique, empilable et solide. Ce modèle bas de gamme est en métal et en plastique. Il existe en trois coloris : jaune, vert, bleu.

Point de langue

Pour l'accord des adjectifs, attention ! Certains sont identiques au masculin et au féminin.

Ce modèle est solide.
Cette chaise est solide.

Ce bureau est pratique.
Cette table est pratique.

▶ *Voir le Dossier grammaire 3.2.1.*

4 🎧 Écoutez !

Le personnel de BOTEL discute des différents modèles de chaises.

A Quels modèles choisissent-ils pour :

1 la salle de réunion ?
2 l'accueil ?

B Êtes-vous d'accord avec leur choix ? Expliquez pourquoi.

Exemple
Je suis d'accord avec / Je ne suis pas d'accord avec leur choix parce que le modèle… est…

5 Simulations

A Simulation à deux.
Regardez ces bureaux.

PERSONNE A Vous travaillez au service des achats chez BOTEL. Choisissez le bon modèle pour :

1 une responsable des achats qui reçoit beaucoup de clients dans son bureau.
2 un comptable qui utilise un ordinateur et un téléphone.

Expliquez votre choix.

PERSONNE B Vous écoutez votre collègue. Vous n'êtes pas d'accord. Expliquez pourquoi.

Exemple
- Pour le comptable, je choisis le modèle…
parce qu'il est pratique.
- Je ne suis pas d'accord. Je préfère le modèle… parce qu'il existe en 3 coloris.

B Simulation à trois.

▶ *Voir les Dossiers simulation aux pages 126, 135 et 142.*

Étape 4 Les secteurs d'activité

1 Parlez !

53 pour cent des Français achètent leurs produits alimentaires dans les grandes surfaces (supermarchés et hypermarchés). Préférez-vous faire vos courses au marché, dans un supermarché ou sur Internet ?
Expliquez pourquoi.

2  Écoutez !

Ces personnes parlent de leur entreprise. Quelle est l'activité de chaque entreprise ? Fabricant, grossiste ou détaillant ?

1 la Société BERNARD   4 VÉLO 2000
2 FABRE et COMPAGNIE   5 LASSALLE et FILS
3 SPORTPRIX   6 RODEL INDUSTRIE

Mots clés

> Quelle est l'activité de votre entreprise ?

> Nous sommes fabricant / grossiste / détaillant.

> Nous vendons en gros / au détail.

> Nous vendons par VPC (Vente par correspondance).

SCHÉMA DE DISTRIBUTION

LE FABRICANT
- fabrique un produit.
- vend directement le produit au grossiste ou au détaillant.
- vend directement le produit au consommateur par VPC (vente par correspondance, c'est-à-dire par courrier).

LE GROSSISTE
- achète le produit au fabricant.
- revend le produit au détaillant (vente en gros).

LE DÉTAILLANT
- s'occupe d'un point de vente : magasin ou hypermarché.
- vend le produit au consommateur (vente au détail).

LE CONSOMMATEUR
- achète !

3 Écrivez !

Lisez le schéma de distribution de la page 14.
Corrigez ces phrases.

1 Le détaillant vend des produits au grossiste.
2 Un fabricant ne peut pas vendre ses produits
  par VPC.
3 Le grossiste vend les produits directement au
  consommateur.
4 Le fabricant s'occupe de la vente au détail.
5 Le détaillant fabrique un produit.
6 La vente au détail, c'est quand le consommateur
  achète par courrier ou par téléphone.

4 Écoutez !

RACO est un fabricant de chaises. Odile Van Deck,
commerciale chez RACO, recherche un nouveau grossiste.

A Comment s'appellent les deux grossistes qu'elle contacte ?

   a FURET ET COMPAGNIE   **c** MEUBLES LEBLANC
   b LEGRAND   **d** FAURE ET COMPAGNIE

B Plus tard, Odile Van Deck parle à son directeur commercial.
  À votre avis, que dit-elle ?

Je vais envoyer notre catalogue à deux grossistes : les MEUBLES LEBLANC et FAURE ET COMPAGNIE. Ils sont tous les deux intéressants.

ⓐ

Le grossiste FAURE ET COMPAGNIE est plus intéressant parce qu'il vend du mobilier de bureau.

ⓑ

Le grossiste MEUBLES LEBLANC est plus intéressant parce qu'il vend des produits haut de gamme.

ⓒ

5 Simulation

Simulation à deux.

▶ *Voir les Dossiers simulation aux pages 126 et 135.*

6 Écrivez !

Regardez cette photo. Présentez
cette entreprise. Quel est son
secteur d'activité ? Quels sont
les produits vendus ? Est-ce
qu'elle fait de la vente au détail
ou en gros ?

Étape 5 L'import-export

1 Parlez !

A Regardez dans votre sac ou votre porte-documents. Combien d'objets sont fabriqués dans votre pays ? Et à l'étranger ?

B À votre avis, votre pays exporte quels types de produits ?

2 Écoutez !

TRANSFERT est un fabricant français de téléphones mobiles. La directrice commerciale de TRANSFERT parle des ventes à l'étranger. Quels noms de pays entendez-vous ?

a Les États-Unis	**d** Le Royaume-Uni	**g** La Suède	**j** L'Italie
b La Tunisie	**e** La Belgique	**h** Le Maroc	**k** La Finlande
c Le Japon	**f** Le Canada	**i** Les Pays-Bas	**l** L'Australie

Mots clés

- **Nos produits sont commercialisés** dans 15 pays du monde.
- **Nous exportons en** Europe / **au** Japon / **aux** États-Unis.
- **Notre marché clé est** l'Europe / le Japon / les États-Unis.
- **Nous vendons 30,9 pour cent de nos produits en Europe.**

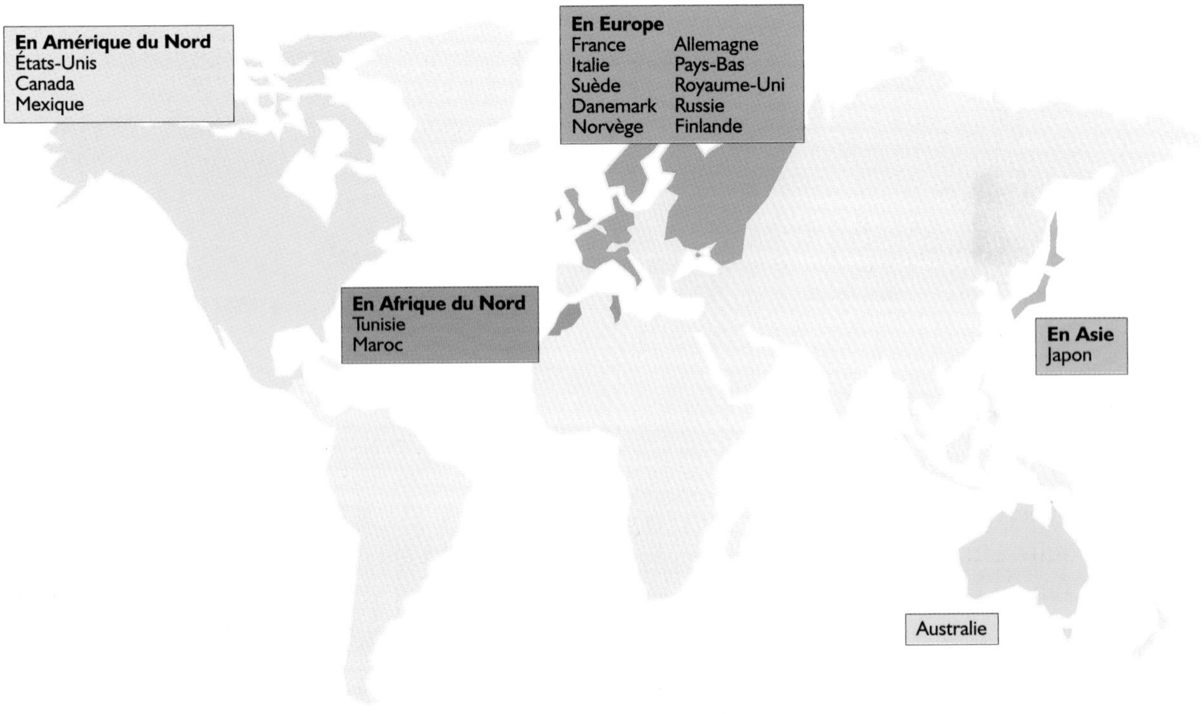

En Amérique du Nord
États-Unis
Canada
Mexique

En Europe
France   Allemagne
Italie   Pays-Bas
Suède   Royaume-Uni
Danemark   Russie
Norvège   Finlande

En Afrique du Nord
Tunisie
Maroc

En Asie
Japon

Australie

MARCHÉS CLÉS

3 Écrivez !

Complétez ces phrases.

1 Nous fabriquons des chaises .... France depuis cinquante ans.

2 Les marchés clés pour notre entreprise se trouvent surtout .... Allemagne, ... Japon, ... États-Unis et .... Australie.

3 Cette année, nous commercialisons aussi nos chaises .... Danemark et .... Suède.

4 .... Pays-Bas, nous commençons à vendre notre collection haut de gamme.

4 Parlez !

Vous êtes commercial(e) pour un fabricant de matériel de sport. Parlez de :

- vos marchés clés.
- vos points de vente.

> **ROSSIGNOL**
> C'est 15 000 points de vente dans le monde, dont 2 000 en France, 2 200 aux États-Unis, 1 000 au Japon...

Conseils pro

Vous présentez des produits à un client :

✓ Préparez bien votre présentation à l'avance.

✓ Quand vous parlez, regardez votre client, pas votre texte.

✓ Faites attention à vos gestes. Votre client veut connaître vos produits, pas vos tics !

✓ Soyez positifs !

Point de langue

En général les noms de pays sont féminins :
la France, la Belgique, l'Allemagne.

Quelques noms de pays sont masculins :
le Royaume-Uni, le Japon, les États-Unis.

Si vous parlez d'exportation vers un pays, utilisez **en** avec les noms féminins et **au** ou **aux** avec les noms masculins :

*Vous vendez vos produits **en** France ?*
*Vous avez des points de vente **au** Royaume-Uni ?*
*Nous exportons **en** Belgique.*
*Nous exportons **aux** États-Unis.*

> *Voir le Dossier grammaire 1.1.1.*

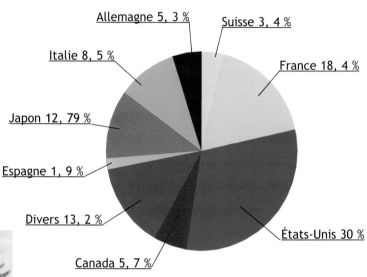

Répartition géographique du chiffre d'affaires 1999 / 2000 (en %)

5 Parlez !

A Choisissez un produit. Présentez-le. Enregistrez votre présentation sur cassette audio ou vidéo.

- Présentez-vous (nom, fonction).
- Présentez votre société (nom, activité).
- Décrivez votre produit (coloris, pays de fabrication, marchés clés, vente en gros / au détail / par VPC).

B Écoutez les présentations des autres étudiants. Interrogez-les sur leurs produits.

LA CARTE DES RÉGIONS

La carte de France ressemble à un hexagone de 551 000 km^2 ! C'est le plus grand pays européen après la Russie.

La France métropolitaine, appelée aussi l'Hexagone, est divisée en vingt-deux régions. La Corse, qui est une île, en fait partie.

La France d'outre-mer est très loin de l'Hexagone. Elle est constituée de quatre régions ou départements d'outre-mer (les DOM) et de territoires d'outre-mer (les TOM). Quand on parle de la France d'outre-mer, on parle des DOM-TOM.

La Guadeloupe, la Martinique, la Guyane et la Réunion sont des DOM.

La Nouvelle-Calédonie, la Polynésie française, les Terres australes et Wallis-et-Futuna sont des TOM.

1 Dans quelles régions se trouvent les cinq plus grandes villes de France ?

1 Paris
2 Lyon
3 Marseille
4 Lille
5 Bordeaux

LES BONS NUMÉROS !

Chaque région est divisée en départements. Ils portent des numéros de 1 à 96. Dans chaque région, il y a de deux à huit départements.

Paris est la capitale de la France. C'est aussi un département dans la région de l'Ile-de-France qui porte le n° 75.

26 est le code départemental de la Drôme.

Les régions EN TÊTE

NUMÉRO 1 : L'ILE-DE-FRANCE

L'Ile-de-France est en tête au niveau économique. C'est la région où il y a le plus de cadres : responsables de projets, directeurs.

Cette région est numéro 1 pour son nombre d'habitants. Les gens travaillent surtout dans les banques, les compagnies d'assurances, les sociétés de service et les magasins.

LES POINTS FORTS DE LA RÉGION :

- la capitale, Paris.
- les plus grandes industries françaises.
- des industries variées (automobile, chimie, informatique, électronique, agroalimentaire).
- numéro 1 pour l'agriculture avec les plus grands producteurs de céréales, maïs, betteraves.
- une vie culturelle parisienne intense (nombreux musées, théâtres et salles de concerts).

100 000 personnes travaillent à la Défense, le centre des affaires parisien.

NUMÉRO 2 : RHÔNE-ALPES

Rhône-Alpes est célèbre pour ses paysages dans la vallée du Rhône et ses montagnes. Les Alpes sont les plus hautes montagnes d'Europe.

Cette région est numéro 2 (après Paris) pour le tourisme. Elle est aussi numéro 2 pour son nombre d'habitants.

LES POINTS FORTS DE LA RÉGION :

- de grandes villes (Lyon, Grenoble, St-Étienne).
- $\frac{2}{3}$ des stations de sports d'hiver de la France.
- une énergie hydroélectrique importante grâce aux Alpes et au Rhône.
- des vins célèbres : Beaujolais, Côtes-du-Rhône, vins de Savoie.
- des laboratoires de recherche à Grenoble en particulier.
- deux grandes universités à Lyon et à Grenoble.

Des touristes font du ski l'hiver en Rhône-Alpes.

2 Lisez l'article *Deux régions* EN TÊTE et corrigez les phrases fausses.

1 Rhône-Alpes est la région numéro 1 pour son nombre d'habitants.
2 Les industries de l'Ile-de-France sont dans le secteur de l'automobile, l'informatique et l'électronique.
3 La Défense est une station de sports d'hiver en Rhône-Alpes.
4 L'énergie hydroélectrique est importante en Rhône-Alpes.
5 On récolte le Beaujolais en Île-de-France.
6 Lyon et Grenoble sont des centres universitaires.

Un appel urgent

Objectifs

Dans le Module 2, vous allez apprendre à :

▶ vous présenter et épeler votre nom au téléphone

▶ demander des renseignements téléphoniques précis

▶ réagir efficacement quand votre correspondant(e) est absent(e)

▶ fixer un rendez-vous

▶ utiliser répondeur et messagerie vocale

Étape 1 Un coup de fil

1 Parlez !

A Prononcez ces noms de produits ou de marques avec un accent français.

B Prononcez votre nom avec un accent français.

Un dictionnaire Larousse sur CD-ROM

Un Airbus

Un hamburger de chez Quick

2 Écoutez !

Qui parle à qui ? Trouvez le / la correspondant(e) téléphonique de chaque personne.

Personnes qui appellent :

1 M. Vitouret
2 Mme Bruyère
3 M. Batyvol
4 Mme Quénard
5 M. Maille

Correspondants téléphoniques :

a Mme Michaud
b M. Tharde
c M. Joli
d Mlle Benabid
e M. Weber

Mots clés

Société Bafer **bonjour.**

Société Bafer **j'écoute.**

Société Bafer, Claude Martin, **je vous écoute.**

Bonjour Monsieur / Madame, je voudrais parler à Alex Weber / Fatima Benabid.

C'est de la part de qui ?

De Mme Bruyère **de la** Société Leroy.

Pouvez-vous répéter votre nom / le nom de votre société, s'il vous plaît ?

Pouvez-vous épeler votre nom, s'il vous plaît ?

B-R-U-Y grec-E accent grave R-E.

Ne quittez pas. Je vous le / la passe.

3 🎧 Écoutez !

A Écoutez l'alphabet français. Quand vous entendez chaque lettre, trouvez-la sur le clavier français.

B Est-ce que le clavier français est comme le clavier de votre pays ? Est-il différent ?

C Écoutez les voyelles et complétez les prénoms types.

1	A comme	**a**	-SCAR
2	E comme	**b**	-NATOLE
3	I comme	**c**	-RSULE
4	O comme	**d**	-RMA
5	U comme	**e**	-UGÈNE

4 Parlez !

A Épelez les noms de ces entreprises françaises.
À quel nom correspond la photo ?

1 Axa
2 Bouygues
3 Carrefour
4 E.D.F.
5 Renault
6 S.N.C.F.

B Épelez votre nom de famille à un camarade de classe.

Exemple
C-O-L-I-N

Électricité de France

5 🎧 Écoutez !

A Écoutez les dialogues 1, 2, 3 et 4. Quel nom entendez-vous dans chaque dialogue ?

1	a Renoud	2	a Toubon	3	a Levèfre	4	a Crimpan
	b Redout		b Toupon		b Lefèvre		b Crampon

B Réécoutez les dialogues. Avez-vous entendu le bon nom ?

6 Simulations

A Simulation à deux.

Lisez les Mots clés de la page 21 et passez trois coups de fil.

PERSONNE A Vous êtes Mme / Mlle / M. :

a Lévi
b Tardivel
c Benamou

Vous appelez chez BAFER pour parler à Mme / Mlle / M. :

a David
b Moreau
c Portier

PERSONNE B Vous travaillez chez BAFER, vous répondez au téléphone et transférez les appels.

B Simulation à deux.

▶ *Voir les Dossiers simulation aux pages 127 et 135.*

Point de langue

Quand vous utilisez un pronom complément d'objet direct :
Si c'est un homme, utilisez *le.*
Si c'est une femme, utilisez *la.*
Je connais M. / Mme Renard.
Je le / la connais.

▶ *Voir le Dossier grammaire 4.1.3.*

Si vous utilisez plusieurs pronoms, attention à l'ordre des mots !

Je vous passe M. Renard.
Je vous le passe.

Je vous passe Mme Renard.
Je vous la passe.

▶ *Voir le Dossier grammaire 4.1.5.*

7 🎧 Écoutez !

A Écoutez ces adresses électroniques. Vous entendez **a, b, c** ou **d** ?

a Weber.c@service.fr
b Martin.f@europa.com
c Kleber.v@service.fr
d Moreau.f@europa.com

B Trouvez la signification correcte.

1	@	a	pour *site commercial*
2	.	b	arrobas
3	fr	c	point
4	com	d	pour *France*

8 Parlez !

A Lisez ces adresses à haute voix.
1 fargier.p@wanadoo.fr
2 dufos.m@europa.fr
3 caron.n@wanadoo.fr
4 bafer@zone.fr

B Si vous avez une adresse électronique, dites-la en français.

Étape 2 Les renseignements

1 Parlez !

Pour répondre à ces questions, vous composez quel numéro ?

1 Il fera beau ce week-end ?
2 Quelle heure est-il ?
3 Pour contacter cette entreprise sur Minitel ?
4 Pour appeler la Belgique, c'est quel numéro ?

■ *Pour connaître les moyens de communication des entreprises*

Les Pages Pro

▭ *3617* PAGES P

(0,12 F TTC par connexion puis 2,23 F TTC/min.)

■ *Pour connaître un numéro de téléphone à l'étranger*

Les Pages Internationales

▭ *3617* PAGES I

(0,12 F TTC par connexion puis 5,27 F TTC/min.)

■ *Pour connaître l'heure exacte*

Horloge parlante
36 99

■ *Pour connaître la météo*

Météo France
Prévisions tous départements

08 36 68 08 08

2 ◖Écoutez !

Écoutez ces conversations téléphoniques trois fois.

A Notez les noms des personnes demandées.

B Que demande chaque personne ?
   a le numéro de poste.
   b le numéro de la ligne directe.
   c les coordonnées.
   d le numéro du téléphone mobile / portable.

C Notez les renseignements donnés.

Mots clés

Quel est le numéro de sa ligne directe ?

Vous composez le : 01 55 42 22 19.

Quel est son numéro de poste ?

C'est le 113.

Quel est son numéro de portable ?

C'est le 06 60 57 58 42.

Quelles sont ses coordonnées ?
J'ai son adresse, mais son numéro de téléphone c'est bien le 01 55 42 22 18 ?

Oui, c'est ça.

3 Parlez !

Vous téléphonez à de nouveaux clients en France.
Que dites-vous pour :

1 vérifier le numéro que vous avez composé ?
2 appeler le responsable des achats sur sa ligne directe ?
3 trouver le numéro de poste du directeur technique ?
4 vérifier le nom de votre correspondant(e) ?
5 connaître les coordonnées de la directrice commerciale ?
6 noter le numéro de portable du responsable des ventes ?

4 Écoutez !

Il y a des erreurs
dans ce document.
Écoutez et corrigez
ces erreurs.

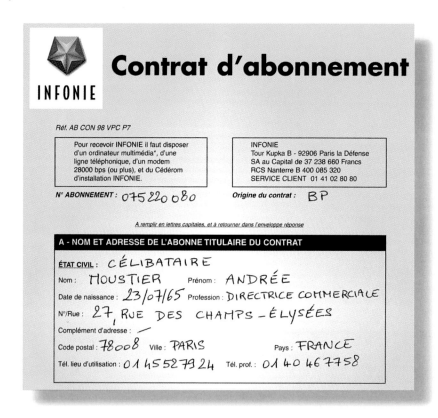

INFONIE

Contrat d'abonnement

Réf. AB CON 98 VPC P7

Pour recevoir INFONIE il faut disposer
d'un ordinateur multimédia*, d'une
ligne téléphonique, d'un modem
28000 bps (ou plus), et du Cédérom
d'installation INFONIE.

INFONIE
Tour Kupka B - 92906 Paris la Défense
SA au Capital de 37 238 660 Francs
RCS Nanterre B 400 085 320
SERVICE CLIENT 01 41 02 80 80

N° ABONNEMENT : 075 220 080   Origine du contrat : BP

A remplir en lettres capitales, et à retourner dans l'enveloppe réponse

A - NOM ET ADRESSE DE L'ABONNE TITULAIRE DU CONTRAT

ÉTAT CIVIL : CÉLIBATAIRE
Nom : MOUSTIER   Prénom : ANDRÉE
Date de naissance : 23/07/65   Profession : DIRECTRICE COMMERCIALE
N°/Rue : 27, RUE DES CHAMPS-ÉLYSÉES
Complément d'adresse : —
Code postal : 78008   Ville : PARIS   Pays : FRANCE
Tél. lieu d'utilisation : 01 45 52 79 24   Tél. prof. : 01 40 46 77 58

Point de langue

Quand vous demandez un renseignement précis,
utilisez *quel / quelle / quels / quelles.*

Notez le masculin, le féminin et les formes pluriel
de *quel.*

Quel est votre numéro de téléphone ?
Quelle est votre adresse ?
Quels sont vos numéros de poste ?
Quelles sont vos coordonnées ?

▶ *Voir le Dossier grammaire 3.1.4.*

Vous connaissez les adjectifs *son / sa / ses.*
Attention ! Avec les mots féminins qui
commencent par une voyelle, utilisez :
mon / ton / son.

mon adresse
ton adresse
son adresse

▶ *Voir le Dossier grammaire 3.1.3.*

5 Écrivez !

A Regardez la carte des indicatifs en France. Pour chaque région, trouvez le bon indicatif téléphonique.

1 région parisienne
2 sud-est + Corse
3 sud-ouest
4 nord-ouest
5 nord / nord-est

Exemple
On compose l'indicatif **01** *pour la région parisienne.*

B Quel est l'indicatif (les deux premiers chiffres) des numéros de téléphone de ces villes ?

1 Marseille
2 Toulouse
3 Rennes
4 Strasbourg

C Il y a un portable parmi ces numéros, c'est **a, b** ou **c** ?

a 01 45 67 88 99
b 06 60 63 68 78
c 04 72 35 66 44

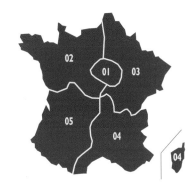

En France, les numéros de téléphone ont dix chiffres.
En région parisienne, l'indicatif (les deux premiers chiffres) est le 01.
Exemple : 01 49 56 78 90.

En province, l'indicatif (les deux premiers chiffres) est le 02, le 03, le 04, ou le 05 suivant la région.
Ex : pour les régions du nord-ouest : 02 32 03 02 00.

Les numéros des téléphones portables commencent par le code 06.

Quand on appelle la France de l'étranger, il faut d'abord composer l'indicatif international, puis le 33 et le numéro de téléphone sans le 0 initial.

Conseils pro

Dans un contexte professionnel, préparez toujours vos appels téléphoniques :

AVANT
- Préparez vos documents : papier, crayon, agenda.
- Notez vos questions.
- Avant de composer le numéro, vérifiez les coordonnées de votre correspondant(e) : nom, prénom, fonction, numéro de téléphone.

PENDANT
- Ne parlez pas trop rapidement.
- Prononcez bien chaque mot.
- N'interrompez pas votre correspondant(e).
- SOURIEZ...

6 Simulations

A Simulation à deux.
Vérifiez ces numéros de téléphone. Puis changez de rôle.

Exemple
- C'est bien le... 02 98 11 24 23 ?
- Oui, c'est exact.

1 02 98 98 40 50
2 01 40 22 91 20
3 03 20 20 11 12
4 04 75 33 24 67
5 05 56 88 65 44

B Simulation à deux.
▶ *Voir les Dossiers simulation aux pages 127 et 136.*

Étape 3 En communication

1 Parlez !

Vous téléphonez. Votre correspondant(e) est absent(e). On vous prie de l'excuser. Que vous dit-on si :

a c'est un(e) ami(e) ?
b c'est un(e) client(e) ?

2 Écoutez !

Écoutez ces conversations téléphoniques. Où sont ces personnes ?

1 M. Leclerc est...
  a absent.
  b en réunion.
  c dans son bureau.

2 Mme Berthon est...
  a en déplacement.
  b absente.
  c en congé.

3 M. Renault est...
  a en vacances.
  b en déplacement.
  c en communication.

Mots clés

Je voudrais parler à M. / Mme / Mlle...

Je suis désolé(e), Mme / Mlle / M...
est : en réunion.
      absent(e).
      en vacances / congé.
      en déplacement.
      en communication.

Voulez-vous laisser un message ?

Non, je rappellerai demain / mercredi / plus tard.

3 Parlez !

Vous voulez parler à ces personnes au téléphone. Elles ne sont pas là. Que dites-vous ?

Exemple
Je rappellerai jeudi.

1 Mme Tholance, service des ventes : en congé, revient jeudi.
2 Mme Maire, service du personnel : en communication.
3 M. Bertrand, directeur général : en réunion ce matin.
4 Mme Farid, comptable : absente aujourd'hui.
5 M. Thomas, directeur commercial : en déplacement, revient mardi.

4 Lisez !

Lisez ces messages et dites :

1 le nom de la personne demandée.
2 qui a appelé.
3 quel est le message.
4 qui va rappeler qui.

A

MESSAGE

DATE : *14 février*	HEURE : *11 h 10*

À : *M. Claudel*

De la part de : *M. Hugues, Moreau Frères*

Tél. : *05 82 21 39 22*

OBJET :
☐ a téléphoné
☒ rappeler
☐ rappellera

MESSAGE
Très urgent! Rappelez tout de suite. Il est en vacances la semaine prochaine. Veut vous parler aujourd'hui.

Point de langue

Pour dire ce que vous allez faire, utilisez le futur et une expression temporelle.

Je rappellerai Je téléphonerai	*demain.* *cet après-midi.* *dans une heure.* *dans dix minutes.* *la semaine prochaine.* *plus tard.*

▶ *Voir le Dossier grammaire 6.5.1.*

B

MESSAGE

DATE : *5 juin*	HEURE : *15 h 30*

À : *Mme Astier*

De la part de : *M. Fournier, Société Mistral*

Tél. : *03 84 57 88 00*

OBJET :
☒ a téléphoné
☐ rappeler
☒ rappellera

MESSAGE
Veut savoir si vous allez à la réunion jeudi.

Conseils pro

Si vous prenez un message, ne soyez pas timide !
Avant de raccrocher, répétez à votre correspondant(e) téléphonique :

✔ son nom
✔ son numéro de téléphone ou de fax (si vous l'avez noté)
✔ le message
✔ à qui est adressé le message

5 Simulation

Simulation à deux.

▶ *Voir les Dossiers simulation aux pages 127 et 136.*

Étape 4 Les rendez-vous

1 Parlez !

Comparez cette liste avec les jours fériés dans votre pays.
Ce sont les mêmes ? Quels autres jours sont fériés chez vous ?

JOURS FÉRIÉS EN FRANCE

1er janvier	Jour de l'An
mars / avril	Pâques + lundi de Pâques
1er mai	Fête du travail
8 mai	Armistice 1945
mai	Ascension
mai / juin	Pentecôte + lundi de Pentecôte
14 juillet	Fête Nationale
15 août	Assomption
1er novembre	Toussaint
11 novembre	Armistice 1918
25 décembre	Noël

Le 1er mai : C'est la fête du travail.
Les entreprises sont fermées.

2 🎧 Écoutez !

Vrai ou faux ? Lisez et corrigez les phrases incorrectes.

1 M. Simon travaille au service commercial.
2 Mme Botin sera à Paris la semaine prochaine.
3 Le 3 avril, M. Simon est en réunion toute la journée.
4 Le 3 avril, M. Simon est disponible l'après-midi.
5 Mme Botin confirmera son rendez-vous par fax.

Mots clés

Je voudrais prendre rendez-vous avec M. / Mme Simon.

Est-il / elle disponible mardi ?

Quel jour préférez-vous ? / Quelle date vous convient ?

Le 9 avril.

Il / Elle est disponible le matin.

Je voudrais vous rencontrer.

Êtes-vous disponible le 9 ou le 10 avril ?

Quel jour préférez-vous ? / Quelle date vous convient ?

Le 9 avril.

Je suis disponible à 10 heures le matin.

C'est d'accord pour le 9 à 10 heures.

C'est entendu. Je confirmerai notre rendez-vous par fax / e-mail.

3 Parlez !

Vous voulez prendre rendez-vous à ces dates et heures précises.
Que dites-vous ?

1 Le 5 novembre à 9 h.
2 Le 12 février à 10 h.
3 Le 24 juillet à 10 h 30 ou 15 h.
4 Le 23 ou 30 août à 14 h 15.
5 Le 1er ou 2 mars à 13 h 45.

4 Lisez !

Voici le fax que Mme Botin a envoyé à M. Simon pour confirmer le rendez-vous.

Société Floral

FAX

DATE : 12 mars
DE LA PART DE : Mme Botin
Tél. : 04 75 67 68 90
Fax : 04 75 67 68 91

À L'ATTENTION DE : M. Simon
Fax : 04 72 34 56 88

Nb de page(s): 1

Cher Monsieur,

Suite à notre conversation téléphonique d'aujourd'hui, je confirme notre rendez-vous du 3 avril à 10 heures à vos bureaux, 10, rue Victor Hugo.

Veuillez agréer, Monsieur, mes salutations distinguées.

Mme Botin

5 Écoutez et écrivez !

A Écoutez ce dialogue et écrivez :
   1 le nom de la personne et de son entreprise.
   2 la date et l'heure du rendez-vous.
   3 le numéro de fax.

B Écrivez un fax pour confirmer ce rendez-vous.

6 Simulation

Simulation à deux.

▶ *Voir les Dossiers simulation aux pages 128 et 137.*

7 Écrivez !

Écrivez un fax pour confirmer la date que vous avez choisie avec votre partenaire dans l'activité 6.

Étape 5 Les messages

1 Parlez !

A Savez-vous bien utiliser les répondeurs téléphoniques ?

1 Vous téléphonez, vous tombez sur un répondeur :
  a vous raccrochez tout de suite.
  b vous rappelez plus tard.
  c vous laissez tout de suite un message.

2 Quand vous laissez un message :
  a vous parlez avant le bip sonore.
  b vous oubliez souvent de donner votre numéro de téléphone.
  c vous n'avez aucun problème. Vous laissez un message court et précis.

B Quel est l'avis de la classe ? Les répondeurs sont-ils inutiles, pratiques ou indispensables ?

2 Écoutez !

A Choisissez la bonne version de l'annonce du répondeur.

  1 Nom de la société :
    a PÉRY ET FILS
    b TERRY ET FILS
  2 Heures d'ouverture :
    a du lundi au vendredi de 9 h à 17 h 30
    b du mardi au vendredi de 10 h à 17 h 30
  3 Message à laisser :
    a après le bip sonore
    b avant le bip sonore

B Réécoutez le message de Mme Fabre. Lisez le message écrit et corrigez les erreurs.

MESSAGE

DATE : *Le 30 janvier*	HEURE : *14 h 40*

À : *M. Craven*

De la part de : *Mme Fabre / Société Est.*

Tél. : *00 33 1 44 25 12 68*

Fax : *00 33 1 44 25 12 60*

OBJET :
[X] **a téléphoné**
[ ] **rappeler**
[X] **rappellera**

MESSAGE
Veut envoyer des renseignements (catalogue) sur sa gamme de vêtements.

Mots clés

Ici M. Plantu **de l'entreprise** ALCOR.

Nous sommes le 20 janvier.

Voici un message pour M. / Mme Fabre.

Pouvez-vous me rappeler au 00 33 1 44 78 96 54.

Je répète : 00 33 1 44 78 96 54.

C'est urgent !

Merci et au revoir.

3 Écoutez et écrivez !

Écoutez ces messages et notez :

1 le nom de la personne.
2 le nom de son entreprise.
3 le numéro de téléphone.
4 le message.

4 Écrivez !

Lisez les Mots clés. Vous êtes M. / Mme Tardy de la société BELFONT. Votre numéro de téléphone est le 02 33 46 57 88. Préparez ces messages à l'écrit pour les services concernés.

❶ *Message pour le responsable technique : déplacer rendez-vous prévu le 1ᵉʳ, au 8 octobre.*

❷ *Appeler la société Alpha - demander si le responsable des achats a reçu notre catalogue. Donner des renseignements sur notre site Internet www.Belfont.fr.*

❸ *Téléphoner à Rodel Industrie. Besoin urgent de documents. Demander à parler à quelqu'un du service de la production pour l'envoi de documents par e-mail. Nouvelle adresse électronique : Tardy.Belfont@wanadoo.com.*

Point de langue

Si vous ne connaissez pas le nom de votre correspondant(e), voici quelques pronoms indéfinis à utiliser.

*Pouvez-vous me passer **quelqu'un** du service achats.*
***On** a téléphoné ce matin.*
***Personne** n'a répondu.*

▶ *Voir le Dossier grammaire 8.2.*

Conseils pro

Vous téléphonez et vous entendez un répondeur. Ne paniquez pas ! Écoutez bien le message.

✔ Attendez le bip sonore pour vous présenter.
✔ N'oubliez pas de laisser vos coordonnées.
✔ Laissez un message clair et bref.

Si vous êtes surpris(e) par le répondeur :
✔ raccrochez !
✔ écrivez votre message avant de téléphoner.
✔ rappelez pour laisser votre message.

5 Parlez !

A Enregistrez les messages que vous avez écrits dans l'activité 4 comme sur un répondeur.
Attention!
- Épelez votre nom.
- Laissez votre numéro de téléphone.

B Vous laissez personnellement un des trois messages. Enregistrez-vous en laissant vos propres coordonnées. N'oubliez pas l'indicatif international.

6 🎧 Écoutez !

Écoutez le message de ce serveur vocal.
On appuie sur quelle touche pour :

1 obtenir le service désiré ?
2 enregistrer un message ?
3 parler au standard ?
4 obtenir des renseignements supplémentaires ?

7 Simulation

Simulation à deux.

▶ *Voir les Dossiers simulation aux pages 128 et 137.*

La planète télécoms

En France, c'est récemment que le secteur des télécommunications s'est ouvert à la concurrence.

L'opérateur public FRANCE TÉLÉCOM, partiellement privatisé en 1997/98, a perdu son monopole. Il domine encore le marché de la téléphonie fixe, mais de nouveaux opérateurs privés, comme CÉGÉTEL du groupe VIVENDI, lui font une forte concurrence.

En téléphonie mobile, en revanche, BOUYGUES et SFR, filiale de CÉGÉTEL, ont réussi à prendre près de 50 % du marché. Au total, la France compte près de 20 millions d'abonnés au téléphone mobile en 2000.

Trois réseaux principaux se partagent le marché du téléphone mobile en France. Le réseau de FRANCE TÉLÉCOM, *Itinéris*, est accessible à 97 % de la population française et ceux de BOUYGUES TÉLÉCOM et de SFR, à un peu plus de 95 %.

Les principaux opérateurs deviennent aussi fournisseurs d'accès à Internet (FAI). C'est le cas de FRANCE TÉLÉCOM avec *Wanadoo*.

Le groupe ALCATEL, présent dans 130 pays, est leader dans la fourniture d'équipements, de services et de systèmes de télécommunications.

Principaux opérateurs fixes en France	
Opérateurs	Préfixe
FRANCE TÉLÉCOM	0 et 8
CÉGÉTEL	7
9 TÉLÉCOM RÉSEAU	9
TÉLÉ2	4
SIRIS	2
OMNICOM	5

1 Quel est le principal opérateur fixe en France ? Domine-t-il aussi le marché de la téléphonie mobile ?

2 Vous êtes dans une entreprise française abonnée à OMNICOM. Vous téléphonez d'un poste fixe à un client dont le numéro est 01 44 57 00 00. Quel numéro devez-vous composer ?

3 Vous êtes un abonné FRANCE TÉLÉCOM. Vous appelez un client abonné à CÉGÉTEL. Devez-vous composer le 7 ?

Internet en chiffres

En France, le nombre d'internautes est en constante augmentation. Environ 5,7 millions de personnes sont connectées en 2000 et on en prévoit 20 millions en 2010. Le taux de croissance du nombre de connexions est plus élevé que dans le reste du monde : 62 % contre 52 %.

Mais, en 2000, moins de 50 % des PME (petites et moyennes entreprises) sont connectées et à peine 15 % possèdent un site Internet. Ce retard par rapport aux États-Unis, à l'Angleterre ou à l'Allemagne peut s'expliquer par la prédominance du Minitel, que les Français ont l'habitude d'utiliser depuis 1982.

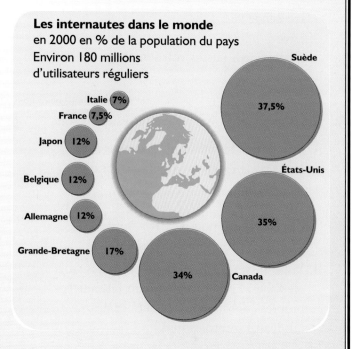

Les internautes dans le monde en 2000 en % de la population du pays. Environ 180 millions d'utilisateurs réguliers

Les Français EN LIGNE

Le portable « multiservices »

Grâce aux nouvelles technologies, le téléphone portable multiplie ses possibilités et
devient un terminal portable relié au réseau
Internet. C'est l'Internet mobile ou encore le
mobile multimédia qui s'impose.

L'offre *Itinéris* comprend, par exemple :
- messagerie vocale
- consultation d'annuaires
- échange de fax
  et de données
- gestion et
  écoute du cour-
  rier électronique
- audio
  conférence
- achats à
  distance
- accès aux cours
  de la Bourse,
  accès aux
  banques
- informations diverses (flash d'informations,
  météo, info-trafic, loisirs, courses, loto, etc.)

Le Minitel « nouvelle génération »

À l'origine, le Minitel est un terminal spécifiquement
français destiné à remplacer le Bottin, annuaire papier
traditionnel, par un annuaire électronique.

Pour rechercher une adresse ou un numéro de
téléphone en France, il faut taper le 3611. Le Minitel
offre également accès à un réseau de services télé-
matiques et de messageries permettant d'échanger
ou de rechercher des informations, en France uniquement. On peut ainsi
connaître les résultats
d'une entreprise ou
effectuer des opérations
bancaires sécurisées.

Pour étendre ce ser-
vice à l'international,
FRANCE TÉLÉCOM crée le
service *3615
Minitelnet*. Il permet
d'échanger des mes-
sages électroniques sur
le réseau Internet à par-
tir d'un simple Minitel.

3615 MINITELNET
Mon premier contact
avec Internet
Echanger des messages
sur Internet avec Minitel

seulement
0,45F
la minute

France Telecom

---

4 Outil de travail indispensable pour vous,
vous devez acheter un téléphone portable.
En regardant l'offre *Itinéris*, dites quels sont
vos besoins spécifiques.

5 Vous travaillez en France. Pour effectuer les
opérations suivantes, choisissez-vous le
Minitel ou l'ordinateur ? Justifiez vos choix.

1 Envoyer un courrier électronique.
2 Faire un virement bancaire sécurisé.
3 Vérifier la santé financière d'un client.
4 Chercher les coordonnées d'un
   fournisseur.

6 Quelle est la définition de ces mots ?

1 toile d'araignée mondiale
2 Internet mobile
3 opérateur
4 internaute

a utilisateur(trice) d'Internet
b exploitant de réseaux de
   télécommunications
c Internet sur le téléphone portable
d réseau de communication mondial

7 Quels fournisseurs d'accès français
connaissez-vous ?

La visite d'un client

Objectifs

Dans le Module 3, vous allez apprendre à :

▶ accueillir des visiteurs dans une entreprise
▶ présenter un ordre du jour
▶ faire visiter une entreprise à des clients
▶ conseiller les visiteurs dans leur temps libre

Étape 1 La bienvenue

1 Parlez !

Vous rencontrez un(e) client(e) pour la première fois. À votre avis, pour faire bonne impression, qu'est-ce qui est important ?

1 sourire
2 serrer la main
3 proposer un café

4 être bien habillé(e)
5 être poli(e)
6 avoir de l'humour

2 🎧 Écoutez !

A Monsieur Roullet est en voyage d'affaires. Regardez son billet de train. Quelles sont sa destination et ses heures de voyage ?

B Est-ce que Monsieur Roullet a fait bon voyage ? Faites correspondre les phrases suivantes.

1 Il a rendez-vous
2 Il est parti
3 Le train est arrivé à Genève
4 Il est arrivé à son rendez-vous

a de bonne heure.
b avec une demi-heure de retard.
c à dix heures trente.
d à l'heure.

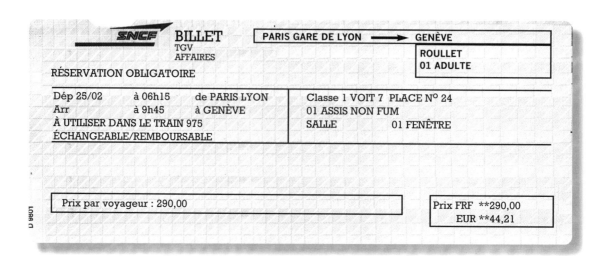

SNCF BILLET TGV AFFAIRES	PARIS GARE DE LYON ⟶ GENÈVE
RÉSERVATION OBLIGATOIRE	ROULLET 01 ADULTE

Dép 25/02	à 06h15	de PARIS LYON	Classe 1 VOIT 7 PLACE N° 24
Arr	à 9h45	à GENÈVE	01 ASSIS NON FUM
À UTILISER DANS LE TRAIN 975			SALLE 01 FENÊTRE
ÉCHANGEABLE/REMBOURSABLE			

Prix par voyageur : 290,00	Prix FRF **290,00 EUR **44,21

Mots clés

À quelle heure avez-vous rendez-vous ?

À dix heures trente.

Permettez, je vais prévenir M. / Mme Fuzier.
Un instant s'il vous plaît, je vais prévenir M. / Mme Fuzier.

Je vous en prie.

Je suis désolé(e)... Si vous voulez bien patienter quelques instants.

Désirez-vous un café ?

Oui, je veux bien, merci.

Non, je vous remercie.

Vous avez fait bon voyage ?

Très bon, merci.

3 Parlez !

A Un(e) client(e) a rendez-vous à 11 h avec votre collègue qui est en réunion. Utilisez les Mots clés pour lui poser des questions et l'informer.

B Pour le / la faire patienter, demandez-lui :
- le temps qu'il fait dans son pays / sa ville
- s'il / si elle a fait bon voyage
- s'il / si elle connaît votre ville
- s'il / si elle voyage souvent

4 Simulations

A Simulation à deux.

PERSONNE A   Vous êtes en retard à votre rendez-vous. Décrivez votre voyage.

Horaires prévus		Horaires réels
6H30	taxi	6H45
7H45	aéroport	7H45
9H30	départ	11H30
11H30	arrivée	13H30
13H30	R.-V.	14H30

PERSONNE B   Accueillez votre client(e) et posez-lui des questions sur son voyage.

B Simulation à deux.
▶ *Voir les Dossiers simulation aux pages 129 et 138.*

Point de langue

Pour parler de votre voyage, utilisez des verbes de mouvement au passé.

Au passé composé, il faut : le verbe *être* + le participe passé du verbe de mouvement.

*Le taxi **est arrivé** à l'heure à l'aéroport.*
*L'avion **est parti** avec une demi-heure de retard.*

Attention !

Avec *être*, le participe passé s'accorde au féminin et au pluriel.

*Elle est all**é**e à Lyon.*
*Ils sont arriv**é**s à l'aéroport.*

▶ *Voir le Dossier grammaire 6.2.*

Conseils pro

Quand on accueille une personne dans son entreprise, il faut :

✓ toujours dire VOUS et non pas TU.
✓ s'intéresser à sa ville, sa région ou son pays.

Il ne faut pas :
✓ poser des questions trop personnelles (âge, situation familiale).
✓ demander des détails trop précis sur son travail (salaire, conditions de travail).

Étape **2** L'ordre du jour

1 ▶ Parlez !

Parlez d'une journée type au bureau.
Faites-vous les activités suivantes ?
Dans quel ordre ? À quelle heure ?

1 partir du bureau
2 lire son courrier
3 arriver au bureau
4 saluer ses collègues
5 être en réunion
6 déjeuner

Encore une pub de Valentin et Fils SARL

2 🎧 Écoutez !

La secrétaire de direction présente l'ordre du jour de la réunion.
Votre collègue arrive en retard. Répondez à ses questions.

On commence par quoi ?

À quelle heure allons-nous déjeuner ?

La visite de l'usine est prévue pour quand ?

Le rendez-vous avec Mme Fabre est à quelle heure ?

Quel est le programme en fin d'après-midi ?

Mots clés

Je suis heureux / heureuse de vous accueillir dans notre entreprise.
Voici l'ordre du jour de notre réunion.

Ce matin, notre directeur / directrice **va vous présenter …**

Nous aurons de la documentation sur l'entreprise ?

Oui, nous vous donnerons des plaquettes de l'entreprise.

Ensuite, M. / Mme Fabre **va vous parler de…**

Quel est le programme pour cet après-midi ?

À 14 heures, vous allez visiter…

En fin d'après-midi, nous allons retrouver M. / Mme Berthier **qui va vous parler de…**

Vers 18 heures, je vous conduirai à votre hôtel.

3 Parlez !

Présentez cet ordre du jour.

SÉMINAIRE DU 30/04/2003

En présence de Monsieur F. Granger (Directeur général),
Madame V. Signoret (Directrice commerciale),
Monsieur T. Darlay (Directeur technique).

ORDRE DU JOUR :

- **Accueil des participants** FG **De 9h à 10h**
  - Présentation de l'ordre du jour
  - Collation
- **Présentation de l'entreprise** FG **De 10h à 11h30**
  - Bref historique de l'entreprise
- **Dossier commercial** VS **De 11h30 à 12h30**
  - Nos principaux clients
  - Import / export
- **Repas** **De 12h30 à 14h**
- **Présentation des étapes de production** TD **De 14h à 15h**
  - De la conception à la réalisation
- **Visite de l'atelier de fabrication** TD **De 15h à 16h30**
- **Bilan de la journée / temps libre** **De 16h30 à 17h**

Point de langue

Pour présenter un ordre du jour, utilisez le verbe *aller* + *infinitif*.

*Nous **allons déjeuner** à midi et demi.*

*Il **va présenter** un bref historique de la société vers 10 heures.*

*Je **vais** vous **emmener** en ville en fin d'après-midi.*

▶ *Voir le Dossier grammaire 6.5.2.*

4 Écrivez !

Lisez ces notes. Préparez un ordre du jour pour un séminaire de 9 h à 17 h avec une pause déjeuner de deux heures.

Semaine du 20 juin

Ordre du jour / séminaire du 24 :

Visite de l'usine avec le responsable de production (durée : 2 heures)
Réunion avec le directeur technique (1 heure)
Réunion avec le chef des ventes (1 heure)
Bref historique de la société par un des directeurs (1 heure)

Personnel disponible :

Responsable de production : libre l'après-midi
Chef des ventes : libre de 9h à 14h
Directrice commerciale : libre de 8h à 10h et de 12h à 15h
Directeur du marketing : libre de 15h à 17h
Directeur technique : libre le matin

5 Simulation

Simulation à deux.

▶ *Voir les Dossiers simulation aux pages 129 et 138.*

6 Écrivez !

Rédigez l'ordre du jour que vous avez corrigé dans l'activité 5.

Étape 3 La visite guidée

❶

1 Parlez !

A Regardez ces photos.
Trouvez le nom correspondant.

- le restaurant d'entreprise.
- la salle de réunion.
- la réception.

B À quoi servent ces endroits ?

❸

❷

2 🎧 Écoutez !

A L'entreprise LAFUMA fabrique du matériel
de camping et de sport. Le directeur
technique fait visiter l'usine. Dans quel
ordre ?

- l'atelier de montage
- l'atelier de coupe
- l'entrepôt
- l'atelier de couture
- l'atelier de fabrication des sacs
- l'atelier de peinture

B Où fait-on ces activités ?

Exemple
Dans l'atelier de couture, on coud les tentes.

a fabriquer les sacs
b couper la toile
c coudre les tentes
d monter les chaises
e peindre les tubes
f stocker les produits

Mots clés

Voici l'atelier de :	- fabrication.	‧‧‧‧▶	**Ici, on :**	- **fabrique** les sacs.
	- coupe.			- **coupe** la toile.
	- couture.			- **coud** la toile.
	- peinture.			- **peint** les meubles.
	- montage.			- **monte** les meubles.

Voici le bureau d'études. ‧‧‧▶ **Ici, on conçoit et on dessine** les nouveaux produits.

Voilà l'entrepôt. ‧‧‧▶ **Là, on stocke** les matières premières et **on expédie** les produits.

3 Parlez !

Regardez le plan. Vous faites visiter la société LAFUMA. Commencez la visite à l'accueil. Décrivez l'activité des différents services.

1 accueil
2 bureau d'études
3 marketing
4 coupe
5 couture
6 peinture

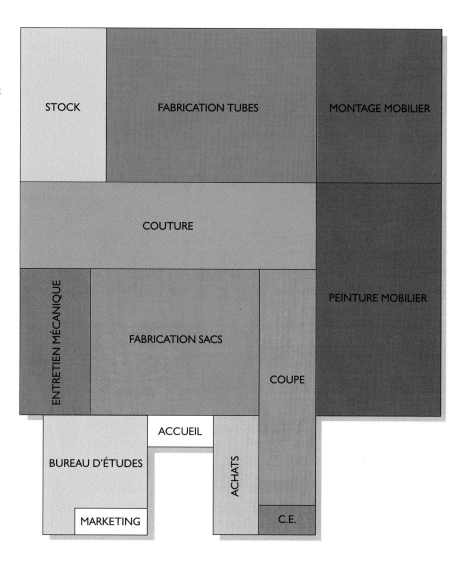

Plan simplifié de l'usine LAFUMA

4 🎧 Écoutez !

Le directeur commercial de LAFUMA présente les résultats de son entreprise. Répondez aux questions suivantes sans donner de chiffres exacts.

1 Tous les produits LAFUMA sont-ils vendus dans les magasins de sport ?
2 Toutes les tentes sont-elles fabriquées en France ?
3 Dans combien de pays sont vendus les produits LAFUMA ?
4 Quelle est la place de LAFUMA en Asie ?

Point de langue

Pour parler des produits, si vous ne connaissez pas les chiffres exacts, utilisez des pronoms indéfinis comme *certains* / *quelques-uns* / *plusieurs*.

Attention !
Les pronoms indéfinis *certains* et *quelques-uns* s'accordent au féminin et au pluriel.

Certains sont expédiés en Suisse.
Certaines sont exportées au Japon.

Quelques-uns sont expédiés aux États-Unis.
Quelques-unes sont exportées en Belgique.

▶ *Voir le Dossier grammaire 8.2.*

5 Simulation

PERSONNE A   Vous voulez savoir où sont fabriqués et vendus les produits LAFUMA.

PERSONNE B   Vous êtes commercial(e) chez LAFUMA et vous répondez aux questions de votre client(e).

Exemples

Vous vendez vos produits dans les grandes surfaces ?
— *Vous fabriquez vos tentes en France ?*
Vous exportez vos produits en Europe ?

Exemples

Oui, certains sont vendus dans les grandes surfaces et certains dans …
Oui, certaines sont fabriquées en France, mais quelques-unes sont fabriquées en…
Oui, certains sont exportés en Europe mais aussi en…

6 Parlez !

Vous faites visiter votre entreprise à un(e) client(e). Regardez le plan. Présentez chaque service et décrivez son activité.

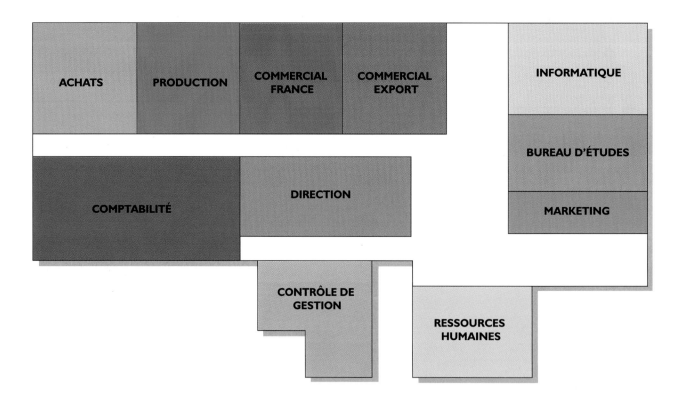

7 Écrivez !

Vous préparez la visite d'un(e) client(e) :
- Tracez le plan d'une entreprise que vous connaissez.
(Si vous préférez, imaginez une entreprise qui fabrique des chaussures.)
- Décrivez l'activité de chaque atelier ou service.
- Expliquez où les produits sont exportés.

8 Parlez !

A Présentez votre travail de l'activité 7 à vos collègues ou camarades de classe.

B Écoutez les présentations de vos collègues et posez-leur des questions.

Étape **4** Le temps libre

1 Parlez !

Vous recevez un client étranger dans votre
entreprise. Quel programme proposez-vous pour un
après-midi libre ? Votre client est passionné d'art
moderne, s'intéresse à l'architecture et aime
découvrir les vieux quartiers.

2 🎧 Écoutez !

Le commercial de la société SCHOEFFLER, basée à Paris,
propose des sorties à sa cliente. Trouvez les endroits qu'il lui
conseille sur le plan.

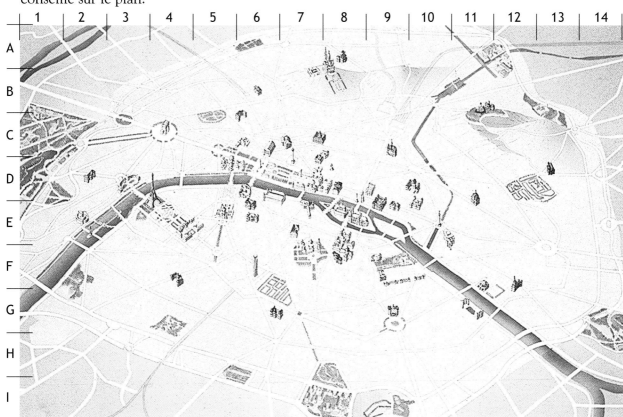

Mots clés

J'ai un peu de temps libre demain. **Que me conseillez-vous ?**

Si vous avez du temps libre, **vous pouvez aller...**

Si vous ne connaissez pas Paris, **il faut absolument voir...**

Et pour acheter des cadeaux ?

Si vous voulez acheter des cadeaux, **il vaut mieux aller...**
Il y a beaucoup de choix.

Vous connaissez un bon restaurant ?

Si vous voulez bien manger, **il faut aller...**

C'est quel genre d'endroit ?

C'est un endroit charmant. Vous ne serez pas déçu(e).

Et pour sortir ce soir ?

Si vous voulez sortir, **je vous conseille d'aller...**

3 Lisez et parlez !

A Vous travaillez pour une entreprise à Strasbourg.
Lisez la brochure touristique. Que conseillez-vous à
un(e) client(e) qui :

1 a une matinée de libre ?
2 veut sortir le soir ?

Découvrez STRASBOURG !

Capitale intellectuelle, artistique et économique de
l'Alsace, Strasbourg est une ville d'une grande richesse.
Siège du Conseil de l'Europe et du Parlement européen,
Strasbourg est aussi réputée pour ses musées, sa cathédrale, ses théâtres et sa gastronomie avec le foie gras et
le vin d'Alsace.

Venez à Strasbourg en toutes saisons, l'Office du
tourisme est à votre disposition pour tout renseignement
concernant les hôtels, les excursions, les visites des
brasseries et les promenades fluviales.

Nous vous souhaitons un excellent séjour à Strasbourg.

L'Office du tourisme

B Si votre client(e) cherche quelque chose de typique, que
peut-il / -elle acheter ?

4 Parlez !

À Strasbourg, on peut faire du shopping dans les grands magasins, dans une galerie marchande ou chez les petits commerçants. Que conseillez-vous à un(e) client(e) qui :

1 veut acheter des vêtements ?
2 cherche des souvenirs typiques ?
3 cherche des spécialités gastronomiques ?

Exemples

Je vous conseille d'aller chez… parce qu'il y a beaucoup de choix.
Il faut aller chez… parce que…
Il vaut mieux aller … parce que…

Christian

Chocolatier
12, rue de l'Outre   Tél. 03 88 32 04 41
10, rue Mercière   Tél. 03 88 22 12 70
STRASBOURG

Au Terroir d'Alsace

Boutique de produits traditionnels
(vins, céramiques, nappes,…)
Ouvert 7j/7

8, place de la Grande Boucherie
67000 Strasbourg

Tél. : 03 88 32 99 00

L'Alsace Authentique

Vitrines d'Alsace

18, place de la Cathédrale - 67000 Strasbourg
Tél. : 03 88 75 10 90 - Fax 03 88 75 09 88

Les soldes dans les grands magasins de la place Kléber

Point de langue

Si vous conseillez quelqu'un, utilisez *il vaut mieux* ou *il faut* + infinitif :

Il vaut mieux aller dans un supermarché parce que les prix sont plus intéressants.
Il faut aller Place des Halles.

▶ *Voir le Dossier grammaire 5.2.2.*

5 Simulation

Simulation à deux.

▶ *Voir les Dossiers simulation aux pages 129 et 138.*

6 Parlez !

Dites à vos collègues :

- ce que vous avez choisi comme cadeau dans l'activité 5.
- pourquoi vous l'avez choisi.
- où on trouve ce cadeau.

UNE ÉCONOMIE GAGNANTE

La France est la quatrième puissance mondiale après les États-Unis, le Japon et l'Allemagne. Son dynamisme économique est fondé en grande partie sur l'industrie. Le pays occupe une place de premier plan dans les industries de pointe (téléphonie, aéronautique, logiciels (informatiques) et les produits de luxe.

La part du secteur tertiaire (commerce, service, administrations) dans l'économie est légèrement inférieure à celles des États-Unis et du Royaume-Uni, mais la France reste la deuxième puissance de services du monde, grâce notamment au tourisme et à l'ingénierie informatique. La conjoncture internationale favorable a permis à la France de retrouver la croissance et une balance commerciale excédentaire. Ses partenaires commerciaux (clients et fournisseurs) sont d'abord ses voisins européens, l'Allemagne en particulier, et ensuite les États-Unis. Les principaux produits exportés, hors matériel militaire (qui compte pour beaucoup dans les exportations), sont : les voitures particulières, les équipements automobiles, les avions, les médicaments, les circuits intégrés et l'agroalimentaire.

1 Quelles entreprises françaises connaissez-vous ?

2 Regardez les produits que fabriquent ces grands groupes industriels français (tableau 1). Dites à quel secteur d'activité ils appartiennent (tableau 2).

Entreprises	Produit	Secteur d'activité
PSA PEUGEOT-CITROËN	voitures	Métallurgie
TOTALFINA	pétrole	Électronique et télécoms
AÉROSPATIALE	avions, fusée Ariane	Cosmétiques
THOMSON CSF	radars, missiles	Sidérurgie
ALCATEL	téléphones	Aéronautique
ALSTOM	TGV	Défense
DANONE	produits laitiers	Transport
USINOR	acier	Automobile
L'ORÉAL	produits de beauté	Agroalimentaire
PECHINEY	aluminium	Énergie

3 Lisez ce texte et dites ce qui caractérise une PME.

Les PME sont des entreprises de 10 à 499 salariés. La plupart d'entre elles sont des petites entreprises de 10 à 49 salariés. Majoritairement dans le secteur tertiaire, elles sont au cœur de l'activité économique de la France. Elles représentent 41% de la population active, contre 31% pour les grandes entreprises et 28% pour les très petites.

Les sigles de l'entreprise

PME : Petites et moyennes entreprises
PMI : Petites et moyennes industries
CA : Chiffre d'affaires en MF (millions de francs), en MdF (milliards de francs), en MEu (millions d'euros), en MdEu (milliards d'euros)
PDG : Président (du conseil d'administration) - Directeur général
DG : Directeur général
DRCOM : Directeur de la communication
DAF : Directeur administratif et financier
DRH : Directeur des ressources humaines

Deux patrons EN VUE

INFOGRAMES : de PME à géant mondial

1983 : Création par Bruno Bonnell.
1987 : Ouverture de filiales françaises.
1994 : Création de filiales en Allemagne et en Belgique.
1996/2000 : Acquisition de sociétés australiennes, britanniques et américaines.

Avec 1200 collaborateurs dans le monde, INFOGRAMES est aujourd'hui le leader européen de la création, de l'édition et de la distribution de jeux vidéo interactifs.

Son CA, réalisé à plus de 20 % à l'étranger, dépasse 2 MdF (0,3 milliards d'euros) en 1999. Il devrait tripler en deux ans et passer à 40 % à l'international.

Le secret de sa réussite ? La conquête des marchés étrangers du loisir interactif et l'obtention de prestigieuses licences.

LVMH : un mariage de marques

Premier groupe mondial de produits de luxe, LVMH (Moët-Hennessy Louis Vuitton) est créé en 1987 sur l'idée de rassembler de très grands noms de l'industrie du luxe au sein d'une multinationale. Bernard Arnault, son président, le dirige depuis 1989 et son propre groupe détient 49 % du capital. En constante expansion, LVMH compte plus de 250 filiales en France et à l'étranger et emploie 35 000 personnes à travers le monde. Son CA dépasse 45 MdF (6,8 milliards d'euros) en 1999. Il est réalisé à plus de 80 % à l'international.

LVMH regroupe une trentaine de marques prestigieuses qui symbolisent le goût français.
Pour la maroquinerie : LOUIS VUITTON ou CÉLINE ;
la mode et la parfumerie GIVENCHY, DIOR ou GUERLAIN ;
les vins et spiritueux : MOËT ET CHANDON ou HENNESSY.

Tourné vers l'avenir, le « roi du luxe » se lance dans le Internet (site d'enchères AUCLAND, portail NOMADE) et le commerce électronique (LIBERTYSURF).

4 Comment Infogrames a développé son activité en 1987, 1994, entre 1996 et 2000 ?

5 Enumérez les différences (taille, CA, produits, marchés visés) entre les deux sociétés. Dans laquelle aimeriez-vous travailler ?

6 Quels groupes possédant plusieurs marques connaissez-vous dans votre pays ? Quels sont leurs secteurs d'activité ?

7 Que pensez-vous du regroupement de plusieurs marques au sein d'un même groupe ?

Précédente Suivante Arrêter Actualiser Démarrage Rechercher Courrier Favoris Grande Petite Préférences

Adresse : http://www.pourparleraffaires.com/activités sur Internet

Rechercher > acheter > organiser

Infos site

Le site de FRANCE TÉLÉCOM **www.pagesjaunes.fr** regroupe plusieurs annuaires électroniques qui permettent de :

PAGES JAUNES	**rechercher un professionnel ou une entreprise**
PAGES BLANCHES	**rechercher un particulier**
PAGES PRO	**trouver des informations sur les entreprises**
ANNUAIRE MAILS	**rechercher les adresses e-mail**
RUES COMMERÇANTES	**rechercher les commerçants d'une rue**
TOUT LE WEB	**accéder au moteur de recherche VOILÀ**
ANNUAIRES DU MONDE	**accéder à l'annuaire PAGES JAUNES d'un pays étranger**

Dans les PAGES JAUNES, vous trouverez :
- **La liste des entreprises et des professionnels d'un même secteur d'activité.**
- **Les coordonnées des entreprises (adresse, numéros de téléphone et de fax).**
- **L'activité des entreprises.**
- **Toutes les coordonnées des filiales françaises d'un même groupe.**
- **Des plans d'accès pour repérer une adresse.**
- **Des liens avec le site Internet des entreprises.**

Dans les PAGES PRO, vous trouverez :
- **Les coordonnées des entreprises (adresse, numéros de téléphone et de fax).**
- **L'activité des entreprises.**
- **Des données économiques sur les entreprises (date de création, forme juridique, capital, effectif).**

⚠ **Pour utiliser les PAGES JAUNES, il faut obligatoirement connaître la ville ou le département dans lequel vous voulez faire la recherche. Si vous n'avez pas cette information, vous pouvez chercher dans les PAGES PRO.**

⚠ **Les PAGES PRO ne contiennent que quelques renseignements sur les entreprises. Pour en savoir plus (noms des dirigeants, bilans d'activités, etc.), le service est payant.**

Le jargon du Net

Activez le bouton
Cliquez
Connectez-vous
Recherchez
Page d'accueil
Page précédente
Page suivante
Remplissez le champ
Retournez à
Sélectionnez
Tapez
Validez

A À quoi servent les PAGES JAUNES ?
   1 À trouver les coordonnées de ses amis.
   2 À trouver les coordonnées d'une entreprise.
   3 À trouver le nom des dirigeants d'une entreprise.
   4 À accéder au site Internet d'une entreprise.

B À quoi servent les PAGES PRO ?
   1 À acheter des fournitures de bureau en ligne.
   2 À trouver des renseignements sur une entreprise.
   3 À trouver les coordonnées de filiales à l'étranger.
   4 À envoyer des mails.

Web Quizz

Challenges

> Rechercher les coordonnées d'une entreprise

Tous à vos écrans pour faire les exercices suivants! Connectez-vous à Internet et tapez l'adresse des Pages jaunes.

Pages jaunes

Vous êtes sur la page de recherche des Pages jaunes.

1 Vous voulez louer une voiture avec chauffeur à Paris.

Pour remplir le champ Activité, cliquez sur

a Quel domaine d'activité choisissez-vous ?
b Quelle activité choisissez-vous ?

Pour remplir le champ Localité, cliquez sur

c Quelle région choisissez-vous ?
d Quel département choisissez-vous ?
e Quelle localité (ville) choisissez-vous ?

Cliquez sur

Retournez à la page d'accueil.

2 Vous devez commander un taxi à Lille.

a Quels sont les deux champs que vous pouvez compléter ?

Complétez sans utiliser le Guide et cliquez sur

b Quel est le numéro de téléphone des taxis de la gare ?
Notez le numéro et retournez à la page d'accueil.

3 Vous avez rendez-vous dans les bureaux parisiens de L'Oréal Coiffure.

a Quels sont les champs que vous pouvez compléter ?

Complétez et cliquez sur **Rechercher**

b À quelle adresse devez-vous aller exactement ?

Notez l'adresse et cliquez sur **Plan**

c Quelles sont les deux stations de métro les plus proches ?
Retournez à la page d'accueil.

Libre à vous de poursuivre vos recherches !

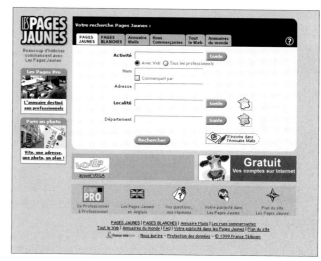

Pages pro

Cliquez sur Pages pro ou tapez l'adresse www.pagespro.com.

4 Vous cherchez des renseignements sur la société Heudebert.

a Que faut-il inscrire dans le champ Raison sociale ?
Complétez et cliquez sur **Rechercher**
b Dans quelles villes la société est-elle implantée ?
c Quels produits fabrique-t-elle ?
Sélectionnez Heudebert à Toulouse.
d À quel numéro pouvez-vous envoyer un fax ?

Une commande ferme

Objectifs

Dans le Module 4, vous allez apprendre à :

▶ répondre par écrit à une demande
▶ discuter des prix
▶ parler des produits en stock
▶ prendre une commande

Étape 1 La lettre commerciale

1 Parlez !

Dans chaque cas, quel est le moyen de communication le plus utile ?
Le téléphone ? Le fax ? L' e-mail ? Le courrier ? Discutez de vos choix.

1 J'ai besoin d'un document écrit pour mon dossier.
2 J'ai une question urgente à poser au chef comptable.
3 Je voudrais envoyer les mêmes informations à plusieurs personnes.
4 Il faut établir un contrat.

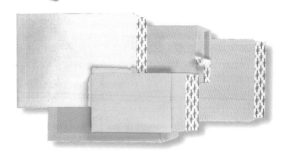

2 🎧 Écoutez !

Deux collègues du service commercial préparent une lettre.

A Quel est l'objet de cette lettre ?
  1 Demande de documentation.
  2 Envoi d'un catalogue.
  3 Confirmation d'un rendez-vous.

B Qu'est-ce qu'ils ajoutent à ce que la cliente a demandé ?
  1 L'adresse du destinataire.
  2 Les tarifs.
  3 Une plaquette de l'entreprise.

C À la fin de la lettre, ils souhaitent à la cliente :
  1 une bonne année.
  2 une bonne réception.
  3 une bonne lecture.

3 Lisez !

Lisez cette lettre. Attention à la ponctuation et aux majuscules !

1. *L'en-tête avec la raison sociale de l'expéditeur et son adresse.*

2. *L'adresse du destinataire.*

3. *L'objet de la lettre.*

4. *La date. Attention ! On écrit le 1er.*

5. *S'adresser directement à la personne quand on connaît son nom, sinon utiliser Madame, ou Monsieur,.*

6. *Aller à la ligne ou créer de nouveaux paragraphes.*

7. *Utiliser la formule de politesse classique.*

8. *Inscrire son nom ou l'intitulé du service et signer.*

9. *L'adresse et le numéro d'identification de la société.*

Pôle 3 000 B.P. 529 13002   Marseille cedex
Tél. : 04 42 40 99 09 - Fax : 04 42 40 99 00

Mme Valentin
FRAMON
24, bd Joseph Vallier
38004 GRENOBLE

Objet : Envoi de catalogue

Marseille, le 1er avril 2003

Madame,

Suite à notre conversation téléphonique, nous avons le plaisir de vous faire parvenir notre catalogue ainsi qu'une proposition tarifaire.

Pour tout renseignement complémentaire, n'hésitez pas à nous contacter au 04 42 55 66 78.

Vous en souhaitant bonne réception, nous vous prions d'agréer, Madame, l'expression de nos salutations distinguées.

Service clientèle

Pôle 3 000 B.P. 529 13002 Marseille cedex
Tél. : 04 42 40 99 09 - Fax : 04 42 40 99 00
Société anonyme au capital de 500 000 F Siret 357 866 444 00017
N° de TVA intracommunautaire FR 53 357 866 444 APE 516G

4 Écrivez !

A Rédigez deux lettres.

1 Vous créez des logiciels de comptabilité et vous répondez à une demande de documentation sur votre activité.

2 Vous fabriquez des vêtements d'une marque célèbre et vous répondez à une demande de tarifs.

B Vous dictez ces lettres. Enregistrez-les sur cassette.

Attention ! N'oubliez pas de signaler :
- les points.
- les virgules.
- les nouveaux paragraphes.

Étape 2 Les tarifs

1 Parlez !

Combien êtes-vous prêt(e) à payer pour ces produits ? Êtes-vous d'accord ou pas d'accord avec vos collègues ? C'est cher, ce n'est pas cher ?

2 Écoutez !

M. Marchand commande des CD enregistrables à Mme Badin du service des ventes.
Voici quelques extraits de leur conversation. Ces phrases ne sont pas dans le bon ordre.

A Retrouvez l'ordre des phrases.
B Quel est le meilleur prix proposé ?

> *Quelle remise faites-vous sur une commande de 35 ?*

> *Ils sont à 3,04 € l'unité.*

> *La livraison est gratuite sur les commandes de plus de 65 € .*

> *Si vous en commandez 40, c'est 2,82 € pièce.*

> *Et la livraison ?*

> *Nous ne faisons pas de remise sur une commande de 35 € .*

Mots clés

À l'unité, c'est combien ?

C'est 2,77 € **l'unité / pièce.**

C'est un **prix hors taxes ?**

Oui, c'est **hors taxes.** / Non, c'est **TTC.**

Quelle remise faites-vous / consentez-vous sur une commande de trente-cinq ?

Si vous en commandez trente-cinq, **c'est ...**

La remise est de combien ?

C'est une **remise de 7,5 %.**

Et la livraison, c'est combien ?

Le **transport / La livraison** est **gratuit(e).**

C'est votre meilleur prix ?

Nous vous proposons une **remise** supplémentaire de 2 % si vous **réglez** à la commande.

3 Parlez !

Un client vous téléphone pour se renseigner sur des remises.
Répondez à ses questions. Utilisez les informations du tableau.

Enveloppes qualité supérieure		les 500	remise en %	par 2 500 les 500	remise en %	par 5 000 les 500	remise en %
114 x 162 mm, sans fenêtre Réf. 837		47 FHT 7,20 €	0 %	43,80 FHT 6,6 €	7 %	38,50 FHT 5,88 €	18 %
110 x 220 mm, avec fenêtre Réf. 821		56 FHT 8,55 €	0 %	51,00 FHT 7,79 €	9 %	45,80 FHT 6,99 €	18 %

1 Pour une commande de 2 000 enveloppes Réf. 837, c'est combien à l'unité ?

2 Pour une commande de 4 500 enveloppes Réf. 821, c'est combien à l'unité ?

3 Pour une commande de 3 500 enveloppes Réf. 837, quelle remise consentez-vous ?

4 Pour une commande de 5 000 enveloppes Réf. 821, quelle remise consentez-vous ?

Point de langue

Si vous parlez des quantités, utilisez *plus de* .. ou *moins de* ...

*Nous consentons une remise de 2 % sur les commandes de **plus de** vingt.*

Attention, on a *plus d'* ou *moins d'* devant un nom qui commence par une voyelle.

*Leur concurrent propose **moins d'**offres exceptionnelles.*

▶ *Voir les Dossiers grammaire 3.4 et 2.3.*

4 Simulations

A Simulation à deux.

Lisez cette offre spéciale.

PERSONNE A   Vous avez envoyé cette publicité à un(e) client(e).

- Demandez-lui s'il / si elle l'a bien reçue.
- Répondez à ses questions.
- Consentez une / des remise(s) supplémentaire(s).
- Offrez, par exemple, la livraison gratuite.

PERSONNE B   Votre club de ski veut s'équiper en skis et en chaussures.

- Vous avez un budget de 2 000 €.
- Négociez les prix : une livraison gratuite et des remises supplémentaires.

B Simulation à deux.

▶ *Voir les Dossiers simulation aux pages 130 et 138.*

Offre spéciale fin de saison

SKIS À PARTIR DE 155 EUROS

CHAUSSURES DE SKI À PARTIR DE 80 EUROS SOLDES EXCEPTIONNELS

Jusqu'à **50 %** de remise sur les skis d'enfants

Offre valable jusqu'au 31 août dans la limite du stock disponible. Contactez-nous !

Par téléphone :	01 41 85 57 53
Par fax :	01 41 85 23 44
E-mail :	www.maisonduski.fr

Étape 3 En stock

1 Parlez !

Faites ce sondage, seul(e) ou en groupe. Comparez vos réponses.

Quizz CLIENT PATIENT OU IMPATIENT ?

1 Le dernier CD de votre groupe préféré est introuvable :

a) ◯ Vous l'achetez sur Internet, c'est le plus rapide.

b) ◯ Vous faites tous les magasins du coin pour le trouver.

2 La voiture de vos rêves n'est pas disponible avant un mois :

a) ◯ Vous allez voir un autre garagiste.

b) ◯ Vous la réservez.

3 Votre fournisseur n'a pas le nouveau logiciel que vous désirez :

a) ◯ Vous passez une commande chez un autre fournisseur.

b) ◯ Vous consultez les catalogues VPC et vous téléphonez.

Vous avez plus de a) : vous êtes un(e) client(e) très impatient(e).

Vous avez plus de b) : vous êtes un(e) client(e) plutôt patient(e).

2 🎧 Écoutez !

Vous êtes détaillant, vous vendez des vêtements et vous passez une commande auprès d'un grossiste.

A Parmi ces trois produits, lesquels sont disponibles ? Les stocks sont-ils épuisés ?

1 la chemise / Réf. N 440.

2 le pantalon / Réf. P 230.

3 la veste / Réf. K 360.

B Que propose le grossiste pour l'article Réf. J 150 ?

Mots clés

Je voudrais savoir si ces articles **sont en stock.**

Oui, Monsieur / Madame. Nous les **avons en stock.**

Malheureusement, **le stock est épuisé.**
Nous sommes en rupture de stock.

Je suis désolé(e), Monsieur / Madame, ces articles **ne sont pas disponibles.**
Ils seront disponibles la semaine prochaine.

Nous pouvons vous livrer tout de suite.

Le reste de la commande sera expédié dans quinze jours.

Quels sont vos délais de livraison pour les articles en stock ?

Nous livrons **sous quarante-huit heures.**

Ce sont vos meilleurs délais ?

3 Parlez !

Vous êtes fournisseur. Voici l'état de vos stocks de cartouches
d'imprimante sur votre base de données le 10 octobre.

	référence article du fabricant	quantités en stock	quantités commandées au fabricant	livraison prévue le
	BJ 110	100	50	
	LBP 4	25	30	17 octobre
	EPL 5 000	15	5	17 octobre

Que dites-vous à un(e) client(e) qui a besoin de :

1   Vingt articles Réf. BJ110.
2   Quarante articles Réf. LBP 4.
3   Trente articles Réf. EPL 5 000.

4 Écrivez !

Vous avez reçu les commandes au fabricant et livré vos clients.
Voici de nouveaux produits pour vos stocks. Vérifiez ces
livraisons et mettez à jour le tableau de l'activité 3.

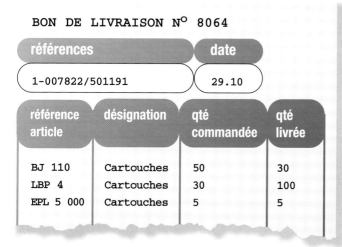

BON DE LIVRAISON N° 8064

références	date
1-007822/501191	29.10

référence article	désignation	qté commandée	qté livrée
BJ 110	Cartouches	50	30
LBP 4	Cartouches	30	100
EPL 5 000	Cartouches	5	5

Point de langue

Si vous parlez des délais de livraison, utilisez
les prépositions *dans*, *sous* et *sur* pour exprimer
le temps.

dans une semaine
dans quinze jours
sous quarante-huit heures
sous vingt-quatre heures
vingt-quatre heures *sur* vingt-quatre

▶ *Voir le Dossier grammaire 9.2.4.*

5 Simulations

A Simulation à deux.

PERSONNE A   Vous recevez la livraison du fabricant de
l'activité 4. Vous téléphonez à votre client pour lui dire
combien de produits sont en stock.

PERSONNE B   Vous avez commandé des articles de
l'activité 3. Vous recevez un appel de votre fournisseur.
Notez les nouveaux délais de livraison.

B Simulation à deux.

▶ *Voir les Dossiers simulation aux pages 130 et 139.*

Étape 4 La prise de la commande

1 Parlez !

LA REDOUTE offre plusieurs méthodes pour passer une commande.
Quelle méthode convient le mieux à chacun de ces clients ?

1 Client qui veut passer une commande après 20 h.
2 Client qui habite en France et qui a accès à Internet.
3 Client qui veut poser des questions sur ses achats.
4 Client qui a un téléphone fax.

• Redoutel
08 36 67 24 00
24h sur 24 et 7 jours sur 7, il vous suffit d'avoir un numéro de client et un téléphone à touches.

• Le Minitel 36 15 Redoute
24h sur 24 et 7 jours sur 7, laissez-vous guider tout simplement.

• Le téléphone
0 802 024 024
Une hôtesse est à votre écoute, vous informe et vous renseigne de 8h à 20h, 7 jours sur 7.

• Internet
www.redoute.fr
Tous les produits présentés dans le catalogue de la Redoute peuvent aujourd'hui être commandés par Internet et livrés en France métropolitaine.
La transaction et le paiement sont entièrement sécurisés.

• La télécopie
03 20 26 43 75

• Le courrier
La Redoute 59081 Roubaix cedex

2 🎧 Écoutez !

A Mme Fourier, directrice commerciale, explique à son assistant, Marc, comment prendre une commande par téléphone. Voici une liste de contrôle des points essentiels. Remettez-les dans l'ordre.

✓ Ne pas oublier de dire « bonjour » et « au revoir » .
✓ Préciser la date de livraison.
✓ Confirmer le montant total, remise comprise.
✓ Vérifier les références et les quantités commandées pour chaque article.
✓ Demander le numéro de client.
✓ Donner un numéro de commande à votre client(e).
✓ Remercier le / la client(e).

B Quels points importants Marc a-t-il oublié ?

Point de langue

Pour préciser le nombre, la quantité de produits commandés, ne répétez pas le nom du produit, utilisez le pronom *en*.
Combien voulez-vous de stylos ?
Combien en voulez-vous ?
Je voudrais cinquante stylos.
J'en voudrais cinquante.

Attention ! Dans la phrase suivante, le premier *en* est un pronom et le second est une préposition.
Vous en avez en stock ?
    Pron.   Prép.

▶ *Voir le Dossier grammaire 4.2.1.*

Mots clés

- Je voudrais passer une commande, s'il vous plaît.
- Bonjour, Monsieur / Madame.
  Quel est votre numéro de client ?
- Qu'est-ce que vous voulez commander ?
- Je voudrais des pots de peinture.
- Vous avez la référence du produit ?
- Combien en voulez-vous ?
- J'en voudrais trente.
- Le montant total est de 366 euros, remise comprise.
- Nous vous livrerons mardi prochain.
- À quelle adresse faut-il vous livrer ?
- Votre numéro de commande est MP 110.
- Merci, au revoir Monsieur / Madame.

3 Simulations

A Simulation à deux.

PERSONNE A Vous passez une commande de produits électroménagers à votre fournisseur.

1 15 friteuses Réf. T49.
2 25 cafetières Réf. CG4 - Soléa.
3 10 grille-pain Réf. 154.

Moulinex
439F 67,54 euros
FRITEUSE
Réf. T 49

Moulinex
99F 15,23 euros
GRILLE-PAIN
Réf. 154

Moulinex
189F 29,08 euros
CAFETIÈRE
Réf. CG4 - Soléa

PERSONNE B Vous prenez la commande.
Utilisez la liste que vous avez préparée en 2.

B Simulation à deux.

▶ *Voir les Dossiers simulation aux pages 130 et 139.*

4 🎧 Écoutez !

Un garagiste doit commander un monospace pour un client. Il passe une commande à un concessionnaire CITROËN.

A Prenez des notes sur leur conversation.
B Vrai ou faux ? Vérifiez les informations du bon de commande.

1 Modèle : *Xsara Picasso série Pack*
2 Couleur : *gris quartz métallisé*
3 Option : *toit ouvrant électrique*
4 Prix : *(13 050 EUR) 87 000 Francs TTC*
5 Adresse de livraison : *place de la Mairie, 13 308 St Martin de Crau*
6 Date de livraison : *16 / 03*

Conseils pro

Petite ou grande, une commande est toujours très importante ! Il faut vendre ses produits et satisfaire ses clients. Au téléphone :

- ✓ Écoutez bien.
- ✓ Posez des questions.
- ✓ Répondez aux questions du client.
- ✓ Donnez toutes les explications ou les renseignements nécessaires.

LA BOSSE DU COMMERCE

La fonction commerciale est vitale pour l'entreprise, car elle lui permet de vendre et donc de gagner des marchés. La force de vente représente une part importante des effectifs salariés, notamment dans les secteurs de la bureautique, de l'informatique, des télécoms, de l'assurance, de la banque, de la santé, de l'agroalimentaire et de la distribution.

Par « commercial » on désigne des métiers aussi variés que démarcheur « porte à porte », attaché commercial, technico-commercial, commercial-export, chargé de clientèle, ingénieur d'affaires, ou même acheteur. Mais quelle que soit sa fonction au sein de l'entreprise, qu'il soit technicien ou cadre, le commercial doit vendre. Très souvent en déplacement, il doit prospecter pour trouver de nouveaux clients qu'il doit ensuite fidéliser.

S'il désire se spécialiser dans l'export, le commercial doit maîtriser une ou plusieurs langues étrangères et se familiariser avec la culture d'entreprise des pays dans lesquels il va vendre. Il doit aussi connaître les aspects juridiques internationaux.

La vente est un exercice difficile. Pour être performant(e), il est essentiel que le (la) commercial(e) possède certaines qualités.

Les qualités	La pratique
La mobilité	Écouter le client et instaurer un climat de confiance.
La persuasion	
La patience	Savoir s'adapter aux besoins spécifiques du client.
La souplesse	Négocier avec le client.
Le sens du contact	Perdre un client et en gagner un autre.
	Être en déplacement pour rencontrer des clients.

1 Faites correspondre ces qualités avec la pratique.

2 Parmi ces qualités, lesquelles possédez-vous ?

Si vous les possédez toutes, vous avez sans doute la bosse du commerce !

3 À quels aspects du métier de commercial vous font penser ces dessins ?

Des métiers EN PRATIQUE

Je suis technico-commercial

Vous êtes technico-commercial dans une société de restauration collective, en quoi consiste votre métier ?

Un technico-commercial est un commercial avec des connaissances techniques. Moi, je travaille au bureau d'études. Je recherche et j'analyse l'offre la mieux adaptée à mon client qui peut être une entreprise, une école ou un hôpital.

Vous avez donc deux métiers ?

Oui, c'est un peu ça. Il ne suffit pas d'être ingénieur ou d'être commercial. Il faut être les deux.

À votre avis, pourquoi est-ce une profession très recherchée ?

Les entreprises le savent, pour vendre un produit ou un service, il faut le connaître parfaitement. Le technico-commercial est un interlocuteur idéal parce qu'il maîtrise le langage technique du client.

Moi, je suis chargée de missions

Que signifie être chargé de mission dans un groupe d'assurances ?

Être conseiller autant que vendeur. Mes clients sont des entreprises à qui je vends des assurances. Comme nous proposons de nombreux produits, je dois évaluer leurs besoins afin de mieux les conseiller et de mieux gérer leurs contrats.

En début de carrière, comment avez-vous développé votre portefeuille de clients ?

J'ai prospecté le marché à l'aide des journaux spécialisés ou par l'intermédiaire de professionnels.

Et aujourd'hui ?

J'établis des contacts et j'obtiens de nouveaux contrats grâce à mes clients avec qui je maintiens des liens privilégiés.

Quelles recommandations feriez-vous à un débutant ?

De ne pas se décourager. Mon métier se fait sur le long terme et il demande de la patience. Il faut être convaincu par son produit pour être persuasif.

Et moi, je suis VRP

Que veut dire VRP ?

À l'origine, ça voulait dire Voyageur, Représentant, Placier. Ce vendeur indépendant pouvait travailler pour plusieurs entreprises en même temps. Mais les VRP « multicartes », payés uniquement à la commission, sont de moins en moins nombreux.

Et vous, vous travaillez pour plusieurs entreprises ?

Non, je suis VRP exclusif pour un grand fabricant d'électroménager.

Vous êtes donc spécialisé dans un seul domaine comme le technico-commercial ?

Oui, mais je ne suis pas technicien. Mon rôle est surtout de rencontrer les chefs de rayons ou les vendeurs des grandes centrales d'achat de ma région pour placer mes produits. Je suis sur la route en permanence !

Comment êtes-vous rémunéré ?

Je touche un petit salaire fixe auquel s'ajoutent des primes ou des commissions sur mes ventes.

---

4 Comparez les métiers de technico-commercial(e), chargé(e) de missions et VRP. Mobilité, compétence technique et sens du contact : quelle doit être leur principale qualité ?

5 Parmi ces trois métiers, lequel correspond le mieux à votre profil ?

6 Existe-t-il un métier comparable à celui de VRP dans votre pays ?

La livraison à l'heure

Objectifs

Dans le Module 5, vous allez apprendre à :

▶ choisir un emballage en fonction du produit
▶ organiser une livraison
▶ choisir un moyen d'expédition rapide
▶ résoudre un problème de livraison par téléphone

Étape 1 L'emballage

1 Parlez !

A Vous désirez envoyer ces cadeaux par la poste. Quel type d'emballage choisissez-vous ? une enveloppe matelassée ? du papier kraft ? une boîte en carton ?

1 un flacon de parfum.
2 une cravate.
3 un livre.

B Regardez ces deux *Coliposte*. Ce sont des emballages pré-affranchis. Que peut-on envoyer avec ? Ce type d'emballage existe-t-il dans votre pays ?

2 🎧 Écoutez !

Ce client vient de commander des CD et des cassettes. Quel emballage désire-t-il pour ses articles ? Donnez une réponse précise.

Mots clés

- J'ai besoin de précisions pour le **conditionnement de votre commande.**

- **Quel type d'emballage vous faut-il ?**

- **Il nous faut un emballage** solide et écologique.

- **Désirez-vous** des cartons **recyclables ?**

- **Pour le calage, vous préférez** du polystyrène ou un film à bulles antichoc ?

- Vous avez commandé d'autres articles, **voulez-vous grouper la commande ?**

- **En cartons de** vingt ou de quarante ?

- **En cartons de** quarante, s'il vous plaît.

3 Parlez !

Choisissez l'emballage qui convient à ces produits :

1 des pêches.   3 des savonnettes.
2 des piles.   4 des miroirs.

Un cageot.

Une caisse bois.

Un carton d'expédition.

4 Simulation

Simulation à deux.

PERSONNE A   Vous êtes fournisseur de champagne. Demandez à votre client(e) quel type d'emballage il / elle préfère pour sa commande. Notez sa réponse.

PERSONNE B   Vous commandez des bouteilles de champagne à un fournisseur. Précisez-lui le type d'emballage qu'il vous faut.

Pensez aux diverses caractéristiques : taille, solidité, sécurité, aspect écologique, quantité, etc.

Point de langue

Pour exprimer votre besoin, utilisez : *Il nous faut…*

Il nous faut des cartons de quarante.

Si vous répétez ce que votre client vient de vous expliquer, utilisez : *Il vous faut …*

Donc, il vous faut des cartons de quarante.

Le pronom entre le sujet et le verbe peut changer. C'est un pronom indirect.

Il me faut des cartons, à moi.

Si vous parlez de quelqu'un d'autre, utilisez : *Il lui faut…* ou *il leur faut.*

▶ *Voir le Dossier grammaire 4.1.4.*

5 Lisez et écrivez !

Lisez et résumez ce texte.

HAUT

Protection de l'environnement

Pour protéger l'environnement, une directive européenne rend obligatoire la collecte et le traitement des emballages de tous les produits destinés aux ménages.

En France, depuis le 1er janvier 1993, tout producteur ou importateur doit s'occuper de collecter et de recycler ses déchets d'emballages ménagers. Il peut le faire lui-même ou passer un contrat avec la société ÉCO-EMBALLAGES, un organisme reconnu par l'État pour la collecte et le recyclage des emballages. Si le producteur ou l'importateur passe par ÉCO-EMBALLAGES, il lui verse une contribution financière. Il peut alors mettre le sigle Point Vert sur chacun de ses emballages. Ce sigle est la preuve que le producteur a payé sa contribution à l'élimination des déchets d'emballages ménagers. Les sociétés FOST PLUS en Belgique et VALORUX au Luxembourg proposent le même type de services.

BAS

Étape 2 Le transport

1 Parlez !

A L'un de vos amis a déménagé de votre pays en France. Il vous demande de lui faire parvenir des affaires personnelles qu'il a oubliées. Choisissez le moyen de transport idéal (train / bateau / voiture / avion) pour l'envoi de :

1 un ordinateur.   3 des vêtements.
2 une armoire.   4 des cartons de livres.

B Expliquez vos choix.

2 Écoutez !

Un transporteur organise une livraison.

A Écoutez la conversation et notez :
1 le numéro de référence de la commande.
2 la quantité de cartons à livrer.
3 l'heure d'arrivée du camion.

B Réécoutez le dialogue et regardez le plan. Où faut-il livrer la marchandise ? À AGROSPACK ou à CASTORAMA ? Indiquez le chemin exact qu'il faut prendre.

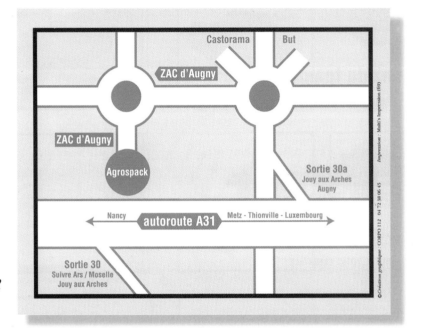

Mots clés

Nous avons une livraison pour vous. À quelle date et à quelle heure peut-on vous livrer ?

Vous pouvez nous livrer jeudi ?

C'est mieux si le camion arrive le matin.

Nous ouvrons à 8 h.

Quel est le numéro de référence de la commande ?

Et vous nous livrez combien de cartons ?

Pouvez-vous m'expliquer où se trouve votre entrepôt ?

Quittez l'autoroute à la sortie 30a. Au rond-point, il faut prendre la direction de la zone industrielle.

3 Lisez et parlez !

A D'après ces diagrammes, quel est le mode de transport le plus utilisé en France pour les échanges internationaux ? Quel est le moins utilisé ? Essayer d'expliquer pourquoi ? Discutez-en.

COMMERCE EXTÉRIEUR DE LA FRANCE PAR MODES DE TRANSPORT DANS L'UNION EUROPÉENNE (Millions de tonnes)

- ■ Ferroviaire (par rail)
- Maritime (par mer)
- Routier (par route)
- Aérien (par avion)
- Fluvial (par voies navigables)

Point de langue

Si vous demandez un service ou un conseil à quelqu'un, utilisez :
Pouvez-vous suivi d'un pronom et d'un verbe à l'infinitif.

Pouvez-vous m'indiquer où se trouve l'entrepôt ?

▶ *Voir le Dossier grammaire 5.1.*

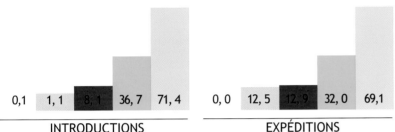

| 0,1 | 1, 1 | 8, 1 | 36, 7 | 71, 4 | | 0, 0 | 12, 5 | 12, 9 | 32, 0 | 69,1 |
INTRODUCTIONS   EXPÉDITIONS

B Quel mode de transport proposez-vous pour livrer ces marchandises ? Aidez-vous d'une carte du monde. Expliquez vos choix en groupe.

1 des bananes des Antilles jusque dans votre pays.
2 du fromage de France jusque dans votre pays.
3 des montres de Suisse jusqu'aux États-Unis.
4 du café de Côte-d'Ivoire jusqu'en France.

Conseils pro

Si vous organisez une livraison :

✓ sachez qui paiera les frais de livraison et pour quelle partie du voyage.

✓ précisez bien les termes et les conditions de la livraison à votre client(e).

Pour cela, utilisez les INCOTERMS. Ces sigles internationaux permettent de définir qui est responsable et qui est redevable du fret.
Il y en a treize dont : CFR «coût et fret », CIF «coût, assurance et fret » ou FOB «franco à bord ».

Pour choisir un INCOTERM, vous devez savoir :

✓ quel va être le mode de transport de la marchandise (maritime, routier, etc.).

✓ si vous organisez vous-même le transport ou si vous remettez la marchandise à un transporteur.

✓ si vous assumez tous les risques et tous les frais du transport ou seulement une partie.

✓ si vous acquittez le transport principal ou seulement l'acheminement de la marchandise jusqu'à un transporteur.

4 Simulation

Simulation à deux.

▶ *Voir les Dossiers simulation aux pages 131 et 139.*

Étape 3 L'expédition

1 ▶ Parlez !

Connaissez-vous ces entreprises ? Quel est leur secteur d'activité ?

2 🎧 Écoutez !

Quel mode d'expédition M. Lambert choisit pour son colis ?
Pourquoi ?

Mots clés

J'ai besoin de ces pièces de rechange.

Quels sont les délais de livraison ?

Je peux vous les envoyer par courrier normal / en express.

J'en ai besoin d'urgence.
C'est urgent.

Si je les envoie aujourd'hui par courrier normal **vous les recevrez sous** 48 heures.
Si je les expédie par Chronopost, **vous les aurez** demain.

Envoyez-les-moi par Chronopost alors.

C'est entendu, je m'en occupe.

Point de langue

Pour exprimer une condition et la conséquence de cette condition, utilisez la formule :

Si + présent + futur

*Si je les envoie par courrier normal, **vous les aurez** sous 48 heures.*

Le futur exprime ici la conséquence d'un choix.

> *Voir le Dossier grammaire 6.5.1.*

Quand vous utilisez l'impératif, observez bien l'ordre des pronoms d'objet direct et indirect.

*Envoyez-**moi** un colis.*

*Envoyez-**le-moi**.*

Le pronom direct « le » se place entre le verbe et le pronom indirect « moi ».

> *Voir le Dossier grammaire 6.7.2.*

3 Lisez !

Lisez ces textes sur Chronopost et DHL.

● ● ● ● *LES SERVICES INTERNATIONAUX*
DE CHRONOPOST

**1 Chrono Union européenne - livraison
en express :**

- le lendemain matin dans les principaux centres économiques
  de l'Union européenne.
- le lendemain dans la journée pour les principales autres
  grandes villes.

**2 Chrono international - livraison en
express sur 220 pays et territoires :**

- sous 1 ou 2 jours pour les grandes villes occidentales.
- sous 1, 2 ou 3 jours pour la plupart des autres destinations.

Destinations DHL

Europe
- Livraison en J+1 pour toutes les localités européennes.
- Service spécial : de Paris à une capitale européenne,
  livraison assurée dans la journée.

États-Unis
Aux USA, DHL couvre la totalité du territoire. Un
document pris de Paris, le jour même, à 20 heures est
livré le lendemain matin à New York, et le lendemain
après-midi dans plus de 50 autres destinations du pays.

Asie
Aujourd'hui, avec DHL, Tokyo est disponible en J+1
depuis la France. Manille, Singapour et l'Indonésie en J+2.

4 Parlez !

Que dites-vous à un(e) client(e) qui a besoin d'un colis
d'urgence ? Choisissez l'expéditeur le plus rapide (CHRONOPOST
ou DHL) en fonction de la ville de votre destinataire.

Exemple
*Vous êtes à Lille. Votre client(e) est à
Washington aux États-Unis.*
*Si je l'expédie par Chronopost, vous l'aurez dans
deux jours.*
*Si je l'envoie en Chronopost, vous le recevrez
après-demain.*

1 Vous êtes à Marseille. Votre client(e) est à
  Rome.
2 Vous êtes à Nice. Votre client(e) est à
  Tokyo.
3 Vous êtes à Lyon. Votre client(e) est à
  Londres.
4 Vous êtes à Paris. Votre client(e) est à
  Boston.

Étape 4 Les réclamations

1 Parlez !

Avez-vous déjà fait des réclamations dans un magasin ou au restaurant ? Décrivez ce qui s'est passé.

2 Écoutez !

Écoutez la conversation et notez :

1 le numéro de client de la personne.
2 le nom de la personne qui appelle.
3 la nature du problème.
4 la solution proposée par le fournisseur.

Mots clés

Je vous appelle au sujet de notre commande.

Un instant, s'il vous plaît. Je recherche votre dossier sur informatique.

Nous avons bien reçu les bleus mais, les blancs ne sont pas arrivés.
Nous n'avons rien reçu.

Nous n'avons reçu que la moitié de la commande. Il manque ...

Je comprends.
Je suis vraiment désolé(e).
Vous les aurez probablement lundi prochain.
Ils vous seront expédiés dès aujourd'hui.
Vous les recevrez au plus tard mercredi.

Je compte sur vous.

---

3 Parlez !

Vous avez commandé des pièces détachées au Canada. Les livraisons ne correspondent pas aux commandes que vous avez faites. Vous téléphonez à votre fournisseur pour résoudre le problème. Que lui dites-vous ?

Produits commandés		Produits livrés	
Réf. 145	Quantité 200	Réf. 145	Quantité 100
Réf. 230	Quantité 150	Réf. 230	Quantité 0

4 🎧 Écoutez !

Mme Guèze n'a pas reçu ses marchandises.
Elle est très en colère. Écoutez bien et prenez
des notes.

1 Qu'est-ce qu'elle a commandé exactement ?
2 Qu'est-ce qu'elle a reçu ?
3 Qu'est-ce qui ne va pas ?
4 Pourquoi a-t-elle un besoin urgent des
   marchandises ?

5 Lisez !

Lisez ce fax et répondez aux questions à l'oral.

1 Quel est le problème du client ?
2 Quelle solution propose-t-il ?

Point de langue

Vous pouvez utiliser **"ne...que"** pour remplacer
l'adverbe **"seulement"**.

*Nous avons reçu une partie de la commande
seulement.*

*Nous n'avons reçu **qu**'une partie de la commande.*

Attention: au passé composé "ne...que" entoure
la totalité du verbe.

▶ *Voir le Dossier grammaire 5.3.4.*

6 Simulation

Simulation à deux.

▶ *Voir les Dossiers simulation aux pages 131 et 139.*

PATRICK G. / Confection - Prêt-à-porter
Tél. / Fax : 01 25 86 95 00

TÉLÉCOPIE

DATE :	6 octobre
DE :	M. Marchand
À :	M. Béranger
TÉL. / FAX :	02 33 06 90 22

Monsieur,

Nous vous rappelons que nous n'avons toujours pas reçu la livraison de boutons
commandés le 12 mars dernier.

Nous vous avons déjà signalé ce retard par téléphone à trois reprises. Nos
stocks de boutons sont épuisés et nous ne pouvons plus honorer nos commandes.

Nous vous demandons de nous faire parvenir, sans faute, la moitié de la
commande sous huit jours et le reste avant la fin du mois.

Sincères salutations.

M. Marchand
Gestion des stocks

Conseils pro

Si vous avez à répondre à un(e) client(e)
mécontent(e), ne paniquez pas !

✓ Laissez le / la client(e) s'exprimer.
✓ N'oubliez pas que la personne s'adresse à
  votre entreprise et pas à vous
  personnellement.
✓ Écoutez bien sa réclamation et notez
  l'historique du problème.
✓ Posez des questions.

✓ Ne vous mettez pas en colère. Parlez
  doucement. Dites: « Oui, je vous
  comprends... »
✓ Négociez une solution avec le / la client(e).
✓ Ne promettez jamais de faire ce que vous
  n'êtes pas autorisé(e) à faire ou pas en
  mesure de faire.
✓ Si vous avez promis de rappeler le / la
  client(e), faites-le !

LA VENTE À DISTANCE

Le concept de vente à distance ou VAD existe depuis presque un siècle. Ce type de vente permet de faire des affaires sans contact direct entre les vendeurs et les clients.

Les acheteurs choisissent leurs articles :
- sur catalogues spécialisés ou généraux, publicités ou dépliants.
- à la télévision (émissions de téléachat).
- sur Internet (commerce électronique ou e-commerce).

Lorsque la vente se fait par correspondance, on utilise le terme de VPC (vente par correspondance). Les entreprises de VPC sont appelées les vépécistes. Les clients passent leur commande par téléphone, courrier, fax, Minitel ou par Internet. Aujourd'hui, on utilise de plus en plus le terme de VPCD (vente par correspondance à distance), qui regroupe VAD et VPC.

Les 7 premiers vépécistes en France	
LA REDOUTE	produits généraux
3 SUISSES FRANCE	produits généraux
CAMIF	produits généraux
YVES ROCHER	cosmétiques
FRANCE LOISIRS	édition, musique et vidéo
DAMART	textile
QUELLE	produits généraux

Qui achète sans se montrer ?

En France, plus d'une famille sur deux achète à distance, toutes catégories socio-professionnelles et toutes classes d'âge confondues.

Ce sont les femmes qui achètent le plus par VAD. En général, elles commandent des produits textiles qu'elles choisissent sur catalogue. Le colis est livré à domicile ou dans un relais de réception.

Sur Internet, l'acheteur type est un homme, plutôt jeune, Parisien et disposant d'un revenu annuel assez élevé. Mais les femmes et les personnes âgées s'y mettent. Tous les vépécistes ont d'ailleurs ouvert un site marchand.

Les professionnels ont surtout recours à la VPCD pour les fournitures et les équipements de bureau mais aussi pour les publications techniques.

Opinion des professionnels sur la VAD

AVANTAGES	INCONVÉNIENTS
Simplicité d'achat 65 %	Acheter sans voir 43 %
Rapidité de livraison 63 %	Manquer de contacts directs 22 %
Gain de temps 60 %	Manquer de conseils 22 %
Prix avantageux 43 %	Manquer d'antennes locales 22 %

Source : Étude MV2 FEVAD 99

1. Que pensez-vous de ce sondage ? Discutez de chaque point en groupe.

2. Rédigez un nouveau tableau avec vos propres opinions. Rajouter d'autres avantages ou inconvénients si nécessaire.

3. À votre avis, le succès d'Internet va-t-il nuire, ou au contraire, profiter aux vépécistes ?

Des vitrines EN IMAGES

Le e-commerce

Les Français sont encore réticents à l'achat sur Internet parce qu'ils ont peur du piratage de leur numéro de carte bancaire. Cependant, le montant des transactions est en progression constante et les entreprises françaises anticipent la demande : les sites marchands se multiplient. Les meilleures ventes en ligne sont : les voyages (transport, hôtel), l'informatique et les produits culturels (disques, livres).

Pour séduire et rassurer les clients, les sites proposent des services originaux :
- Un(e) téléconseiller(ère) aide l'internaute dans ses achats aux 3 SUISSES et à LA REDOUTE.
- On peut créer un mannequin virtuel à ses mesures pour essayer les vêtements aux GALERIES LAFAYETTES.
- Un webcamer (cybervendeur muni de rollers et d'une caméra portable) permet une visite virtuelle du grand magasin LE PRINTEMPS.

Le téléachat

En France, plusieurs chaînes de télévision proposent la vente à domicile avec des émissions de téléachat. Pionnière en 1987 et leader sur ce marché, Téléshopping passe tous les matins sur TF1. Des produits variés y sont présentés : de l'article de cuisine à l'appartement au bord de la mer. Ces émissions visent un large public, mais la clientèle est à 70 % féminine, majoritairement provinciale et âgée d'environ 50 ans.

Le téléachat représente moins de 2 % de la VAD mais c'est un secteur très rentable et selon le publicitaire Jacques Séguéla « En 2020, un achat sur deux se fera par la télé ».

SATISFAIT OU REMBOURSÉ !

De nombreuses entreprises de VAD sont membres de la FEVAD (Fédération des entreprises de vente à distance). Elle fixe des règles sur la qualité des produits et les droits des consommateurs.

Voici quelques conseils aux clients du code de la FEVAD :
- Demandez un remboursement si vous n'êtes pas satisfait du produit reçu.
- Si vous désirez renvoyer un article, respectez le délai des sept jours.
- Si vous n'ouvrez pas le colis, les frais d'envoi seront remboursés.
- La livraison doit se faire dans le mois qui suit votre commande.
- Si votre commande n'est pas livrée dans les délais, vous pouvez l'annuler.

4   Sur Internet, certains sites cherchent pour vous les produits au meilleur prix. Décrivez le produit français que vous voulez acheter et dites à quel prix.

5   Justifiez par écrit une demande de remboursement ou annulez une commande. Expliquez vos raisons en suivant les règles de la FEVAD.

La comptabilité

Objectifs

Dans le Module 6, vous allez apprendre à :

▶ lire une facture et faire une réclamation

▶ parler des modes et des conditions de paiement

▶ négocier une nouvelle date de paiement

▶ comprendre une lettre de relance

Étape **1** La facturation

1 Parlez !

Savez-vous calculer en français ? Trouvez la réponse à ces problèmes d'arithmétique, puis lisez-les à haute voix.

Exemple : 20 + 30 = ? *vingt plus trente font cinquante.*

a 79 + 84 = ?

b 147 ÷ 7 = ?

c 1,055 x 10 = ?

d 1600 - 50 = ?

e 640 ÷ 8 = ?

f 200 x 5 = ?

2 🎧 Écoutez !

Un jeune stagiaire fait vérifier sa facture par la comptable. Ces définitions sont-elles vraies ou fausses ?

1 la désignation = le montant total + le prix unitaire.

2 le montant hors taxes = le montant total – la TVA.

3 le montant total = toutes taxes comprises.

4 TTC = TVA + prix unitaire.

Point de langue

Ne mettez pas de point ni de virgule dans les nombres entiers (Sans décimales).

Mille deux cents = **1200**

La virgule sert à noter les décimales.

1200,00 = **Mille deux cents**

16,22 = **Seize virgule vingt-deux**

La devise se place après le nombre.

Mille deux cents euros = **1200,00 €**

▶ *Voir le Dossier grammaire 7.*

Si vous faites une erreur, vous dites :
*Je **me** suis trompé(e).*

Si quelqu'un d'autre fait une erreur, vous dites :
*Vous **vous** êtes trompé(e).*

Le passé composé d'un verbe pronominal se forme avec l'auxiliaire *être*.

Quand on précise son erreur, on utilise *se tromper de* :

***Je me suis trompé(e) de** prix / d'opération.*

▶ *Voir le Dossier grammaire 6.2.2.*

Mots clés

Je vous appelle, car **il y a une erreur dans votre facture.**

Quel est le problème ?

Vous vous êtes trompés de montant.

Vous avez raison, nous nous sommes trompés de montant / désignation / quantité.

Vous avez oublié la remise habituelle.

Effectivement, il manque la remise.

Je suis désolé(e), je m'en occupe tout de suite.

3 Parlez !

Un client vous téléphone pour vous signaler différents problèmes sur des factures. Comment est-ce que vous lui répondez ?

1 Le total est faux.
2 Ce n'est pas le produit que vous avez livré.
3 Nous n'avons jamais reçu ces marchandises.
4 Il y a plus d'articles facturés que d'articles livrés.
5 La remise ne figure pas.

Conseils pro

Quand vous établissez une facture, il faut indiquer :

- Les coordonnées de votre entreprise [1] et celles de votre client [2].
- La date [3] et le numéro de la facture [4].
- La date de vente des marchandises ou des services [5].
- La quantité de marchandise facturée [6].
- La description des marchandises ou des services facturés [7].
- Le prix unitaire [8], le montant HT [9] et les remises éventuelles.
- Le taux de TVA appliqué [10], le montant total H.T. [11] et le montant TTC à payer [12].
- Les conditions de paiement [13].
- Le numéro d'identification de votre entreprise [14].

4 Écoutez !

Quatre clients téléphonent au chef comptable pour faire des réclamations sur leur facture. Dans quelle partie de la facture y a-t-il une erreur ? la désignation ? la quantité ? le total ?

FACTURE N° 00 04 15 [4]
CLIENT DATE
MEUN 06/11/2000 [3]

HI-FI LAFONT SARL [1]
Vente – Location - Dépannage

Hôtel MEUNIER [2]
10, rue Bara
69 002 Lyon
Tél : 04 40 42 42 42
Fax : 04 40 42 42 43

[5] DATE DE VENTE	[6] QUANTITÉ	[7] DÉSIGNATION	[8] RÉFÉRENCE	P.U. H.T. en euros	% REMISE
15/10/2000	2	TÉLÉVISEUR RAD 7	WA7300/18	1143, 36	
15/10/2000	1	RALLONGE PÉRITEL	PR14	30, 48	

[9] MONTANT H.T. en euros	[10] % T.V.A.	[11] TOTAUX en euros	[12] NET À PAYER en euros
2286,73 30, 48	20, 60%	HT : 2317, 22 T.V.A. : 477, 31	2794,57

[13]
MODE DE RÈGLEMENT : chèque
ÉCHEANCE : à réception de la facture

[14]
HI-FI LAFONT – SARL au capital de 50 000 F – ID 123 456 789 RCS Lyon – ID CEE : FR 31 123 456 789
41, Quai de la Gare – 69 002 Lyon – Tél : 04 01 02 03 04 – Fax : 04 02 03 05 – e-mail : lafont@hi-fi.com

Étape 2 Le règlement de la facture

1 Parlez !

Quand vous achetez ces produits, comment est-ce que vous payez ?
En liquide ? Par chèque ? Par carte bancaire ?

1 une voiture
2 des vêtements
3 du pain
4 de l'essence

2 ∩ Écoutez !

Vrai ou faux ? Un détaillant propose des modalités de paiement
différentes selon que son client est un particulier ou une entreprise.
Est-ce que ces phrases correspondent à ce qu'il dit ?

1 Les particuliers peuvent payer en espèces ou par Carte Bleue.
2 Les entreprises paient par carte de crédit.
3 Pour les clients à l'étranger, nous préférons les prélèvements.
4 Les entreprises doivent payer à la commande.

Mots clés

Vous êtes un particulier

Est-ce que je peux vous faire un chèque ?

Oui, mais **nous ne prenons pas** les chèques en dessous de ...

Est-ce que vous acceptez la Carte Bleue ?

Oui, si vous ne pouvez pas payer **en espèces**, nous acceptons
les cartes de crédit.

Si vous voulez payer en plusieurs fois, vous pouvez demander
le prélèvement automatique.

Votre êtes une entreprise

Quel mode de paiement préférez-vous ?

Vous pouvez nous régler **par chèque**. Nous acceptons aussi **les traites.**

Pour nos clients à l'étranger, nous préférons **les virements bancaires.**

Est-ce que nous devons vous régler à la commande ?

Non, nous demandons un règlement **à 30 jours.**

3 Lisez et parlez !

Relisez les Mots clés. Quels sont les modes de paiement qui correspondent à ces explications ?

1 Le règlement est débité de votre compte par votre banque et payé directement à votre fournisseur.
2 Vos dépenses régulières sont payées automatiquement en votre nom par votre banque.
3 Le paiement est effectué en billets de banque et en pièces de monnaie.
4 Le règlement est crédité par votre banque qui a émis le papier sur lequel vous avez inscrit le nom de votre fournisseur et la somme que vous lui devez.

4 Parlez !

Il est important de préciser non seulement le mode de paiement, mais aussi la date de celui-ci.
Une facture est datée du 15 mars. Lisez les conditions de paiement et trouvez à quelle date le client doit payer.

Conditions de paiement	Échéances
1 comptant à réception de la facture	a 30 mai
2 à 60 jours	b 14 avril
3 à 60 jours fin de mois	c 17 mars
4 à 30 jours	d 14 mai

Point de langue

Quand vous ne voulez pas préciser la personne ou l'entité qui fait une action, vous pouvez utiliser la forme passive.

*Les paiements **sont effectués par chèque**.*

*Les frais **sont payés par** le client.*

Au passif, le participe passé s'accorde toujours avec le sujet.

*Toutes les **factures** ont été **réglées**.*

▶ *Voir le Dossier grammaire 5.5.*

Conseils pro

✓ Si votre client va payer par virement bancaire, il faut lui demander son relevé d'identité bancaire (RIB). Ce document contient toutes les informations nécessaires sur son compte en banque.

✓ Si votre client est à l'étranger, le virement bancaire est le mode de règlement le plus simple mais il cause des frais. Pour les transactions importantes, demandez une lettre de crédit (LCR) irrévocable et prenez une garantie Coface (Compagnie française d'assurance pour le Commerce extérieur).

5 Simulation

Simulation à deux.
▶ *Voir les Dossiers simulation aux pages 132 et 139.*

■ SOCIETE GENERALE

RELEVE D'IDENTITE BANCAIRE

TITULAIRE DU COMPTE
*** MR LE SPECIMEN *******

DOMICILIATION AGENCE SOCIETE GENERALE
GUICHET SPECIMEN (01234)
Tél. : **01 23 45 67 89**

REFERENCES BANCAIRES

Banque	Agence	Numéro de compte	Clé
30003	**00000**	**00000000000**	**99**

IDENTIFICATION INTERNATIONALE
IBAN : **FR76 30003 00000 00000000000 99**
ADRESSE SWIFT : **SOGEFRPP**

Étape 3 La relance par téléphone

1 ▶ Parlez !

Vous attendez un remboursement depuis un mois. Vous
téléphonez pour demander ce qui se passe. Quelles excuses
est-ce que l'on vous donne ?

2 🎧 Écoutez !

La comptable d'un fournisseur téléphone à la comptable
d'un client qui n'a pas réglé sa facture. Dans chacune des
conversations :

1 Quel est le montant de l'impayé ?
2 Pourquoi est-ce que la facture n'a pas été réglée ?
3 Quand est-ce que le client va payer ?

Mots clés

Je vous appelle concernant la facture numéro … datée du … avril dernier.

Nous n'avons pas reçu / Nous attendons toujours votre règlement.

Qu'est-ce qui se passe ?

Nous avons changé de système informatique.

Notre comptable est en congé maladie / en congé.

Nous avons pris du retard dans les paiements.

Est-ce que vous pourriez nous envoyer un chèque avant la fin de la semaine ?

Je regrette mais nous ne pourrons pas vous régler avant quinze jours.

Est-ce qu'il vous serait possible de nous accorder huit jours de plus ?

3 Parlez !

Trouvez les réponses à ces excuses concernant un impayé.

1 Nous changeons de logiciel de comptabilité.
2 Nous avons déjà effectué un paiement par virement bancaire.
3 Nous n'avons pas reçu la facture.
4 Nous avons envoyé un chèque.
5 Nous avons des problèmes de trésorerie en ce moment.

a Je vous envoie un duplicata de la facture.
b Si je ne reçois rien demain, je vous rappellerai.
c Je téléphonerai à la banque.
d On pourrait vous accorder une semaine de plus.
e Je regrette mais nous ne pouvons pas vous accorder de délai supplémentaire.

4 Parlez

A Vous demandez ces services plus poliment. Que dites-vous ?

1 Confirmez votre commande par fax.
2 Pouvez-vous téléphoner à votre banque ?
3 Nous souhaitons vous régler par virement bancaire.
4 Nous préférons payer en trois fois.

B Vous proposez poliment une solution à ces problèmes.

1 Je n'ai pas de liquide. J'ai seulement une Carte Bleue.
2 Notre comptable est en congé jusqu'à la semaine prochaine.
3 C'est une commande importante. Vous accordez des remises ?
4 Nous déménageons. Nous ne pourrons pas respecter l'échéance.

5 Simulations

A Simulation à deux.
PERSONNE A Vous téléphonez à votre client. Il a laissé passer l'échéance pour le règlement d'une facture.
Date de la facture : le 3 du mois courant
Numéro : 00420 Montant : 2 500 EUR
Trouvez une réponse à ses excuses en restant poli(e). Proposez-lui une nouvelle date de paiement.

PERSONNE B Un fournisseur vous appelle concernant un impayé. Vous vous excusez.

B Simulation à deux.
▶ *Voir les Dossiers simulation aux pages 132 et 139.*

Point de langue

Si vous voulez demander poliment un service, utilisez le conditionnel.

*Est-ce qu'**il serait** possible de …*

*Est-ce que **vous pourriez** …*

Si vous proposez une solution, vous pouvez également utiliser le conditionnel.

*On **pourrait** vous accorder…*

*Nous **pourrions** accepter…*

▶ *Voir le Dossier grammaire 6.6.*

Étape 4 La lettre de relance

1 Parlez !

A Vous prêtez de l'argent à un(e) ami(e) ou collègue. Quinze jours plus tard la personne ne vous a pas rendu l'argent. Que faites-vous ?

  a Vous lui écrivez.

  b Vous attendez de le/la voir et vous lui parlez.

  c Vous êtes gêné(e). Vous ne faites rien.

B Quelle est la meilleure solution ? Discutez-en.

2 Lisez !

Un comptable décide d'envoyer cette lettre à un client. Pourquoi ?

Rouen, le 15 mai 2000

Monsieur,

Suite à notre conversation téléphonique, nous vous confirmons que la facture n° 2000088 pour un solde de 5816 FF (886,64 EUR) à échéance du 30/03/2000 nous reste dûe à ce jour.

Nous vous prions de bien vouloir nous régler dans les meilleurs délais.

Dans cette attente, veuillez agréer, Monsieur, l'expression de nos salutations distinguées.

               Le service comptabilité

Mots clés

• Suite à notre conversation téléphonique, **nous vous confirmons que notre facture n°.... d'un montant de ... n'est toujours pas payée.**

• **Nous sommes au regret de devoir vous informer que nous n'avons toujours pas reçu le règlement de ...**

• **À ce jour, et sauf erreur de notre part, vous n'avez pas réglé le montant de notre facture du...**

• Nous attendons votre règlement **par retour du courrier / dans les prochains jours / dans les meilleurs délais.**

• Nous vous prions d'agréer, Messieurs, l'expression de nos salutations distinguées.

3 Lisez !

Lisez ces deux lettres de rappel.

A Est-ce qu'elles sont dans le bon ordre ? Quelle est la lettre que vous allez envoyer en premier ? Quelle est celle que vous allez envoyer ensuite ?

B Dites quels mots et quelles phrases ont influencé votre choix.

❶

MADAME, MONSIEUR,

NOUS VOUS INFORMONS QUE MALGRÉ NOTRE RELANCE DE NIVEAU 2 DU 19/12/03, IL VOUS RESTE À NOUS DEVOIR LA SOMME DÉTAILLÉE CI-DESSOUS.

COMPTE TENU DE L'ANCIENNETÉ DE CETTE CRÉANCE, NOUS VOUS DEMANDONS DE BIEN VOULOIR NOUS RÉGLER PAR RETOUR DU COURRIER.

SANS RÈGLEMENT DE VOTRE PART, NOUS TRANSMETTRONS VOTRE DOSSIER À NOTRE SERVICE CONTENTIEUX.

NOUS VOUS PRIONS DE CROIRE, MADAME, MONSIEUR, À NOS SALUTATIONS DISTINGUÉES.

Le service comptabilité

DATE	RÉFÉRENCE	ÉCHÉANCE	MONTANT
15/10/03	001319453 N/F	30/11/03	2600 EUR
	Solde total dû		2 600 EUR

❷

MADAME, MONSIEUR,

SAUF ERREUR OU OMISSION DE NOTRE PART, NOUS CONSTATONS QU'EN DATE DU 19/12/03, IL VOUS RESTE À NOUS DEVOIR LA SOMME DÉTAILLÉE CI-DESSOUS.

NOUS VOUS DEMANDONS DE BIEN VOULOIR NOUS RÉGLER DANS LES MEILLEURS DÉLAIS.

DANS CETTE ATTENTE, NOUS VOUS PRIONS D'AGRÉER, MADAME, MONSIEUR, NOS SALUTATIONS DISTINGUÉES.

Le service comptabilité

Devise : EUR euros

DATE	RÉFÉRENCE	ÉCHÉANCE	MONTANT
15/10/03	001319453 N/F	30/11/03	2600 EUR
	Solde total dû		2 600 EUR

4 Écrivez !

Relisez les lettres de l'activité 3.

A Choisissez la lettre qui convient le mieux à cette situation.
Référence client : Restaurant CHEZ JACQUES
Numéro de facture : 00236
Solde dû : 500 EUR
Conditions de paiement : comptant
Échéance : il y a 15 jours
Vous les avez relancés par téléphone il y a 8 jours.
Vous leur avez écrit pour confirmer votre conversation téléphonique.

B Écrivez une lettre à ce client en vous aidant des Mots clés.

Conseils pro

Que faut-il faire pour être sûr de se faire payer ?

- ✓ Bien choisir ses clients. Vérifier qu'ils sont solvables.
- ✓ Négocier clairement les conditions de paiement.
- ✓ Demander une confirmation de la commande par écrit.
- ✓ Ne jamais livrer un client sans s'être assuré de sa santé financière.
- ✓ Ne pas laisser traîner les retards de paiements.
- ✓ Être ferme dans ses relances mais rester poli.

LA MONNAIE UNIQUE

Ce sont d'abord onze pays qui, en janvier 1999, ont adopté l'euro comme monnaie unique ainsi que les DOM, Mayotte, St Pierre et Miquelon, Monaco, San Marin, Andorre et le Vatican.

Les pays de l'UEM, liés par un « pacte de stabilité » doivent respecter six « critères de convergence » définis par le traité de Maastricht : stabilité des prix et du taux de change, limitation des déficits budgétaires, de la dette extérieure, de l'inflation et des taux d'intérêt. Une monnaie unique, commune à 290 millions de citoyens, est une étape fondamentale dans la construction de l'Europe, qui représente environ 20 % du PNB mondial. « L'euro dopera la croissance économique et le bien-être général » assure le président de la BCE.

1 Parmi les pays de l'Union européenne, quels sont les États membres qui font partie de la zone euro ?

2 Le taux de chômage est-il un critère de sélection pour entrer dans la zone euro ?

€ Pays de l'Union faisant partie de la zone euro

Pays de l'Union ne faisant pas partie de la zone euro

1 euro =	1,95583 marks
	13,7603 schillings
	40,3399 francs belges
	166,386 pesetas
	5,94573 markkaa
	6,55957 francs
	0,787564 livres
	1936,27 lires
	40,3399 francs luxembourgeois
	2,20371 florins
	200,482 escudos

Le calendrier du passage à l'euro

1998	1999-2001 : période transitoire		2002 : le tout euro	
	1er janvier 1999	Jusqu'au 31 décembre 2002	Janvier 2002	Juillet 2002
- Sélection des pays admis dans l'UEM - Lancement officiel de l'euro - Création de la BCE	- Naissance de l'euro - Fixation des parités monnaies nationales et euro : taux de conversion officiel, fixe et définitif	- Coexistence monnaies nationales et euro - Ni obligation, ni interdiction d'utiliser l'euro	- Mise en circulation des billets et des pièces en euros	- Retrait définitif des monnaies nationales

3 Vrai ou faux ?

a 1998, on fixe les taux de conversion des monnaies nationales par rapport à l'euro.

b Janvier 1999, on peut payer en liquide avec des euros.

c Janvier 2000, on peut faire un chèque en euros.

d Jusqu'au 31 décembre 2001, on peut payer en francs ou en euros.

e Juillet 2002, l'euro remplace définitivement le franc français.

Les sigles de l'Europe

BCE : Banque centrale européenne (dont le siège est à Francfort).

EUR : Référence internationale de la monnaie euro.

IME : Institut monétaire européen (composé des gouverneurs des banques centrales).

UE : Union européenne (elle remplace la CE, la Communauté européenne).

UEM : Union économique et monétaire (les pays faisant partie de la zone euro).

Payer EN EUROS

Depuis le 1ᵉʳ janvier 1999, les Français peuvent utiliser l'euro pour tous les moyens de paiement autres que le liquide : chèques en euros, carte bancaire, virements… Leurs clients et leurs fournisseurs aussi !

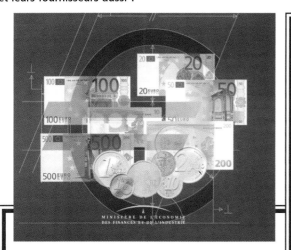

La monnaie de demain

À partir du 1ᵉʳ janvier 2002, les pièces et les billets en euros remplaceront les francs français qui seront progressivement retirés de la circulation. Toutes les factures, tous les chèques et tous les prix devront être libellés dans la nouvelle monnaie.

Les entrepreneurs français devront ouvrir un compte bancaire en euros, penser et compter en euros : paie et bulletins de salaire, vente, achat, gestion, comptabilité, tout se fera en euros.

Côté consommateurs, le double affichage des prix les aide à raisonner dans la monnaie unique et leur permet de se familiariser avec les prix en euros. Certains commerçants ont même choisi d'accepter des paiements en euros sans attendre l'échéance officielle et utilisent l'Euro logo.

Paiements en euros acceptés

Un « euro-conquis »

Jean-Claude Meyer, responsable d'une PME de matériel électrique, installée en Alsace, a choisi de passer à l'euro dès son lancement en 1999.

Pourquoi avoir fait ce choix ?

L'euro facilite les échanges avec mes fournisseurs européens. La monnaie unique supprime le risque de change et permet de comparer les prix. Je gagne donc du temps et de l'argent.

Près des deux tiers des entreprises françaises se disent prêtes à passer à la monnaie unique, mais elles sont très peu à l'utiliser. À votre avis, pourquoi ?

Il est probable qu'elles attendront la dernière minute avant de se convertir à l'euro. Elles ont tort, parce que le passage à l'euro demande une bonne préparation. Il faut en effet adapter tous ses services : informatique, comptabilité, marketing, bref, l'ensemble de sa politique commerciale.

Quels conseils donneriez-vous aux euro-sceptiques ?

De ne pas trop tarder. Si on veut être concurrentiel, il faut saisir cette chance. La monnaie unique, c'est un gage de croissance pour les entreprises, c'est l'avenir.

---

4 Dans une entreprise, quels sont les services qui devront s'adapter en premier à l'euro ?

5 Du point de vue des entreprises, quels sont les avantages de l'introduction d'une monnaie unique en Europe ? Qu'en pensez-vous ?

6 Trouvez les prix en euros.

  a Un café au comptoir à 10 F ?

  b Un kilo de tomates à 5 F ?

  c Une baguette à 2, 80 F ?

  d Un litre d'essence à 7, 60 F ?

Adresse : http://www.pourparleraffaires.com/activités sur Internet

Rechercher > acheter > organiser

Infos site

Vous savez ce que vous voulez acheter mais vous ne savez pas sur quel site le trouver. Un moteur de recherche spécialisé dans la vente en ligne peut vous aider.

Le site www.webmarchand.com est le premier annuaire français de commerce électronique. Il répertorie les sites de vente en ligne francophones et les classe par rubrique (alimentation, automobile, informatique, etc.).

Les sites marchands qui permettent aux particuliers ou aux entreprises d'acheter des biens ou des services sont sélectionnés selon trois critères :
1 Vendre en ligne et pas seulement par correspondance ou par téléphone.
2 Livrer en France, en Suisse et au Bénélux.
3 Être en français.

La recherche d'un site peut se faire de deux manières :

– Soit on tape le nom du produit ou du service recherché dans le champ >RECHERCHER UN WEB MARCHAND<
– Soit on sélectionne une catégorie de produit.

Pour retourner à la page d'accueil de l'annuaire, il faut cliquer sur le logo en haut à gauche de l'écran.

Pour chaque site marchand répertorié, l'annuaire vous donne des informations sur :
– les produits ou les services vendus,
– les modes de paiement acceptés,
– les modes et les délais de livraison proposés.

⚠ Si vous faites une recherche par catégorie, plus de sites vous seront présentés et votre recherche sera moins ciblée. Si vous faites une recherche en donnant le nom du produit ou du service recherché, vous trouverez plus facilement un site qui vous intéresse.

⚠ Si le nom du produit ou du service que vous voulez acheter est en plusieurs mots, la recherche se fera par défaut sur un des mots (le bouton ou est sélectionné par défaut). Elle se fera sur tous les mots si vous cliquez sur et .

Le jargon du Net

Aide
Contact
Lancez la recherche
Menu
Paiement sécurisé
Par défaut
Remplissez votre panier
Téléchargez
Transaction sécurisée

A Qu'est-ce qu'un site marchand ?
1 Un site sur lequel on trouve des produits moins chers.
2 Un site sur lequel on peut acheter des produits ou des services.
3 Un site sur lequel les produits sont vendus aux enchères.
4 Un catalogue de produits en ligne.

B Est-ce que Webmarchand.com est un site marchand ?

C Les sites présentés dans le Web Marchand répondent-ils à ces critères ?
1 Proposer un minimum de dix produits.
2 Permettre l'achat en ligne et pas seulement par correspondance.
3 Livrer sous 48 heures.
4 Avoir une version en langue française.

Web Quizz

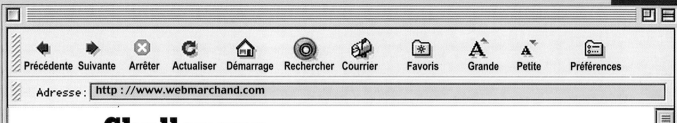

Adresse : http://www.webmarchand.com

Challenges

> Acheter un produit ou un service en ligne

Tous à vos écrans pour faire les exercices suivants ! Connectez-vous à Internet et tapez l'adresse du WEB MARCHAND.

WEB MARCHAND

Vous êtes sur la page d'accueil du WEB MARCHAND.

1 Vous voulez acheter du papier pour votre bureau.

a Quelle rubrique choisissez-vous ?

b Quel mot clé pouvez-vous taper pour mieux cibler votre recherche ? Pour lancer la recherche, tapez sur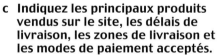

c Lisez les résumés de présentation des sites. Votre entreprise est en province et vous voulez être livré sous 24 heures.
Quel fournisseur choisissez-vous ?

Retournez à la page d'accueil.

2 Vous voulez commander des cartes de visite.

Tapez le nom du produit recherché sans passer par une rubrique.

a Sur quel mot devez-vous faire la recherche ?

b Quel bouton devez-vous activer ?

Pour lancer la recherche, tapez sur **OK** Choisissez un site et lisez sa fiche détaillée. Cliquez sur

c Indiquez les principaux produits vendus sur le site, les délais de livraison, les zones de livraison et les modes de paiement acceptés.

d Le paiement est-il sécurisé sur le site que vous avez choisi ?

Retournez à la page d'accueil.

3 Vous devez commander des plateaux repas.

a Sur quel mot devez-vous faire la recherche ?

b Quel bouton devez-vous activer ?

Pour lancer la recherche, tapez sur **OK** Sélectionnez le site FLO PRESTIGE.

c Quelle rubrique devez-vous sélectionner ?

d Pour passer une commande, quel bouton pouvez-vous sélectionner ?

FLO PRESTIGE

Vous êtes sur la page d'accueil de FLO PRESTIGE.

4 Vous voulez envoyer des cadeaux d'affaires à vos clients.

a Quelle rubrique devez-vous sélectionner ?

b Quel type de cadeaux peut-on acheter sur ce site ?

c Quels renseignements trouve-t-on pour chacun des produits présentés ?

d Est-ce que les cadeaux peuvent être livrés partout dans le monde ?

La nouvelle recrue

Objectifs

Dans le Module 7, vous allez apprendre à :

▶ poser une candidature à un stage ou à un emploi

▶ passer un entretien d'embauche

▶ comprendre les horaires et les conditions de travail

▶ nouer les premiers contacts avec des collègues

▶ comprendre ou expliquer en quoi consiste un travail

Étape 1 La candidature

1 Parlez !

A Quand vous cherchez un emploi, préférez-vous :

1 Regarder les annonces sur les panneaux d'affichage de votre agence pour l'emploi ?

2 Consulter les offres d'emploi dans un journal ?

3 Faire une recherche sur Internet ?

4 Vous adresser directement à une entreprise en envoyant une candidature spontanée ?

B Quels sont les avantages et les inconvénients de ces méthodes ?

2 Écoutez !

Un étudiant à la recherche d'un stage, téléphone à une entreprise pour proposer sa candidature. Répondez aux questions suivantes.

1 Quel type de stage cherche-t-il ?

2 Quelle est sa formation ?

3 Quelles langues étrangères parle-t-il ?

4 Quelle est son expérience professionnelle ?

Mots clés

J'ai lu votre annonce dans le journal et **je voudrais poser ma candidature.**

Qu'est-ce que vous faites actuellement ?

Je fais des études de / je suis dans une école de commerce **depuis** deux ans.

Qu'est-ce que vous avez comme expérience ?

J'ai fait un stage de vendeur(euse) pendant deux mois dans ...

Quelles langues étrangères parlez-vous ?

Je parle français **couramment.**

J'apprends l'allemand **depuis** quatre ans.

Vous avez des connaissances en informatique ?

Je sais me servir d'un traitement de texte et d'un tableur.

Quelles sont vos motivations ?

Je dois faire un stage de fin d'études.
Je voudrais élargir mon expérience à ...
Je voudrais me spécialiser / me perfectionner dans ...

Madame / Monsieur,

Votre annonce parue dans Recrut de mars dernier, réf. MON212, a retenu toute mon attention.

Je poursuis actuellement une formation de commercial(e). Ayant déjà fait un stage de deux mois comme vendeur(euse), je souhaite élargir mon expérience au marketing.

Vous trouverez ci-joint mon CV détaillant mon cursus universitaire. Je me tiens à votre disposition pour un éventuel entretien.

Je vous remercie de l'attention que vous porterez à mon courrier et vous prie de recevoir, Madame / Monsieur, l'expression de mes salutations distinguées.

Nom - Prénom
Signature

3 Simulation

Simulation à deux.

PERSONNE A   Ce poste vous intéresse. Vous téléphonez à la DRH pour poser votre candidature.

PERSONNE B   Vous recevez un coup de téléphone d'une personne intéressée par votre offre d'emploi. Posez-lui quelques questions, et demandez-lui d'envoyer son dossier de candidature (CV + lettre de motivation manuscrite).

Pour faire face à son fort développement à l'Export, DDP recrute un(e)

ASSISTANT(E)
EXPORT

Mission : En liaison avec le Directeur Export, vous assurez le suivi des contrats et vous préparez les réponses aux appels d'offres européens.

PROFIL : Jeune Sup de Co ou équivalent, vous avez une première expérience du suivi de clientèle à l'exportation (débutant fortement motivé accepté), vous maîtrisez au moins 3 langues européennes. Une bonne connaissance de l'outil informatique (Word, Excel) serait un plus.

Poste à pourvoir immédiatement.

Merci d'adresser lettre de motivation + CV + photo + prétentions sous la référence AE à DRH, DDP S.A. 4, rue Ferdinand Buisson, 33 323 Bègles Cedex.

Point de langue

Quand vous parlez de la durée d'une action qui continue encore, utilisez **depuis**.

*Je fais des études de commerce **depuis** deux ans.*
*J'apprends l'espagnol **depuis** quatre ans.*

Notez que le verbe est au présent. On insiste sur le moment où l'activité a commencé.

▶ *Voir le Dossier grammaire 9.2.1.*

Pour exprimer la durée, on peut aussi utiliser **pendant**.

*J'ai travaillé comme vendeur **pendant** trois mois.*
*J'ai fait de la vente par téléphone **pendant** les vacances.*

Ici, le verbe est au passé composé.

▶ *Voir le Dossier grammaire 9.2.2.*

4 Écrivez !

Vous posez votre candidature au poste de l'activité 3.
Écrivez une lettre de motivation.

5 Simulation

Simulation à deux.

▶ *Voir les Dossiers simulation aux pages 132 et 140.*

Conseils pro

Voici des conseils pour rédiger votre CV en français.

✓ Ne mettez pas « Curriculum vitae » en titre.

✓ Donnez vos coordonnées en premier. Ajoutez une photo.

✓ Si vous n'avez pas encore beaucoup travaillé, commencez par la *Formation*.

✓ Listez vos établissements scolaires et vos diplômes en commençant par le plus récent. Évitez les sigles sans explication et ajoutez les équivalences de vos diplômes en français.

✓ Les *Langues* peuvent suivre la formation, N'oubliez pas de préciser votre niveau.

✓ Dans *Expérience professionnelle*, faites une liste de vos emplois ou de vos stages en expliquant brièvement vos missions.

✓ Dans *Divers*, ne mettez pas tous vos hobbies en vrac. Sélectionnez-en un ou deux.

✓ N'oubliez pas que les meilleurs CV tiennent sur une page !

6 Écrivez !

Rédigez votre CV en français en suivant les Conseils pro.

NOM Prénom
Adresse
Numéro de téléphone
Adresse e-mail

Photo

État civil : *célibataire / marié(e) / divorcé(e)*
Né(e) le : jour/mois/année *à ville*

FORMATION

20xx – 19xx	Études supérieures Établissement – diplôme obtenu Mémoire de fin d'études
19xx – 19xx	Études secondaires Établissement – diplôme obtenu (équivalent du Baccalauréat scientifique, économique, littéraire, technique)

LANGUES

Français : *Lu, écrit, parlé*
Japonais : *notions*

EXPERIENCE PROFESSIONNELLE

20xx - 20xx	Société, ville, pays Intitulé du poste, missions
19xx –19xx	*Stage de* X *mois chez* Société, ville, pays Intitulé de la fonction, missions

DIVERS

Informatique : logiciels connus
Musique : nombre d'années
Sport : niveau
Activités dans une association
Permis de conduire

Étape 2 L'entretien d'embauche

1 ▶ Parlez !

Pour cerner votre personnalité, on vous dit "Parlez-moi de vous". Que dites-vous ?
Faites une liste de vos atouts personnels. Demandez à un camarade de classe s'il / si elle est d'accord. Discutez de vos listes pour trouver le plus d'atouts possibles pour chacun.

2 🎧 Écoutez et écrivez !

A Écoutez cet entretien et dites autrement :
j'ai appris le métier sur le tas.
B Réécoutez l'entretien et écrivez les rubriques Formation et Expérience professionnelle du CV d'Henri Bennali.

Mots clés

Qu'est-ce que vous avez fait comme études ?

J'ai fait des études de restauration à Toulouse **en 19xx.**

Quels sont vos diplômes ?

J'ai eu mon Bac / **mon diplôme de** cuisinier **en 20xx.**

Où est-ce que vous avez travaillé ?

J'ai travaillé / commencé à travailler comme serveur(euse) **chez ...**

Qu'est-ce que vous faisiez chez ... ?

Je m'occupais de servir en salle.
Je devais préparer les tables, **accueillir** les clients et **faire le service.**
Je participais à la gestion des réservations.

Quelles sont vos principales qualités ?

Je suis rapide et organisé(e).
J'aime travailler en équipe./**J'ai** l'esprit d'équipe.

3 Lisez et parlez !

Vous avez occupé ce poste quand vous avez commencé à travailler. À un entretien pour un autre poste, on vous pose des questions sur cette première expérience. Comment répondez-vous à ces questions ?

1 Quelle est votre formation ?
2 Où avez-vous travaillé auparavant ?
3 Quelles étaient vos missions ?
4 Quelles sont vos qualités ?

Point de langue

Pour parler de votre expérience passée et de ce que vous aviez l'habitude de faire, utilisez l'imparfait.

Je m'occupais de gérer les plannings.
Je répondais au téléphone.
Je participais à la rédaction des comptes rendus.

▶ *Voir le Dossier grammaire 6.3.*

L'Indicateur Bertrand, le Nº 1 de la presse immobilière, recherche

Secrétaire commercial(e) H/F

PROFIL : Titulaire d'un BTS Secrétariat, niveau Bac + 2, vous possédez une expérience dans un département commercial.

MISSIONS : Gestion de l'agenda et du courrier, organisation de réunions, de déplacements, participation à la rédaction de comptes rendus, classement, archivage, filtrage téléphonique.

QUALITES REQUISES : dynamique, autonome, esprit d'équipe, excellente présentation.

Poste à pourvoir en **CDD**.

Conseils pro

Comment réussir votre entretien ?

✔ Préparez bien l'entretien. Pensez à ce que vous allez dire de vos études ou de votre carrière.

✔ Informez-vous sur l'entreprise qui recrute.

✔ Préparez des questions sur l'entreprise, sur le stage ou le poste proposé.

✔ Soignez votre présentation. Ne fumez pas. Ne mâchez pas de chewing-gum.

✔ Arrivez à l'heure, même en avance de quelques minutes.

✔ Soyez organisé(e). Prenez un bloc et un stylo pour prendre des notes.

✔ Restez calme et soyez positif(ive).

✔ La question de la rémunération peut être abordée : donnez une fourchette de salaire. Pour un stage, demandez s'il est rémunéré.

4 Écoutez !

Vrai ou faux ? La candidate est interrogée au sujet de :

1 ses études
2 son expérience professionnelle
3 ses missions
4 ses loisirs
5 ses connaissances en informatique
6 sa famille
7 ses connaissances en langues
8 ses atouts personnels

5 Simulation

Simulation à deux.

Des réponses à votre avenir

Consultants dans le domaine culturel

Leader mondial de l'aide au management par téléphone, SVP informe et conseille plus de 108 000 utilisateurs dans la gestion et la vie de leur entreprise. Nous recherchons pour notre département Culture et communication, 2 consultant(e)s.

De formation supérieure (licence d'histoire, de lettres ou Sciences Po), vous avez une première expérience dans les secteurs de la Presse (journalisme), l'Édition (rédaction) ou la Communication (dossiers de presse).

Homme ou femme de dialogue, vous avez le sens du service, un grand intérêt pour l'actualité et vous aimez le travail en équipe. Vous parlez couramment deux ou trois langues européennes et vous savez vous servir d'un traitement de texte.

Adressez votre candidature détaillée à Direction des Ressources Humaines Société SVP – 70, rue des Rosiers 93400 Saint Ouen

---

PERSONNE A   Vous recevez un(e) candidat(e) pour ce poste. Préparez des questions à poser, puis faites passer l'entretien au / à la candidat(e).

PERSONNE B   Vous vous présentez à un entretien pour ce poste. Répondez aux questions que l'on vous pose. Trouvez des questions à poser.

6 Parlez !

Faites des groupes et écoutez les entretiens de chaque personne dans votre groupe. Choisissez la personne qui obtiendra le poste. Discutez de vos raisons.

Certains seront d'accord pour l'embaucher : *il / elle a fait…, il / elle a travaillé…, il / elle parle, il / elle connaît …*

Certains ne seront pas d'accord : *il / elle n'a pas, il / elle ne parle pas, il / elle ne connaît pas…*

Étape 3 Les rythmes de travail

1 Parlez !

Parlez de vos rythmes de travail.

1 Quels sont vos horaires de travail ?
2 Quels jours travaillez-vous dans la semaine ?
3 Combien de temps prenez-vous pour déjeuner ?
4 Est-ce que vous faites des pauses dans la journée ?
   Pendant combien de temps ?

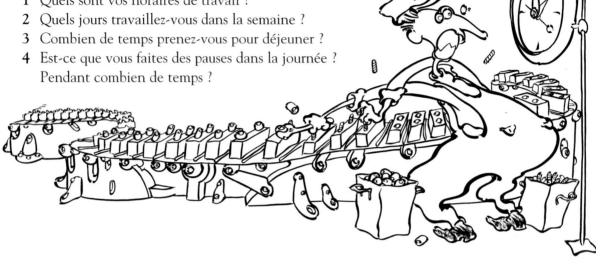

2 Écoutez !

Vrai ou Faux ? Un jeune diplômé vient d'être embauché. On lui explique le déroulement d'une journée de travail.

1 Il travaille de 8h à 17h.
2 La pause déjeuner est à une heure.

3 Il y a un restaurant d'entreprise.
4 On peut faire des heures supplémentaires le samedi.

Mots clés

Qui est mon responsable ?

La personne qui s'occupera de vous s'appelle Mme / M...

Quel sont mes horaires de travail ?

Vous travaillerez du lundi au vendredi de ... heures à ... heures.
à plein temps / à mi-temps.
à temps complet / à temps partiel.

À quelle heure est la pause déjeuner ?
Elle dure combien de temps ?

Est-ce qu'il y a une cantine ?

Oui. / Non. Vous avez droit à des tickets restaurant.

Quels sont les horaires d'ouverture des bureaux ?

Les bureaux ouvrent à 8 heures et ferment à 19 heures.

3 Parlez !

A Présentez un poste à temps partiel à un(e) nouvel(elle) employé(e).

B Présentez un poste à temps complet à un nouveau cadre.

Responsable hiérarchique : M Leblanc, chef de magasin

Fonction : vendeur(euse) qualifié(e)

Jours de travail : jeudi, vendredi, samedi

Nombre d'heures : 20 heures par semaine

Horaires : 8h-10h30/13h-19h
samedi : 13h-19h

Heures supplémentaires : jusqu'à 5 h par semaine rémunérées

Responsable hiérarchique : Mme Chauvalon, directrice des achats

Fonction : responsable des achats produits industriels

Horaires : Du lundi au vendredi, 35 heures par semaine, horaires variables

Ouverture des bureaux : 8h

Fermeture des bureaux : 20h

Point de langue

Si vous parlez de ce qui va se passer dans certaines circonstances, utilisez *quand*. Les verbes qui suivent sont au futur simple.

Quand on aura beaucoup de travail, *vous ferez* des heures supplémentaires.

▶ *Voir les Dossiers grammaire 6.5.1 et 9.3.1.*

Si vous ne voulez pas répéter un nom déjà mentionné, utilisez les relatifs *qui*, *que*.

Une personne s'occupera de vous ; cette personne est Madame / Monsieur…

La personne qui s'occupera de vous est Madame / Monsieur…

Elle vous expliquera le travail ; vous ferez ce travail.

Elle vous expliquera le travail que vous ferez.

Pour désigner une chose, utilisez le pronom relatif *quoi*.

Vous saurez vite de quoi il s'agit.

▶ *Voir le Dossier grammaire 4.3.*

4 Écoutez et parlez !

Écoutez la conversation et expliquez ces expressions.

1 travailler à mi-temps
2 travailler à plein temps
3 travailler à temps complet
4 faire les trois-huit

5 Simulations

Simulations à deux.

▶ *Voir les Dossiers simulation aux pages 132 et 140.*

Étape 4 L'équipe de travail

1 ▸ Parlez !

Parlez de ce que vous faites quand vous ne travaillez pas.

Faire du sport
Sortir
Bricoler
Voyager
S'occuper de ses enfants
Faire du bénévolat
Militer (politique, syndicalisme)
Surfer sur Internet

2 ▸ Écoutez !

La nouvelle collaboratrice fait sa pause. Elle rencontre un collègue à la machine à café.

1 Qui pose le plus de questions ? La nouvelle ou son collègue ?
2 Qu'est-ce que le collègue apprend au sujet de la nouvelle ?
3 Qu'est-ce que la nouvelle apprend au sujet de son collègue ?
4 Est-ce qu'ils ont un centre d'intérêt commun ?

Mots clés

Vous habitez loin du bureau ?

> **Non. J'habite tout près.** Je prends **un bus qui y va** directement.

Ça vous plaît la France ?

> **Ça me plaît beaucoup.**

Vous avez rencontré beaucoup de gens ici ?

> **Pas beaucoup, c'est difficile de** se faire des amis au début.

Votre famille doit vous manquer. Vous n'avez pas trop le cafard ?

> **Si, un peu.**

Quels sont vos loisirs préférés ?

> **J'adore** la natation. **Et vous, vous aimez** le sport ?

Je ne suis pas très sportif(ive). Je préfère sortir. Venez avec moi, **si vous voulez.**

> **Avec plaisir. / Volontiers.**

3 Parlez !

Vous allez travailler dans un pays ou une ville que vous ne connaissez pas. Que faites-vous pour rencontrer des gens ? Discutez-en.

✔ Vous vous inscrivez dans un club de gym ou à des cours du soir.

✔ Vous invitez vos collègues à dîner chez vous.

✔ Vous posez des questions à vos collègues pour les connaître.

✔ Vous attendez que l'on vous présente à vos collègues.

Point de langue

Si vous expliquez comment trouver un endroit et que vous ne voulez pas répéter le nom de cet endroit, utilisez **y**.

Ce pronom se place entre le sujet et le verbe.

*Je peux **y** aller en bus ?*

*Oui, le bus **y** va.*

▶ *Voir les Dossiers grammaire 4.2.2 et 5.1.3.*

4 🎧 Écoutez !

A D'après le dialogue, quels sont les services que propose un CE (comité d'entreprise) ?

B Réécoutez le dialogue et dites autrement :

1 Je veux y aller.
2 Je suis d'accord avec toi.
3 Est-ce que tu veux venir avec moi ?
4 Je peux te ramener chez toi.
5 Je viens te chercher.
6 Chez toi.

Conseils pro

Plus que vos compétences, c'est votre faculté d'adaptation à la culture de l'entreprise et votre capacité d'intégration à une équipe qui vous assureront le succès dans un nouveau poste. Pour réussir à vous intégrer, il faut :

✓ parler aux autres.

✓ poser des questions, sans être indiscret(ète).

✓ demander de l'aide, si vous en avez besoin.

✓ aller déjeuner avec vos collègues, provoquer des tête-à-tête.

✓ nouer des relations privilégiées avec votre supérieur hiérarchique, lui demander son avis avant de prendre des initiatives, lui rendre compte de ce que vous faites.

5 Simulation

Simulation à deux.

▶ *Voir les Dossiers simulation aux pages 133 et 140.*

Étape 5 Missions et cadre de travail

1 ▶ Parlez !

Faites des petits groupes. Dans chaque groupe, une personne explique aux autres comment se servir de son téléphone portable. Les autres suivent ses instructions.

1 Est-ce que les instructions étaient bonnes ?
2 Est-ce que toutes les étapes importantes étaient expliquées ?
3 Est-il plus facile d'expliquer ou de faire quelque chose ?

2 ◖ ▶ Écoutez !

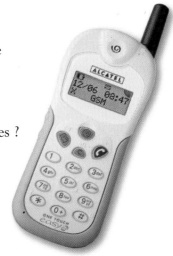

Répondez aux questions du nouveau collaborateur.

1 Qu'est-ce que je dois vérifier ?
2 Qu'est-ce que je dois saisir ?
3 Qu'est-ce que je dois archiver ?
4 Où sont les machines à photocopier ?
5 Quel numéro faut-il composer pour obtenir une ligne extérieure ?
6 Si je ne comprends pas quelque chose, à qui dois je demander ?

Conseils pro

Quand vous donnez des instructions à quelqu'un :

- ✔ préparez ce que vous allez dire.
- ✔ laisser à l'autre le temps de répéter ce que vous avez expliqué.
- ✔ laisser à l'autre le temps de poser des questions.
- ✔ préciser à l'autre à qui il doit s'adresser en cas de problème.

Mots clés

Bienvenue dans le service ! Voici votre bureau.

Qu'est-ce que je dois faire exactement ?

Je vais vous expliquer / montrer ce qu'il faut faire.
Vous devez vérifier ... / téléphoner à ...

Où se trouve le fax / la photocopieuse ?

Le fax se trouve derrière mon bureau.
La machine à photocopier est à côté du fax.

Si j'ai un problème, à qui est-ce que je peux demander ?

Si vous avez un problème, **venez me voir / demandez à ...**
Est-ce que c'est clair ? Vous avez encore des questions ?

Oui / Non, **c'est très clair.** Je crois que j'ai tout compris.

3 Lisez et parlez !

Lisez ce texte. De nouveaux employés viennent d'arriver chez HOURA. Vous devez leur expliquer ce qu'ils doivent faire en utilisant l'impératif. Quelles instructions donnez-vous :

1 à un préparateur
2 à un manutentionnaire

Exemple : Vous devez décrypter les codes-barres.
Décryptez les codes-barres.

La préparation de la commande chez HOURA

1. Quand l'internaute a fini ses courses sur le site du supermarché en ligne HOURA, sa commande est transmise et imprimée à l'entrepôt, sous forme de facture, identifiée par un code-barres.

2. Ce document est confié à un préparateur, qui s'occupe de toute la commande du client. Le préparateur décrypte le code-barres avec son pistolet à radiofréquences. Le pistolet indique où se trouve exactement chaque article dans l'entrepôt. Le préparateur va chercher tous les articles dans les rayons.

3. Ensuite, il confie la commande à un manutentionnaire. Celui-ci emballe la marchandise, en évitant la casse au maximum. Les bouteilles sont rangées à part, dans de petits filets.

Point de langue

Si vous donnez des instructions à quelqu'un, vous pouvez employer l'impératif. Utilisez le présent sans le sujet "vous".
Demandez *le nom de la personne.*
Si vous utilisez un pronom avec l'impératif, celui-ci se place après le verbe.
Téléphonez *au client.*   *Téléphonez-**lui**.*
Attention, si l'impératif est négatif, le pronom se place avant le verbe.
*Ne **me** téléphonez pas.*

▶ *Voir le Dossier grammaire 6.7.*

Si vous expliquez comment faire une opération, vous pouvez utiliser ***pour* + l'infinitif.**
***Pour obtenir** un numéro à l'extérieur, composez le...*

▶ *Voir le Dossier grammaire 5.1.4.*

4 Simulation

Simulation à deux.

PERSONNE A   Choisissez une opération que vous savez très bien faire. Réfléchissez à la façon dont vous allez l'expliquer, puis donnez des instructions.

PERSONNE B   Suivez les explications de A. Posez des questions si ce n'est pas clair.

L'emploi en France

Après une longue et profonde crise économique, la France semble retrouver une période de croissance dès 1999. Mais, malgré la reprise, le taux de chômage reste élevé.

C'est pourquoi, depuis le 1er janvier 2000, de nouvelles mesures ont été prises par le gouvernement pour créer plus d'emplois. La loi Aubry, du nom de l'ex-ministre de l'Emploi et de la Solidarité, Martine Aubry, a fixé la durée légale du travail à 35 heures par semaine avec pour slogan : « du temps pour soi, une chance pour l'emploi ».

La baisse du temps de travail s'ajoute à de nombreux acquis sociaux en France : 5 semaines de congés payés par an, sécurité sociale, salaire minimum (SMIC), assurance chômage, revenu minimum (RMI) pour les plus démunis qui ne touchent pas le chômage, système des retraites, etc.

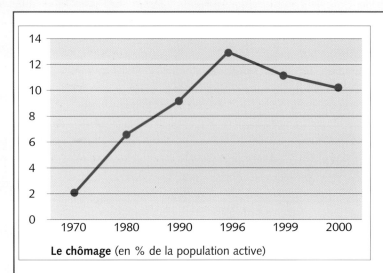

Le chômage (en % de la population active)

	Durée annuelle du travail (en heures en l'an 2000)
France	Moins de 1650 h
Allemagne	Moins de 1700 h
Royaume-Uni	Jusqu'à 1900 h
Belgique	1740 h en moyenne
Pays Bas	1790 h en moyenne
Suède	1500 h en moyenne
États-Unis	1800 h en moyenne

1 D'après le graphique, le taux de chômage est-il à la baisse ou à la hausse en l'an 2000 en France ?

2 D'après le tableau, dans quel pays travaille-t-on le plus et dans quel pays travaille-t-on le moins en Europe ? Et dans le monde ?

3 Combien avez-vous de semaines de congés payés par an ? En avez-vous plus ou moins que les salariés français ?

4 Quelle est la durée hebdomadaire du travail dans votre pays ? Travaillez-vous plus ou moins que la moyenne des Français ?

Les sigles du monde du travail

Partenaires sociaux
Syndicats

CGT :	Confédération générale du travail
CFDT :	Confédération française démocratique du travail
FO :	Force ouvrière
CFE-CGC :	Confédération française de l'encadrement - Confédération générale des cadres

Organisation patronale

MEDEF :	Mouvement des entreprises de France

Contrats de travail

CDD :	Contrat à durée déterminée
CDI :	Contrat à durée indéterminée

Minima sociaux

SMIC :	Salaire minimum interprofessionnel de croissance
RMI :	Revenu minimum d'insertion

Le travail EN PLEINE MUTATION

Flexibilité

L'emploi traditionnel, stable (CDI : contrat à durée indéterminée) et à temps plein, est en régression. Aujourd'hui, la tendance est à l'emploi temporaire (CDD : contrat à durée déterminée), intérimaire et partiel. Ces nouvelles formes d'emplois offrent plus de liberté aux salariés et permettent aux entreprises d'obtenir plus de souplesse dans l'organisation du travail.

Cependant, selon les sondages, de nombreux salariés à temps partiel ne sont pas satisfaits et vivent, en réalité, une situation de sous-emploi. La majorité d'entre eux souhaiteraient travailler davantage. Quant aux « CDD », ils préféreraient bénéficier de la sécurité d'un CDI pour ne pas risquer de se retrouver au chômage à la fin de leur contrat. Le travail intérimaire n'offre pas plus de stabilité, car il est, lui aussi, à durée déterminée.

Informatisation

Tandis que de nouveaux métiers liés à Internet et au multimédia apparaissent, l'informatique a complètement révolutionné certains métiers traditionnels, comme celui des secrétaires. Mais les nouveaux outils technologiques ont aussi conduit à la réduction du nombre de salariés, une partie de leurs tâches étant prise en charge par des machines. Aujourd'hui, même la gestion des agendas peut être automatisée et les cadres doivent de plus en plus effectuer des travaux de secrétariat eux-mêmes.

Télétravail

Grâce aux nouvelles technologies, le télétravail est en plein essor. 70% des professions libérales en France travaillent à distance. Comptables, commerciaux, financiers, traducteurs ou journalistes exercent leur métier à domicile. Ils peuvent aussi se regrouper entre professionnels d'un même secteur et travailler depuis un télécentre.

Dans certains secteurs, il existe aussi de plus en plus de contrats de salariés à domicile (TD : travailleur à domicile). Ces salariés ne sont pas des professions libérales, car ils font partie de l'effectif d'une entreprise, mais ils travaillent chez eux et pas dans les locaux de l'entreprise.

5 Quelle est la différence entre un CDI et un CDD ? Selon vous, quels sont les avantages et les désavantages de ces deux formes de contrat ?

6 Quelles sont les tâches pour lesquelles un ordinateur vous est indispensable dans votre travail ?

La préparation d'un salon

Objectifs

Dans le Module 8, vous allez apprendre à :

▶ réserver un stand pour un salon
▶ mettre au point les outils de communication
▶ préparer un voyage d'affaires
▶ faire une réservation à l'hôtel

Étape 1 La réservation du stand

1▶ Parlez !

Savez-vous comment parler de la superficie ? Connaissez-vous
le nombre de mètres carrés de :

1 votre appartement   3 la pièce où vous vous trouvez actuellement
2 votre chambre   4 votre jardin, terrasse ou balcon

Exemples

J'ai une maison de 250 m².
Ma maison fait 250 m².

2 ⌒Écoutez !

Quel est le stand que le client a choisi ?
Faites une liste de ce qui est compris
dans le prix.

- une enseigne ?
- des cloisons de séparation ?
- des étagères ?
- des présentoirs ?
- un meuble qui ferme à clé ?
- le logo de chaque côté du stand ?
- un spot ?
- une prise de courant ?
- une moquette ?
- le nettoyage quotidien ?
- l'assurance ?
- un ensemble accueil luxueux ?
- un ensemble conversation ?

Mots clés

Je voudrais réserver un stand pour le salon …

Il vous faut combien de mètres carrés ?

Ça dépend du prix.

Vous avez le choix entre le stand … à … euros et le stand … à … euros.

Quelles sont les prestations comprises dans le prix ?

Pour ce prix, vous avez une structure de … mètres carrés avec ….

Le nettoyage et l'assurance sont compris dans le prix.

Quelles sont les mesures exactes du stand ?

Il fait … mètres de haut et … mètres de long sur … mètres de large.

Je vous envoie un dossier d'inscription.

Je complète l'ordre de réservation et vous le renvoie par fax.

3 Lisez et parlez !

A Lisez cette fiche. Donnez les mesures de ce stand et expliquez ce qui est compris dans le prix. Utilisez les Mots clés.

B Si vous réservez ce stand, de quoi d'autre avez-vous besoin ?

4 Parlez !

A Mettez les étapes à suivre pour préparer un salon dans l'ordre.

B Groupez les étapes par deux et expliquez à un collègue ce qu'il faut faire en premier. Utilisez le Point de langue *Avant de…, il faut …*

a demander de la documentation sur le salon

b se faire envoyer un dossier d'inscription

c choisir son salon

d remplir l'ordre de réservation du stand

e envoyer son ordre de réservation par fax

f savoir combien on veut de mètres carrés pour son stand

Stand (minimum 6 m^2)

- **Hauteur : 240 cm**
- **Largeur : 300 cm**
- **Profondeur : 200 cm**
- **Prix : 230 € HT/m^2 (minimum 6 m^2)**
- **Assurance obligatoire : 80 € HT**

Ce prix comprend :

- **La location de l'espace**
- **Le cloisonnement**
- **La moquette**
- **Une enseigne recto verso**
- **Deux badges exposants par stand de 6 m^2**

Point de langue

Quelqu'un veut faire quelque chose, mais il y a autre chose à faire avant. Pour expliquer l'ordre des opérations à suivre, utilisez *avant de* + l'infinitif.

Je voudrais réserver un stand.

***Avant de réserver** votre stand, il faut savoir combien vous voulez de mètres carrés.*

▶ *Voir le Dossier grammaire 9.3.2.*

5 Simulation

Simulation à deux.

▶ *Voir les Dossiers simulation aux pages 133 et 140.*

Étape 2 Les outils de communication

1 Parlez !

A Vous organisez une soirée chez vous. Que faites-vous pour prévenir vos amis ?

- Vous leur téléphonez ?
- Vous leur envoyez un e-mail ?
- Vous leur envoyez un carton d'invitation ?
- Vous les prévenez oralement ?

B Faites correspondre les événements avec les types d'invitation suivants.

1 un mariage	a une carte de visite
2 un cocktail	b un e-mail
3 un anniversaire	c un coup de fil
4 un dîner	d un carton d'invitation

2 Écoutez !

Citez quatre outils de communication proposés avec le stand *Optimum*.

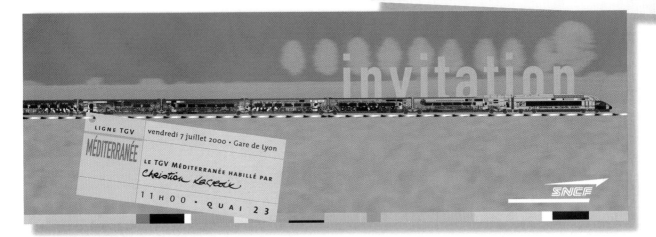

Mots clés

Je vous appelle pour vérifier que nous sommes bien inscrits au salon.

La réservation est à quel nom ?

Au nom de Madame / Monsieur ... de la société ...

Pouvez-vous me dire quels outils de communication nous recevrons ?

Vous recevrez un kit de communication et un exemplaire de l'annuaire.

Est-il possible d'avoir des invitations **supplémentaires ?**

Je vais voir ce que je peux faire.

3 Lisez !

Lisez cette documentation et dites avec quel(s) outil(s) de communication on peut :

1 avoir plus d'information sur le salon
2 contacter un exposant
3 obtenir la liste des exposants
4 trouver un plan du salon
5 connaître la date et l'heure des animations
6 lire les retombées presse du salon

Les outils de communication :
- **Un programme**
- **Une mallette contenant badges et plan**
- **Un site Internet pour la promotion du salon**
- **Une boîte aux lettres électronique sur le site**
- **Un dossier de presse**
- **Un annuaire**

4 Lisez et parlez !

Des participants à différents salons donnent leur avis.

A Retrouvez les expressions qu'ils emploient pour dire :
  1 Présenter ses nouveaux produits.
  2 Conquérir de nouveaux clients.
  3 Des visiteurs très professionnels.

B Dites pourquoi il est intéressant de participer :
  1 Au salon FIRST de la sous-traitance des services et technologies.
  2 Au Salon de l'électronique Industrielle.
  3 Au Salon des Entrepreneurs.

Exemple : Il est intéressant de participer au salon … pour …

« Le *Salon des Entrepreneurs* de cette année est une réussite. Nous y avons rencontrés des visiteurs très « pro » et très motivés. Ce salon est devenu le passage obligé pour tous les créateurs d'entreprise. »

Conseils pro

Sept bonnes raisons de participer à un salon :
- ✓ rencontrer des décideurs.
- ✓ élargir votre portefeuille de clients.
- ✓ sélectionner vos futurs clients.
- ✓ grouper votre prospection sur deux ou trois jours.
- ✓ être informé(e), conseillé(e).
- ✓ faire vos relations publiques.
- ✓ rencontrer de nouveaux partenaires ou associés.

« Si nous sommes présents au *Salon de l'électronique industrielle* depuis sa création, c'est que les évolutions techniques nous obligent à constamment faire connaître notre savoir-faire. »

« Être présent au FIRST permet à une entreprise d'estimer l'évolution des marchés, de la concurrence et des nouvelles technologies. C'est aussi un lieu où l'on peut faire connaître ses nouveautés, renforcer ces liens avec sa clientèle et élargir son portefeuille de clients. »

5 Simulation

Simulation à deux.
▶ *Voir les Dossiers simulation aux pages 133 et 140.*

Étape 3 L'organisation du voyage

1 Parlez !

En fonction du moyen de transport que vous choisissez pour partir en voyage, comment achetez-vous votre billet ?

- dans une agence de voyages ?
- au guichet ?
- à un distributeur automatique de billets ?
- par téléphone ?
- sur Internet ?

2 Écoutez !

Vous êtes télévendeur à la SNCF. Un client vous téléphone pour faire une réservation.

A Écoutez et notez :

1 la date de départ   4 le nombre de voyageurs
2 la ville et l'heure de départ   5 la classe
3 la ville et l'heure d'arrivée   6 la date de retour

B Répondez aux questions.

1 Comment est-ce que l'on obtient son billet quand on réserve par téléphone ?
2 Est-ce qu'il y a une consigne à la gare de Bruxelles ?

Mots clés

Réservation d'un billet de train	*Réservation d'un billet d'avion*

Je voudrais réserver un billet Paris Bruxelles.

Je voudrais **un aller-retour / un aller simple.**

Vous voulez partir à quelle date ? À quelle heure ?

Tôt le matin / en début d'après-midi / en fin d'après-midi / tard le soir.

Il y a un TGV, départ ... heures, arrivée ... heures. | **Il y a un vol qui part à ... heures et qui arrive à... heures.**

Je prends celui de ... heures.

C'est pour combien de voyageurs ?

Un / deux adulte(s).

Première ou deuxième classe ? | **Classe affaires ou classe économique ?**

Ça fait ... euros, réservation comprise. | **C'est ... euros, taxe d'aéroport comprise.**

3 Simulation

Simulation à deux.

PERSONNE A   Vous êtes à Paris. Vous devez vous rendre à un salon à Bruxelles. Vous téléphonez pour réserver un billet d'avion.

PERSONNE B   Vous recevez un appel téléphonique d'un voyageur qui veut faire une réservation. Posez-lui toutes les questions nécessaires.

4 Lisez !

Carte
Grand Voyageur

La carte réservée

à tous ceux qui voyagent très souvent en train.

Vous êtes un habitué de nos lignes ? Vous voyagez toute l'année en train ?
La Carte Grand Voyageur est faite pour vous. Pour la recevoir et bénéficier de tous ses avantages, il vous suffit de compléter ce dossier. Et pour vous remercier d'avoir rempli la partie « Pour mieux vous connaître... », nous aurons le plaisir de vous offrir vos 500 premiers points.
Ne tardez pas à nous retourner votre dossier complété, car vous ne pourrez commencer à cumuler des points qu'à partir du moment où vos aurez reçu votre Carte Grand Voyageur.

Lisez et répondez :

1 Qui peut être intéressé par cette carte ?
2 Qu'est-ce qu'il faut faire pour l'obtenir ?
3 Comment obtenir ses premiers points sans voyager ?

5 🎧 Écoutez !

Vrai ou faux ?

1 Le voyageur veut réserver un vol Paris Madagascar.
2 Le vol a été annulé.
3 Il va prendre le vol du lendemain.
4 Il a réservé une place en classe affaires.
5 Le vol de retour a été annulé.
6 Il doit reconfirmer son vol de retour 72 heures à l'avance.

Conseils pro

Si vous organisez un voyage d'affaires en France :

✓ Réservez votre billet à l'avance.

✓ Si vous voyagez en train, n'oubliez pas de composter votre billet.

✓ Si vous voyagez en avion sur une longue distance, confirmez votre vol de retour 72 heures à l'avance.

✓ Si vous êtes citoyen de l'UE, vous n'avez pas besoin de visa, mais assurez-vous que vos papiers d'identité sont à jour.

✓ Si vous venez du Royaume Uni, d'Irlande, du Danemark, de Finlande, de Suède ou d'un pays non européen, vous devez être muni(e) de votre passeport.

✓ Vérifiez que vous avez bien apporté les dossiers dont vous avez besoin.

Étape 4 La réservation de l'hôtel

1 ▸ Parlez !

Vous partez en week-end en France avec votre famille.
Vous devez réserver un hôtel pour une nuit. Qu'est-ce
que vous demandez comme chambre d'hôtel ?

2 🎧 Écoutez !

1 Qu'est-ce que cette personne cherche comme hôtel
? Notez ses besoins.
2 Quels sont les avantages de l'hôtel qu'elle choisit ?
3 Quels sont les inconvénients ?

Mots clés

Quelle catégorie d'hôtel désirez-vous ?

Deux ou trois étoiles.

Je vous propose **un hôtel à 50 euros la nuit en chambre individuelle.**

Petit-déjeuner compris ?

Non, **le petit-déjeuner est à part.**

Combien vous faut-il de chambres ?
Chambres doubles ou chambres simples ?

Pour combien de nuits ?

Pension complète ou demi-pension ?

Ni l'un, ni l'autre. Nous prendrons seulement le petit-déjeuner.

Pouvez-vous confirmer votre réservation par fax ?

Catégories d'hôtels du Guide Michelin

🏨🏨🏨	grand luxe	✕✕✕✕✕
🏨🏨🏨	grand confort	✕✕✕✕
🏨🏨	très confortable	✕✕✕
🏨	de bon confort	✕✕
🏨	assez confortable	✕
🏨	simple mais convenable	

---

3 🎧 Écoutez et écrivez !

Réécoutez la conversation de l'activité 2. Recopiez ce message en
ajoutant les précisions nécessaires pour confirmer la réservation.

TÉLÉCOPIE

Madame / Monsieur,

Suite à notre conversation téléphonique, je confirme ma réservation de ... chambres ...
avec ... à l'hôtel ... pour ... nuits du ... au ... . Voici les noms des personnes : ...
Je vous prie ...

Point de langue

Si vous voulez comparer les prix ou l'emplacement de différents hôtels, utilisez les comparatifs. *Plus*, *moins*, *aussi* se placent avant l'adjectif.

C'est *plus cher* que ...
C'est *moins loin* que ...
C'est *aussi bien* que ...

▶ *Voir le Dossier grammaire 3.4.*

4 Lisez !

Vous participez à un salon au Forum de l'Arche à la Défense. Vous voulez réserver des chambres et une salle de réunion pour recevoir vos clients.
Utilisez le Point de langue pour comparer la taille, l'emplacement, le prix, les prestations de ces deux hôtels.

IBIS PARIS LA DÉFENSE
284 chambres
À 10 min. à pied de l'Arche.
Chambres pour handicapés; Chambres non-fumeurs; Chambres climatisées; Parking/Garage; Restaurant dans l'hôtel.

Tarifs
Chambre individuelle, 1 personne, à partir de 90 EUR.
Chambre double, 2 personnes, à partir de 90 EUR.

Séminaires et réunions
2 salles de réunion pouvant accueillir de 12 à 70 personnes.

NOVOTEL PARIS LA DÉFENSE
280 chambres
À 10 min. à pied de l'Arche.
Chambres pour handicapés; Chambres non-fumeurs; Chambres climatisées; Suite; Parking/Garage; Restaurant dans l'hôtel ; Bar Boutique.

Tarifs
Chambre individuelle, 1 personne, à partir de 143 EUR.
Chambre double, 2 personnes, à partir de 151 EUR.

Séminaires et réunions
10 salons de 20 à 172 m^2, pouvant accueillir de 5 à 120 personnes.
Secrétariat; Traduction / interprétariat.

5 Simulation

Simulation à deux.
▶ *Voir les Dossiers simulation aux pages 133 et 141.*

6 Écrivez !

Écrivez une lettre ou un fax pour confirmer la réservation que vous avez faite dans l'activité 5.

LE TOURISME EN FRANCE

La France est la première destination touristique au monde. Elle accueille chaque année près de 70 millions de visiteurs. Son littoral (près de 2700 km de côtes), la diversité de ses paysages, son vaste domaine skiable (4000 km de pistes dans les Alpes et les Pyrénées), son climat tempéré, son patrimoine architectural et sa gastronomie réputée représentent un potentiel économique extraordinaire.

Le tourisme est au premier rang des industries françaises. Pourtant, bien qu'en progression constante, ce secteur ne rapporte pas autant que l'on pourrait espérer. La France est en effet un pays de transit : la durée moyenne des séjours y est très courte (2,5 jours) et, à l'exception des Japonais, les dépenses par tête sont peu élevées (environ 381 euros). Les Européens (principalement les Allemands, les Anglais, les Belges et les Néerlandais), les Américains et les Japonais constituent la principale clientèle touristique de l'Hexagone. La ville de Paris accueille, à elle seule, 15 millions de visiteurs par an.

Les endroits les plus visités en France

Paris
La tour Eiffel
Le musée du Louvre
Le Centre Pompidou
L'arc de triomphe de l'Étoile
Le musée d'Orsay
La Cité des sciences et de l'industrie
La Sainte-Chapelle

Région parisienne et province
Disneyland Paris
Le château de Versailles et le Trianon
Le Mont-Saint-Michel
Le Haut-Kœnigsbourg
Le Futuroscope de Poitiers
Les châteaux de la Loire
Le Parc Astérix
Le Marineland d'Antibes
Le palais des Papes d'Avignon

1 ▸ Connaissez-vous ce tableau ? Dans quel grand musée de la capitale est-il exposé ?

2 ▸ À l'aide de la carte page 41, situez les monuments et les musées à Paris. Si vous ne deviez visiter qu'un seul endroit dans la capitale, que choisiriez-vous ? Pourquoi ?

3 ▸ À l'aide de la carte page 18, situez les sites touristiques, les monuments et les centres de loisir dans les différentes régions françaises. Si vous ne deviez visiter qu'un seul endroit en Province, que choisiriez-vous ? Pourquoi ?

4 ▸ Votre société offre un voyage en France à l'ensemble de ses collaborateurs. Vous êtes chargé(e) de l'organiser. En vous servant du tableau, proposez un itinéraire culturel et un itinéraire loisirs.

EN VOYAGE ou EN SÉMINAIRE

Le voyage d'affaires

Cadre chez LU (Groupe Danone), Jérôme est responsable du développement, c'est-à-dire qu'il recherche et développe de nouveaux concepts de vente. « Je pars six à huit fois par an pour le compte de ma société » explique-t-il. « Mes séjours à l'étranger, principalement aux États-Unis et en Europe, où le plus souvent je parle anglais, dépassent rarement trois à quatre jours. »

Les voyages remplissent une fonction essentielle dans mon travail, car je fais ce qu'on appelle de la veille concurrentielle ou « benchmarketing ». Cela consiste à observer et à analyser la concurrence. Me rendre compte directement sur le terrain est donc primordial. Je visite les magasins à l'étranger et je rencontre les clients et les fournisseurs des filiales Danone. Mon but est d'échanger et de trouver des idées, et surtout, d'obtenir de nouveaux marchés.

Le séminaire de motivation

Ce qui fait la force d'une entreprise, ce sont ses équipes. C'est pourquoi les grosses entreprises envoient leurs salariés, et particulièrement leurs équipes commerciales, en séminaires de motivation. Ils servent à stimuler l'esprit d'équipe et à renforcer la combativité. Il s'agit toujours de relever un défi, le plus souvent sportif, dans la joie et la bonne humeur : saut en parapente, saut à l'élastique, raid en 4x4, VTT, rallye moto, etc.

À la suite d'une campagne de stimulation, un concours peut être organisé et l'une des récompenses les plus appréciées est … un voyage d'agrément, cette fois.

5 Quelles sont les principales raisons qui rendent le voyage d'affaires indispensable ?

6 Vrai ou faux ?
Le séminaire de motivation peut-il servir à :

a Stimuler vos forces de vente ?
b Fidéliser votre clientèle ?
c Obtenir de nouveaux marchés ?
d Favoriser l'esprit d'équipe ?
e Fêter l'anniversaire de votre société ?

Au salon

Objectifs

Dans le Module 9, vous allez apprendre à :

▶ vérifier le matériel sur le stand et résoudre les problèmes de logistique à l'arrivée

▶ renseigner les visiteurs et donner des arguments de vente

▶ rechercher un agent ou un distributeur

▶ parler de la santé d'une entreprise au cours d'un déjeuner

Étape 1 Les problèmes de logistique

1 ▶ Parlez !

Vous organisez un événement : une soirée, un mariage.
Il y a 200 invités. Au dernier moment, il manque :

- des tables   - des disques
- des chaises   - des fleurs
- des spots   - de la vaisselle
- des couverts   - la boisson

À qui faites-vous appel ?

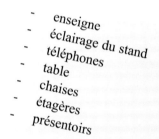

- enseigne
- éclairage du stand
- téléphones
- table
- chaises
- étagères
- présentoirs

2 ▶ Écoutez !

Écoutez la conversation. Voici la check-list de ce qui doit se trouver sur le stand. Qu'est-ce qui va et qu'est-ce qui ne va pas ? Rédigez deux listes.

Mots clés

Est-ce que tout est en ordre ?

> Dans l'ensemble tout va bien.

> **Le cahier des charges a été respecté** mais il reste quelques détails à régler.

Qu'est-ce qui ne va pas ?

> **Voilà ce qui ne va pas.**   Le / la ... est cassé(e).
> Le / la ... ne fonctionne pas / ne marche pas.
> Le / la ... n'est pas branché(e).
> Il manque un(e) / des ...

> J'ai un dernier service à vous demander. **Est-ce que vous pourriez ... ?**

Sans problème.

---

3 Lisez et parlez !

Trouvez une solution à ces problèmes.

1 La table est bancale.
2 L'éclairage ne fonctionne pas.
3 Le téléphone n'est pas branché.
4 Il manque des chaises.
5 Une chaise est cassée.
6 Il manque une étagère.

a Je vais en chercher d'autres.
b Je vais réparer ça.
c Je vous le branche tout de suite.
d Je vous en apporte une autre.
e Je vous en apporte un autre.
f Je vais remplacer ça.

Point de langue

Dans une négation, *pas* peut être remplacé par d'autres adverbes. Si vous faites la négation avec *plus*, *jamais*, etc., il ne faut pas oublier le *ne*.

Nous n'avons jamais reçu nos badges.

S'il vous manque plusieurs choses, vous pouvez l'expliquer en utilisant *ne … ni … ni …*

Ni mon téléphone ni celui de mon collègue n'est branché.

▶ *Voir les Dossiers grammaire 5.3.1 et 5.3.3.*

Quand vous ne nommez pas la ou les choses dans une subordonnée relative sujet (avec *qui*) ou une subordonnée relative complément d'objet (avec *que*), utilisez le pronom *ce* : *ce qui*, *ce que*.

Voilà la table qui est cassée. (antécédent sujet = *la table*)

Voilà ce qui est cassé. (l'antécédent sujet n'est pas nommé)

Ce sont les meubles que nous voulions. (antécédent complément = *les meubles*)

C'est ce que nous voulions. (l'antécédent complément n'est pas nommé)

▶ *Voir le Dossier grammaire 4.3.*

✓	Rétroprojecteur pour projection diapos
✓	Écran
ok	Paperboard
ok	Pupitre orateur
✓	2 Tables conférenciers
	1 seulement
✓	20 Chaises conférenciers
	10 seulement
ok	Éclairage
✓	2 Téléphones *pas branchés*

4 Parlez !

Vous devez faire une présentation dans un salon. Sur votre check-list, vous avez coché le matériel manquant dans la salle de conférence. Utilisez différentes expressions négatives pour dire à l'organisateur ce qui vous manque. Commencez par *Nous n'avons …*

5 Simulation

Simulation à deux.

▶ *Voir les Dossiers simulation aux pages 133 et 141.*

Étape 2 La présentation des produits

1 ▶ Parlez !

Connaissez-vous les caractéristiques techniques de votre véhicule (voiture, moto, scooter, etc.) ou de celui de vos rêves ?

1 Combien consomme-t-il de litres d'essence au 100 km ?
2 Quelle est sa vitesse maximum ?
3 Quelle est la puissance du moteur (en chevaux ou cm^3) ?
4 Quel type de carburant lui convient ?

2 🎧 Écoutez !

Écoutez la conversation et répondez aux questions sur les produits présentés.

1 Que cherche le visiteur ?
2 Quels sont les avantages du modèle Multipass L60 ?
3 Quels sont les avantages de la L800 ?
4 Laquelle de ces deux machines est la plus chère ?
5 Pourquoi est-ce que le vendeur propose la L800 ?
6 Croyez-vous que le visiteur va acheter chez cet exposant ? Pourquoi ?

Point de langue

Si vous comparez des produits, vous pouvez utiliser **mieux** pour parler de la supériorité d'un produit par rapport à un autre.
*Ce modèle est bien, l'autre est **mieux**.*
Le superlatif est : **le / la mieux**.
*C'est **le mieux**.*

▶ *Voir les Dossiers grammaire 3.4 et 3.5.*

Si vous n'êtes pas satisfait(e) du ou des produits que l'on vous présente, vous pouvez demander à en voir **un autre / d'autres**.
*Vous avez **un autre** modèle ?*
*Oui, nous avons **d'autres** modèles.*

▶ *Voir le Dossier grammaire 8.2.4.*

Mots clés

- Est-ce que **je peux vous renseigner ? Vous connaissez nos produits ?**
  Vous cherchez quelque chose en particulier ?

- **Je suis intéressé(e) par ...**

- **Permettez-moi de vous présenter** nos derniers modèles.

- **Pouvez-vous me donner des précisions sur ... ?**

- **Vous avez ici le modèle ... à un prix très compétitif.**

- **Je vais vous montrer d'autres modèles.**

- Cette machine est **plus performante / plus rapide / plus fiable.**

- **Elle est beaucoup plus chère.**

- **Nous pouvons vous offrir des conditions de paiement avantageuses.**

- **Je vais réfléchir.**

- **Pouvez-vous me laisser votre carte ? Je prendrai contact avec vous.**

3 Lisez et parlez !

Lisez cette fiche technique. Présentez ce produit en expliquant tous ses avantages.

G@léo 4900 Net®

Tous les *avantages* d'un fax multifonctions et Internet *en plus*

• **Efficacité** *mémoire 54 pages, répondeur 22 minutes* • **Simplicité** *envoi de fax par une simple touche* • **Ergonomie** *navigateur* avec affichage 2 lignes • **Performance** *envoi de messages e-mail et fax par Internet* • **Compatibilité** C L A S S services

4 Parlez !

Si vous êtes bon vendeur, quels arguments donnez-vous à un client potentiel qui dit :

1 Vous êtes très cher.
2 C'est moins cher ailleurs.
3 Vos délais de livraison sont très longs.
4 Je vais réfléchir.
5 L'installation est un peu compliquée.
6 Ce n'est pas une marque très connue. Et si ça tombe en panne ?

5 Simulation

Simulation à deux.

▶ *Voir les Dossiers simulation aux pages 134 et 141.*

Choisissez vos arguments de vente dans cette liste ou inventez-en.

a C'est ce qu'il y a de mieux. Notre produit a un excellent rapport qualité-prix.
b Nous fabriquons nos produits sur mesure pour répondre exactement à vos besoins.
c Nos techniciens peuvent l'installer pour vous.
d Nos produits sont garantis cinq ans.
e Le prix comprend l'installation et la maintenance pendant un an.
f Notre offre spéciale de lancement se termine dans deux jours.

Étape 3 La recherche d'un intermédiaire

1 Parlez !

A Avez-vous déjà envoyé quelqu'un à votre place pour :
1 vous inscrire quelque part ?
2 voter ?
3 faire une démarche administrative ?
4 assister à une réunion ?

B Comment avez-vous choisi cette personne ?

2 Écoutez !

A Écoutez la conversation. Lisez les bulles et dites laquelle de ces personnes est un agent commercial indépendant et laquelle est un distributeur.

J'achète pour mon propre compte et revends vos produits en faisant une marge.

Je cherche des clients, je négocie et je conclus des contrats en votre nom.

B Faites correspondre les clauses du contrat d'agent commercial avec les définitions.

1 le territoire
2 la clause d'exclusivité
3 la commission

a Doivent être précisés : le taux et les modalités de versement.

b L'agent ne prospecte pas pour les concurrents et le fournisseur ne va pas recruter d'autres agents pour vendre les mêmes produits sur le même territoire.

c La zone géographique dans laquelle l'agent va travailler.

Mots clés

Quels conseils pouvez-vous me donner pour trouver un intermédiaire ?

Quelles sont les différences entre un agent commercial et un distributeur ?

Pouvez-vous me dire quelles sont les principales clauses du contrat d'agent ?

Vous devez définir la mission et le territoire de l'agent.

Quelles sont nos obligations avec l'agent ?

Si vous passez un contrat d'exclusivité avec un agent, vous ne devez pas ...
Vous devez **lui fournir tous les renseignements nécessaires** sur vos produits.
Vous devez **lui verser une commission**.

3 Écoutez !

A Est-ce que c'est le fournisseur ou le distributeur qui prendra en charge :

1 la livraison ?
2 le risque de change ?
3 le transport ?

4 Lisez !

Deux entreprises passent un contrat de distribution.

Quel article du contrat porte sur :

1 la clause d'exclusivité
2 le territoire
3 le nom et la marque des produits distribués
4 les frais de publicité
5 la documentation technique
6 la durée du contrat

Contrat BRÉMOND / MARTINEZ

Entre la société **BRÉMOND**, ci-après dénommé le fournisseur

et

MARTINEZ, ci-après dénommé le distributeur,

il a été convenu ce qui suit :

Art. 1 Le fournisseur accorde au distributeur les droits exclusifs de vente pour la gamme X de ses produits sur le territoire de la Tunisie.

Art. 2 Les produits seront distribués sous les noms et marques du fournisseur.

Art. 3 La société fournira dans la langue appropriée toutes publications techniques, brochures et informations concernant les produits.

Art. 4 Le distributeur assurera à ses frais la promotion et la publicité sur le territoire concédé.

Art. 5 Les droits de douane sont à la charge du distributeur.

Art. 6 Ce contrat entrera en vigueur le jour de sa signature pour une période de un an. Il est reconductible, avec possibilité de résiliation avec préavis de chacune des parties.

B Pourquoi un taux de remise de 50 % n'est-il pas suffisant pour le distributeur .
Choisissez la bonne réponse.

1 C'est le prix public hors taxes.
2 Les marges ne sont pas intéressantes à ce taux.
3 Le distributeur paie le fret.

Conseils pro

Comment trouver un intermédiaire pour vendre à l'étranger ?

✓ S'adresser aux postes d'expansion économique ou aux chambres de commerce.
✓ Nouer des contacts dans les salons.
✓ Contacter les intermédiaires d'entreprises qui vendent des produits complémentaires.

Attention !

✓ Limiter la zone géographique au début.
✓ Prévoir une période d'essai pour tester les compétences de l'intermédiaire.
✓ Instaurer des relations franches et amicales pour faciliter les remontées d'information.

On peut aussi vendre sans intermédiaire en faisant un investissement local par le biais :

✓ d'une succursale, qui dépend de l'entreprise.
✓ d'une filiale, juridiquement et fiscalement autonome.
✓ d'un partenariat, accord avec une entreprise locale pour travailler, fabriquer ou vendre en commun.

Étape 4 Le repas d'affaires

1 ▶ Parlez !

Faites deux groupes.

GROUPE A Trouvez tous les mots (verbes, noms, adjectifs) que vous connaissez qui signifient *monter*.

GROUPE B Trouvez tous les mots (verbes, noms, adjectifs) que vous connaissez qui signifient *baisser*.
Présentez les résultats de votre groupe. Pouvez-vous compléter votre liste en regardant les résultats de l'autre groupe ?

2 🎧 Écoutez !

A Écoutez cette conversation à table. Laquelle de ces deux entreprises a réussi cette année ? Celle de l'exposant qui invite à déjeuner ou celle du visiteur qui est invité ?

B Réécoutez la conversation.

1 De quoi parle-t-on au début ? Du temps ? De l'hôtel ? Du salon ?
2 Passe-t-on beaucoup de temps à en parler ?
3 Comment finit-on la conversation ? On parle du salon ? du contrat en cours ? des gens que l'on connaît ?

Mots clés

Les affaires marchent bien.

Nos ventes **augmentent sensiblement.**

Elles ont dépassé celles de l'an dernier. / **Elles sont supérieures à celles de** l'an dernier.

Dans l'ensemble, **le chiffre d'affaires est en augmentation.**

Chez nous, c'est le contraire.

Nous avons souffert de la fluctuation des taux de change.

Nos ventes **ont fortement diminué.**

Elles sont plus faibles que celles de l'année dernière. / **Elles sont inférieures à celles** de l'année dernière.

Notre chiffre d'affaires **est en baisse.**

Mais nous avons essayé **de conserver des prix stables.**

3 Parlez !

Comparez les ventes de cette société, cette année et l'année dernière.

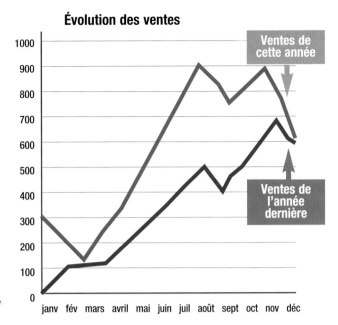

Évolution des ventes

Ventes de cette année

Ventes de l'année dernière

janv fév mars avril mai juin juil août sept oct nov déc

Point de langue

Si vous devez faire un choix entre plusieurs restaurants, vous pouvez utiliser *meilleur* / *meilleure*.

Nous connaissons un bon restaurant. Il est *meilleur que la cafétéria du salon.*
Le superlatif est : *le meilleur* / *la meilleure*.
*C'est **la meilleure** table de toutes.*

▶ *Voir les Dossiers grammaire 3.4 et 3.5.*

4 Lisez !

Les magasins LA VIE CLAIRE remontent la pente

Après son rachat par Bernard Tapie, la chaîne de supérettes bio LA VIE CLAIRE a été longtemps déficitaire. Pour redresser l'entreprise, les magasins changent de devanture et adoptent un nouveau logo. Les produits sont revus.

Résultat de cette nouvelle politique : les ventes progressent de 30 % à 40 %. En deux ans, le chiffre d'affaires connaît une forte hausse : il passe de 86 à 93 millions de francs. Les pertes sont réduites. Elles baissent de plusieurs millions de francs en un an. Bref, l'équilibre est en vue.

1 Trouvez tous les mots du texte en rapport avec l'augmentation et avec la baisse.
2 Que s'est-il passé quand Bernard Tapie a racheté la chaîne LA VIE CLAIRE ? Est-ce que les ventes ont augmenté ou baissé ?

5 Simulation

Simulation à deux.
▶ *Voir les Dossiers simulation aux pages 134 et 141.*

Conseils pro

✓ Il y a en France une tradition de négociation à table qui commence à évoluer.
✓ Certaines sociétés préfèrent recevoir chez elles. Un restaurant est aménagé dans leurs locaux pour pouvoir inviter les clients à déjeuner.
✓ Le repas sert à créer un climat propice aux affaires. La signature d'un contrat se fait au bureau.
✓ Si vous vous faites inviter, n'oubliez pas que la prochaine fois, c'est vous qui devez rendre l'invitation.

Les salons en France

Activité traditionnelle qui remonte aux foires de l'Antiquité, les salons, grand public ou professionnels, jouent un rôle croissant dans la politique de communication des entreprises.

Vitrine d'un savoir-faire, les salons se spécialisent et se professionnalisent. En présentant les dernières tendances et innovations, ils offrent aux exposants de nouvelles perspectives et un accès privilégié aux marchés internationaux. Ils facilitent les contacts professionnels avec les visiteurs (clients, prospects ou partenaires potentiels), qui sont souvent des décideurs. Ceux-ci peuvent, en un temps record, se faire une idée du marché et de la concurrence et préparer ainsi leurs investissements.

Paris occupe la première place mondiale pour les congrès et les séminaires et accueille les principaux salons de l'Hexagone. Bordeaux, Marseille, Lyon et Strasbourg organisent les autres foires françaises les plus importantes. À Paris, le Parc des Expositions de la Porte de Versailles est le troisième plus grand centre d'exposition d'Europe. Le CNIT à La Défense, le Palais des Congrès, Porte Maillot, et le Parc des Expositions de Paris-Nord Villepinte ont aussi une grosse capacité d'accueil.

Le palmarès des salons en France

Salons grand public
Mondial de l'automobile
Foire Internationale de Paris
Salon de l'agriculture
Mondial du deux-roues
Salon nautique
Salon de la maquette et du modèle réduit
Salon du cheval, du poney et de l'âne
Salon du livre
Salon du tourisme
Salons professionnels
Aéronautique et Espace (Salon du Bourget, ouvert au public le week-end)
Batimat
Equip' Auto
Equip' Hôtel
Euronaval
Eurosatory
Interclimat-Interconfort
Intermat (matériels de travaux publics)
Lingerie
Maison et Objet
Mode enfantine
Prêt-à-porter féminin
Prêt-à-porter masculin
SIAL (alimentation)
Sima (machines agricoles)

1 D'après leur nom, à quel secteur d'activité appartiennent les principaux salons professionnels français ? (*Bâtiment et construction* ; *Mode* ; *Agroalimentaire* ; *Aéronautique et défense* ; *Automobile* ; *Agriculture* ; *Décoration* ; *Restauration*)

2 Pour quelles raisons exposants et visiteurs participent à un salon ? Classez les mots suivants en deux colonnes A et B.

A Notez ce que recherchent les exposants.
B Notez ce que recherchent les visiteurs.

Acheter   Affirmer sa notoriété   Choisir
Comparer   Convaincre
Découvrir de nouveaux produits
Développer son chiffre d'affaires
Informer   Investir ou préparer un investissement
Montrer   Nouer de nouveaux contacts (prospects)
Rencontrer ses clients
Rencontrer ses fournisseurs et en chercher de nouveaux
S'informer sur les dernières tendances du marché
Se rencontrer   Toucher
Voir

Un salon EN ACTION

Pollutec, des professionnels au service de l'environnement

Créé en 1974, Pollutec est le salon international des équipements, des technologies et des services de l'environnement : eau, air, bruit, déchets, énergie, nettoyage, etc. C'est le rendez-vous des éco-industries. Il se tient en deux sessions : les années paires, à Lyon, où le salon est ouvert aux collectivités locales et les années impaires, à Paris-Nord Villepinte, où il est réservé aux entreprises.

Le directeur de Pollutec s'en justifie : « Il existe réellement deux marchés parallèles. L'un est très réactif, celui des entreprises (1/4 du marché), l'autre, celui des collectivités locales, suppose un rythme de décisions plus long, dépendant beaucoup des finances locales et des cycles électoraux... »

Pollutec en chiffres

Selon une enquête menée par les organisateurs du salon :
- Chaque visiteur passe au moins 1,4 jour au salon et rencontre en moyenne 19 exposants.
- 36 % des visiteurs viennent pour préparer un investissement.
- 50 % viennent pour découvrir de nouveaux produits.
- 51 % viennent pour trouver de nouveaux fournisseurs.

L'organisation du salon

Pollutec est un salon Miller Freeman, premier organisateur de salons professionnels dans le monde. Selon le PDG de Miller Freeman, « le métier a fondamentalement changé, passant de la simple organisation logistique à un ensemble de prestations sophistiquées : marketing, communication, promotion, animation, traitement de l'information, services techniques clés en main, etc. ».

Chaque édition de Pollutec demande plusieurs mois de préparation. Il faut définir des stratégies commerciales et développer des services aux exposants et aux visiteurs (conférences techniques et tables rondes de haut niveau, ateliers, animations, présence d'experts, site Web) ainsi que des actions de communication externe (relations avec la presse, notamment).

3 Vrai ou faux ? Dites pourquoi.

a Pollutec est un salon consacré aux technologies de l'environnement.

b Pollutec est un salon grand public.

c On peut improviser la tenue d'un salon.

d Le directeur du salon ne s'occupe que de logistique.

e Internet fait partie des nouveaux outils de communication d'un salon.

f Aujourd'hui, la seule fonction d'un salon est d'exposer.

Le suivi des contacts

Objectifs

Dans le Module 10, vous allez apprendre à :

▶ fidéliser la clientèle
▶ prospecter de nouveaux clients
▶ faire la promotion d'un nouveau produit
▶ proposer un service après-vente

Étape **1** La fidélisation du client

1 Parlez !

1 Pourquoi les entreprises font-elles ces offres ?
2 Est-ce que vous avez la carte de fidélité d'un magasin ? Vous est-elle utile ?
3 Avez-vous reçu des invitations ou des offres de cadeaux ? Qu'est-ce que vous en avez fait ?

2 🎧 Écoutez !

A D'après cette enquête,
quel est le profil de ce lecteur ?
Homme / femme ? Jeune / âgé(e) ? Avec sans profession ? Avec un gros / un petit budget ? Avec quels centres d'intérêt ? Voyageur / pas voyageur ?

B Quelle offre lui fait-on s'il s'abonne maintenant ?

Point de langue

Si vous parlez d'une décision, vous pouvez utiliser **décider de**, suivi de l'infinitif de l'action qui a été décidée.

Je décide de m'abonner pour 6 mois.

▶ *Voir le Dossier grammaire 5.1.*

Si vous parlez d'une action qui s'est produite dans un passé très récent, vous pouvez utiliser **venir de**, suivi de l'infinitif.

Vous venez d'acheter notre journal.
(Vous l'avez acheté il n'y a pas longtemps.)

▶ *Voir le Dossier grammaire 6.4.*

Mots clés

- Nous faisons une enquête de satisfaction auprès de nos clients / lecteurs.
- Pouvez-vous me consacrer un peu de temps ?
- Comment avez-vous connu notre ... ?

  Je l'ai découvert chez / dans / à ...

- Est-ce que vous achetez / lisez régulièrement des ... ?

  Non, rarement. / Oui assez souvent.

- Qu'est-ce que vous avez aimé le plus / le moins ?

  J'ai beaucoup aimé ... / Je n'ai pas aimé du tout ...

- Pensez-vous racheter notre ...? / revenir chez ... ?

  Non. / Oui. J'attends le prochain / la prochaine... avec impatience.

- Si vous vous abonnez / inscrivez maintenant, vous pouvez bénéficier de ...

3 Écrivez !

Vous faites une enquête de satisfaction sur ces produits. Quelles questions pouvez-vous poser ?

1 un séjour dans un club de vacances
2 une chaîne de télévision

4 Lisez !

1 Quelle est la méthode de fidélisation utilisée ?
2 Trouvez les expressions qui donnent à la cliente l'impression qu'elle est spéciale.
3 Quel cadeau est-ce que l'on reçoit grâce à cette carte ?

Conseils pro

Pour fidéliser un client, il faut :
- ✓ entretenir son image de marque.
- ✓ satisfaire les attentes du client.
- ✓ respecter les promesses faites au client (délais de livraison, qualité).
- ✓ lui offrir des avantages particuliers (cartes de fidélité, chèques cadeaux, offres exceptionnelles, clubs).
- ✓ empêcher le client d'acheter chez le concurrent.
- ✓ inciter un client fidèle à amener lui-même d'autres clients.

Marionnaud
P A R F U M E R I E S

Mme **HÉLÈNE MARTIN**
56, rue Fondary
75 015 Paris

Carte de fidélité : 1234567

Chère Madame MARTIN,
Vous avez demandé notre carte de fidélité et nous vous remercions de votre confiance.

Vous trouverez ci-joint la carte nominative que nous vous avons réservée. N'oubliez pas de la présenter à chacun de vos passages dans les parfumeries MARIONNAUD. Vous pourrez ainsi cumuler des points qui vous permettront de recevoir nos chèques cadeaux.

À très bientôt.

Cordialement.

Étape 2 La prospection

1 Parlez !

Est-ce qu'on a déjà sonné chez vous ou est-ce qu'on vous a appelé par téléphone pour vous vendre quelque chose ? Dites ce qui s'est passé.

2 Écoutez !

Écoutez la conversation et notez les expressions qui correspondent à ces différentes étapes de la prospection.

1 la prise de contact
2 le motif de l'appel
3 le traitement des objections
4 la prise de congé

Point de langue

Si vous rapportez ce que quelqu'un vous a dit, vous pouvez utiliser la construction impersonnelle du verbe paraître, *il paraît*, suivi de *que.*

Il paraît que les voisins changent leurs fenêtres.
Il paraît que ça coûte une fortune.

▶ *Voir le Dossier grammaire 5.2.3.*

Mots clés

Allô ? Vous êtes bien Mme / M ... ? / **Je suis bien chez** Mme / M ... ?

Oui, c'est elle-même / lui-même.

Avez-vous quelques minutes à me consacrer ? Ça ne sera pas long.

Avez-vous entendu parler de nos produits ?
Connaissez-vous nos produits ?

Je peux passer chez vous la semaine prochaine, si vous voulez.

Écoutez... Je suis très occupé(e).

Je comprends, vous avez un emploi du temps chargé.

Préférez-vous me rencontrer mardi à 18 h ou mercredi à 17 h ?

Disons mardi à 18 h.

À mardi 18 h. / Vous pouvez compter sur moi mardi 18h.

3 Simulation

PERSONNE A   Vous souhaitez prendre rendez-vous avec un(e) responsable de la formation permanente pour proposer des stages en entreprise. Vous devez :
- vous présenter
- demander combien de temps on peut vous consacrer
- dire quel est le motif de votre appel
- demander à être reçu(e)

PERSONNE B   Faites barrage au démarcheur que vous avez au téléphone.

4 Parlez ou écrivez !

Vous voulez envoyer un mailing à vos prospects. Dans quel ordre devez-vous réaliser ces étapes ?

2 - se procurer ou rassembler des adresses
3 - vérifier les coordonnées des destinataires
8 - poster les lettres
7 - affranchir les lettres
6 - mettre les lettres sous enveloppe
5 - imprimer les lettres
1 - créer une lettre type
4 - importer les données du fichier client

Conseils pro

Si vous contactez un prospect (client potentiel) par téléphone:

Ne dites pas	*Mais dites*
✗ *Excusez-moi de vous déranger.*	✓ *Avez-vous quelques minutes à me consacrer ?*
✗ *Vous avez mal compris.*	✓ *Je me suis mal exprimé(e).*
✗ *C'est un gros problème.*	✓ *C'est un point important.*
✗ *Nous vendons...*	✓ *Je souhaiterais vous présenter...*
✗ *Ne vous inquiétez pas.*	✓ *Vous pouvez compter sur moi.*
✗ *C'est une dépense...*	✓ *C'est un investissement...*

5 Lisez !

Lisez ce prospectus et dites :
1 Quelles sont les « accroches » qui incitent le client à agir ?
2 Combien de fois s'adresse-t-on directement à «vous» ?
3 Comment enrichir son fichier clients grâce à ce prospectus ?
4 Y a-t-il un cadeau pour rendre l'offre plus attrayante ?

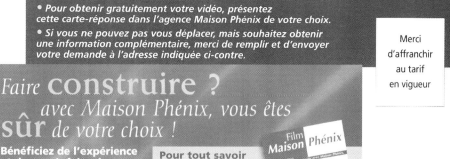

• *Pour obtenir gratuitement votre vidéo, présentez cette carte-réponse dans l'agence Maison Phénix de votre choix.*
• *Si vous ne pouvez pas vous déplacer, mais souhaitez obtenir une information complémentaire, merci de remplir et d'envoyer votre demande à l'adresse indiquée ci-contre.*

Merci d'affranchir au tarif en vigueur

Faire **construire ?** *avec Maison Phénix, vous êtes* **sûr** *de votre choix !*

Bénéficiez de l'expérience et du savoir-faire du 1ᵉʳ constructeur de maisons individuelles en France.
• Une grande variété d'architectures et d'aménagements.
• Une étude de financement gratuite.
• Des conseils sur la recherche de votre terrain.
• La prise en charge de vos démarches administratives.
• Un engagement ferme sur les délais et les prix conformément aux dispositions légales.

Pour tout savoir sur votre future maison, demandez votre vidéo Maison Phénix

Film Maison Phénix

MAISON PHENIX

lle-de-France
l Doumer
lmaison Cedex

6 Écrivez !

Vous êtes installateur de cuisines équipées. Rédigez un bon prospectus pour attirer de nouveaux clients.

Étape 3 La promotion du produit

1 Parlez !

Essayez de trouver toutes les formes de publicité que vous connaissez.
Comparez vos listes et faites une liste commune la plus longue possible.

Exemples : *affiche, spot télévisé.*

2 🎧 Écoutez !

A Écoutez les promotions 1 et 2. Est-ce qu'il s'agit :

1 de prospection par téléphone ?
2 d'une publicité à la radio ?
3 d'une publicité à la télé ?
4 d'une opération commerciale sur le lieu de vente ?

B Quels sont les mérites de ces nouveaux produits ?

C Qu'est-ce que le consommateur veut savoir ?

Mots clés

Goûtez ! Nous vous proposons une dégustation gratuite.

Je vais vous faire une démonstration. Vous voulez essayer ?

Qu'est-ce que c'est ?

À quoi ça sert ?

Ce sont des galettes **faites à base de ... / C'est un appareil pour ...**

Est-ce que **vous avez d'autres parfums / coloris ?**

Il existe plusieurs parfums / coloris.

Est-ce que **c'est biologique / écologique ?**

Tous nos produits sont garantis sans produit chimique / sans colorant.
Tous nos produits sont biodégradables / non polluants.

Profitez-en ! Nous vous offrons **deux paquets pour le prix d'un / des échantillons gratuits.**
Vous pouvez **bénéficier d'un prix spécial de lancement.**

3 Simulation

PERSONNE A Choisissez un de ces produits. Vantez les mérites de votre produit à un consommateur et proposez-lui des offres promotionnelles.

PERSONNE B On vous propose un nouveau produit. Posez des questions pour vous renseigner sur sa composition, son impact sur l'environnement, etc.

Point de langue

Si vous voulez insister sur un point commun à l'ensemble de vos produits, vous pouvez utiliser l'adjectif *tous (toutes)*,

Tous nos produits sont naturels.

Le « s » ne se prononce pas.

ou le pronom *tous (toutes)*.

Ils sont tous naturels.

Il faut prononcer le « s » à la fin de *tous*.

▷ *Voir le Dossier grammaire 8.2.3.*

Si vous voulez insister sur vos produits, pris individuellement, vous pouvez utiliser l'adjectif *chaque*, toujours au singulier,

Dans chaque paquet, il y a un cadeau.

Il y a 10 % de produit en plus dans chaque boîte.

ou le pronom *chacun / chacune*.

Il y a un cadeau dans chacun.

Il y a 10 % de produit en plus dans chacune.

▷ *Voir le Dossier grammaire 8.2.5.*

Conseils pro

Comment réussir une bonne « promo » ?

✓ L'avantage financier doit être immédiat (offre spéciale, offre de remboursement, bon de réduction, « plus produit »).

✓ Le consommateur ne doit pas faire trop d'efforts pour obtenir cet avantage (pas de bulletins à remplir, timbre prépayé).

✓ L'offre doit cibler son public (cadeau pour les enfants, supplément gratuit pour les adultes).

✓ Plusieurs techniques de promotion peuvent être combinées (offre sur le prix + échantillon).

✓ Attention ! Une promotion peut déclencher l'achat, mais elle ne suffit pas pour fidéliser le client.

4 Parlez ou écrivez !

Vous proposez un produit à un consommateur. Tous vos produits ont un point commun. Que dites-vous ? Regardez les exemples du Point de Langue.

1 gâteaux aux céréales biologiques
2 chemises en fibres naturelles
3 croissants pur beurre
4 yogourts garantis sans colorant chimique

Étape 4 Le service après-vente

1 Parlez !

Savez-vous ce qu'est un numéro vert ?
C'est un numéro de téléphone gratuit. Les
consommateurs l'utilisent pour poser des
questions ou pour faire des réclamations.
Est-ce que ce type de numéro de téléphone
existe chez vous ?
Avez-vous déjà utilisé ce type de service
consommateurs ?
Dans quelles circonstances ?

APPEL GRATUIT
N°Vert 0800 2000
SUIVI DES 2 PREMIERS CHIFFRES DE VOTRE DÉPARTEMENT

2 🎧 Écoutez !

1 Est-ce que le client appelle le vendeur ou
le centre d'appels du fabricant ?
2 Pourquoi téléphone-t-il ?
3 Quelle est la différence entre un service
après-vente et un service consommateurs ?

Mots clés

Allô ? Je suis bien au service consommateurs ?

Qu'est-ce que je peux faire pour vous ?
Est-ce que je peux vous aider ?

Je voudrais des informations sur ...

Nous pouvons **assurer l'installation et la maintenance.**

Vous pouvez **téléphoner à l'assistance technique.**

Allô ? Je suis bien au service après-vente ?

J'ai acheté une machine à laver. Elle est **tombée en panne.**

Avez-vous **un contrat de garantie pièces et main-d'œuvre ?**

Nous vous envoyons un dépanneur dans les 24 heures.

Si c'est difficile à réparer, **nous prêtons une machine de rechange.**

Au revoir Madame / Monsieur, **à votre service.**

3 Parlez ou écrivez !

Un hôtel restaurant a des problèmes avec ses équipements.
Lisez les Mots clés et proposez des solutions.

1 Nous avons acheté des téléviseurs pour toutes les chambres.
Nous ne recevons pas la première chaîne.
2 Notre congélateur est tombé en panne.
3 Nous avons installé une nouvelle caisse à la réception. Elle
ne fonctionne pas.
4 Nous n'arrivons pas à installer notre logiciel de comptabilité
sur le nouvel ordinateur.
5 L'un de nos lave-vaisselle ne marche plus.

4 Parlez !

Pour rassurer un client, vous lui dites que tout est facile à faire
(ou pas difficile à faire). Répondez en suivant les modèles du
Point de Langue.

1 Vous pourrez réparer nos machines facilement ?
2 Vous trouverez un technicien sans problème pour faire les
réparations ?
3 Vous obtiendrez la pièce de rechange rapidement ?
4 Je pourrai installer le matériel simplement ?
5 Vous trouverez nos bureaux facilement ?
6 Vous pourrez remplacer la pièce pour pas trop cher ?

5 🎧 Écoutez !

Notez comment la cliente
va être dépannée.

1 Est-ce que sa machine
est sous garantie ?
2 Quel est le problème ?
3 Est-ce que c'est facile à
réparer ?
4 Que se passe-t-il si :
  a la panne est facile à
    réparer ?
  b la panne est difficile à
    réparer ?
5 Quand est-ce que le
technicien va passer:
  a quel jour ?
  b à quelle heure ?

> ### Point de langue
>
> Si vous voulez faire un
> commentaire sur une action,
> vous pouvez utiliser *c'est* +
> *adjectif* + *à* + verbe de
> l'action.
>
> *On obtient la pièce facilement.*
> ***C'est facile à obtenir.***
> *Vous trouverez la panne
> facilement.*
> ***Ce n'est pas difficile à
> trouver.***
>
> ▶ *Voir le Dossier grammaire 4.4.2.*

Questions de Confiance.

DARTY

> ### Conseils pro
>
> Voici la définition du client, selon le fondateur du célèbre vépéciste américain L. L. Bean.
> - Un client est la personne la plus importante de cette entreprise.
> - Un client ne dépend pas de nous. C'est nous qui dépendons de lui.
> - Un client n'est pas une interruption dans notre travail. Il est la raison de notre travail.
> - Nous ne lui faisons pas une faveur en le servant. C'est lui qui nous fait une faveur en nous donnant l'opportunité de le servir.
> - Un client n'est pas quelqu'un avec qui se disputer. Personne n'a jamais gagné une bataille avec un client.
> - Notre travail consiste à répondre aux besoins du client de façon profitable pour lui et pour nous-mêmes.

6 Simulation

Simulation à deux.

▶ *Voir les Dossiers simulation aux pages 134 et 141.*

La pub à la française

Vendre et susciter l'envie d'acheter. Voilà à quoi sert la publicité. Mais c'est aussi « une machine à faire rêver », affirme Jacques Séguéla, symbole de la réussite publicitaire en France.

La publicité connaît un essor spectaculaire au cours du XXe siècle, marqué par la diversification de la production et donc par la nécessité de se démarquer de la concurrence. Il ne s'agit plus seulement de transmettre les messages des annonceurs, mais d'être créatif et de trouver le slogan ou l'accroche qui fera la différence.

Aujourd'hui, les supports publicitaires sont très diversifiés : aux magazines, journaux, prospectus, affiches et enseignes de magasin s'ajoutent le cinéma, la radio, la télévision et Internet.

Libre-échangez vos idées.

rtl.fr

104.3 RTL

Les acteurs de la publicité en France

Deux grands **groupes publicitaires** dominent le marché :
- **Havas Advertising** dont la majorité des agences porte le sigle **Euro RSCG** (créé en 1969 par Bernard Roux, Jacques Séguéla, Alain Cayzac et Jean-Michel Goudard).
- **Publicis Communication**, créé en 1926 par Marcel Bleustein-Blanchet.
Les principaux **annonceurs** sont :
- **Renault, Peugeot, Citroën, Ford** (industrie automobile)
- **Nestlé** (agroalimentaire)
- **France Telecom** et autres opérateurs (télécommunications)
- **L'Oréal** (cosmétiques)
- **Carrefour** (grande distribution)
- **Procter & Gamble, Henkel** (lessive)
- **Polygram, Universal Music** (culture)
Les principaux **afficheurs** sont :
- **Avenir** (groupe **Jean-Claude Decaux** depuis 1999)
- **Dauphin**
- **Giraudy**

Sources : SECODIP, chiffres pour 1999 (en %)

1 RTL est la première radio écoutée en France. Observez cette affiche et décrivez-la.

  a Quel est le jeu de mots du slogan ?

  b Que veut dire ce message publicitaire ?

2 Choisissez le mot qui convient.

  a Les annonceurs … les campagnes de publicité.
  [achètent, diffusent, vendent]

  b Les agences de publicité … ces campagnes.
  [distribuent, commandent, conçoivent]

  c Les différents … servent de support publicitaire.
  [médias, outils, acteurs]

  d Renault est un(e) … .
  [afficheur, annonceur, agence de publicité]

3 D'après le graphique, quel est le support publicitaire dans lequel les entreprises investissent le plus ?

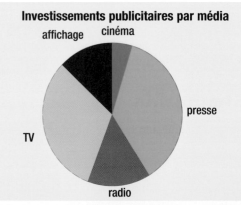

Investissements publicitaires par média

affichage   cinéma

presse

TV

radio

Communication
EN FORME   EN PANNE

Maman, les p'tits bateaux...

1920. « Pour bien habiller les enfants », la bonneterie VALTON, fondée en 1892, lance sur le marché une culotte en coton, simple et confortable. La culotte PETIT BATEAU a de beaux jours devant elle…

1988. L'entreprise de sous-vêtements va mal. Les ventes sont en chute libre. Le groupe YVES ROCHER reprend l'affaire. Au programme : plan de restructuration et cure de rajeunissement. Le nouveau PDG s'attaque à l'image de la marque, devenue selon lui trop élitiste. « Pour lui redonner une personnalité, nous avons choisi une image de tendresse, de simplicité et de gaieté » explique-t-il. Collections, logo, packaging et boutiques changent de look. La publicité est plus enfantine et insolente. Succès garanti auprès des enfants et des adolescents : la notoriété de la marque passe de 17 à 71%.

1994. Coup de pouce inespéré : lors d'un défilé, Claudia Schiffer porte un tee-shirt PETIT BATEAU sous son tailleur CHANEL. La mode est lancée. Les mamans en achètent aussi.

Depuis, les articles PETIT BATEAU se vendent par millions et l'enseigne s'exporte. L'entreprise a gagné son pari !

Le naufrage de l'Erika, un coup dur pour l'image de TOTAL FINA

En décembre 1999, l'Erika, affrété par la compagnie pétrolière TOTAL FINA, coule au large de la Bretagne, provoquant une gigantesque marée noire sur les côtes françaises. Le PDG de la compagnie, Thierry Desmaret, minimise l'ampleur du désastre et multiplie les erreurs de communication. Il devient la cible des critiques. Le journal satirique *Le Canard Enchaîné* le baptise « Desmaret Noire ». GREENPEACE appelle au boycott et lance une campagne contre la compagnie : « TOTALement irresponsable, FINAlement coupable ». Sous la pression des médias, Thierry Desmaret finit par réagir et la compagnie pétrolière s'engage à participer au nettoyage du littoral et à l'indemnisation des communes polluées. Mais TOTAL FINA mettra longtemps à retrouver une image positive.

4 Voici quelques slogans publicitaires très connus en France.
À quels sentiments ou à quels désirs des gens font-ils appel ?

a « T'as le ticket chic, t'as le ticket choc. » RATP (transports publics parisiens)

b « Le poids des mots, le choc des photos. » PARIS MATCH (magazine)

c « La vie est trop courte pour s'habiller triste. » NEW MAN (vêtements)

d « Il faudrait être fou pour dépenser plus. » ERAM (chaussures)

e « Y'a bon ! » BANANIA (chocolat)

5 Citez une entreprise de votre pays qui a une bonne image de marque et une entreprise qui en a une mauvaise. Dites pourquoi.

Précédente Suivante Arrêter Actualiser Démarrage Rechercher Courrier Favoris Grande Petite Préférences

Adresse : http : //www.pourparleraffaires.com/activités sur Internet

Rechercher > acheter > organiser

Infos site

Une multitude de manifestations professionnelles sont organisées en France. Le site www.salons-online.com permet de s'y retrouver.
Il donne gratuitement des informations sur les salons et les événements professionnels qui ont lieu en France.

Ce site est d'abord un moteur de recherche.
Si vous connaissez déjà le nom du salon, vous pouvez faire une recherche :
– par nom selon l'ordre alphabétique.

Vous pouvez aussi faire un recherche :
– par secteur d'activité (Agriculture, Automobile, Aéronautique, Banque, Électricité, Informatique, etc.)
Trois autres modes de recherche sont possibles :
– par ville,
– par date,
– par organisateur du salon.

Le site a aussi une partie pratique qui propose des services pour :
– visiter un salon,
– exposer sur un salon,
– organiser un événement professionnel (congrès, séminaire, etc.).
C'est ce qu'on appelle un portail thématique. Autour du thème de la manifestation professionnelle, il permet d'entrer sur d'autres sites grâce aux nombreux liens proposés (liens avec des sites de réservation en ligne ou d'agences événementielles). On peut donc, réserver un stand, organiser un voyage d'affaires ou réserver un hôtel à partir de Salons-Online.com.

⚠ Attention, tous les salons ne figurent pas sur ce site. Il n'y a que les salons prévus dans les quelques mois à venir.

**⚠ Dans une recherche par nom, on ne peut pas taper le nom du salon en entier, mais seulement la première lettre du nom. Une liste de salons qui commencent par cette lettre est ensuite présentée.
Il est possible que le salon recherché ne figure pas dans cette liste.**

Le jargon du Net

Affiner la recherche
Barre de menu
Déplacez le curseur
Liens
Newsletter
Portail thématique
Recherche rapide
Retour à
Retour haut de page
Sélectionnez
   l'onglet

A Qu'est-ce qu'un portail thématique ?
   1 Un site sur lequel on achète des informations.
   2 Un moteur de recherche.
   3 Un site qui permet d'entrer sur d'autres sites.
   4 Un annuaire.

B Ces services sont-ils proposés sur Salons-Online.com ?
   1 Informations sur les salons qui se déroulent en ce moment en France.
   2 Informations sur les salons de l'année dernière en France.
   3 Liens avec des sites de réservation d'hôtels.
   4 Organisation de voyages d'affaires directement sur le site.

Web Quizz

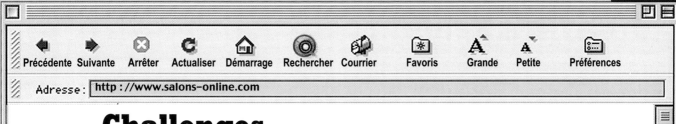

Adresse: http://www.salons-online.com

Challenges

> **Organiser un événement professionnel par Internet**

Tous à vos écrans pour faire les exercices suivants ! Connectez-vous à Internet et tapez l'adresse de Salons-Online.

SALONS-ONLINE

Vous êtes sur la page d'accueil de Salons-Online.

1 Vous voulez des informations sur les salons qui ont lieu à Bordeaux.

a Dans Recherche rapide, quel mode de recherche choisissez-vous ?
Notez le nom de quatre salons que vous trouvez intéressants.
b Pour obtenir la même information, quel onglet choisissez-vous ?

2 Vous voulez organiser un congrès pour 200 personnes à Bordeaux.

a Sur quel onglet cliquez-vous ?

Descendez votre curseur jusqu'à la rubrique

Trouvez votre lieu d'événement

b Sur la carte de France, sur quelle région devez-vous cliquer ?
On vous propose plusieurs endroits pour organiser des manifestations à Bordeaux.
c En fonction de sa capacité d'accueil, quel endroit choisissez-vous ?

Retournez en haut de la page.

3 Vous voulez réserver des billets pour aller à Bordeaux.

Cliquez sur l'onglet SERVICES ET RESSOURCES, puis sur la rubrique <u>Gérez votre transport</u>.
Lisez les renseignements que l'on vous donne.
a Quels moyens de transport vous propose-t-on ?
b Sur quel site pouvez-vous réserver un billet de train ?
c Sur quel site pouvez-vous comparer les prix des billets d'avion ?

Retournez en haut de la page.

Libre à vous d'organiser d'autres événements !

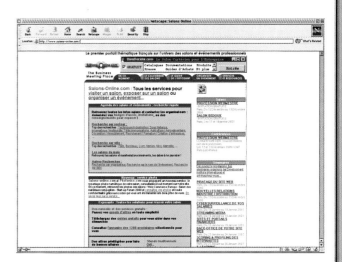

DIRECTHOTEL

4 Vous voulez réserver un hôtel à Bordeaux.

Vous êtes sur la page SERVICES ET RESSOURCES. Cliquez sur la rubrique <u>Réservation hôtels</u>. Sélectionnez le site DirectHotel, rubrique LES VILLES. Tapez *bor*.

a Quels sont les hôtels de meilleure catégorie que l'on vous propose ?
b Vous avez un budget de 500 F (76 euros) par chambre individuelle. Il vous faut la télévision dans les chambres et un parking. Quel hôtel choisissez-vous ?
c Est-il situé au centre-ville ?

Dossiers simulation Partenaire A

DOSSIER A1
(Mod. 1, Ét. 2, p. 11)

Vous êtes :
Nom : Martin(e) Dufos
Fonction : Comptable
Service : comptabilité
Entreprise : RENAULT
S'occupe des : factures des clients français

Vous rencontrez **B**. Présentez-vous professionnellement.

Écoutez **B** et prenez des notes.

Présentez **B** à **C**.

DOSSIER A2
(Mod. 1, Ét. 3, p. 13)

Vous voulez acheter du mobilier de bureau.

Vous êtes :
Nom : M. / Mme Bonnet
Société : FINA
Fonction : Responsable des achats

Vous rencontrez :
Fournisseur B: STRAFOR
Contact : M. / Mme Caron

Fournisseur C : AIRBORNE
Contact : M. / Mme Nordine

Mobilier de bureau que vous recherchez :
- bureaux
- armoires

Vous rencontrez deux fournisseurs.
Présentez-vous.

Expliquez ce que vous cherchez.

Choisissez le meilleur fournisseur.

DOSSIER A3
(Mod. 1, Ét. 4, p. 15)

Vous travaillez dans une épicerie.

Vous êtes :
Nom : M. / Mme Vachon
Société : ÉPICERIE CENTRALE
Activité : Alimentation générale

Vous contactez un grossiste en produits alimentaires.
Demandez-lui s'il a les produits suivants et à quel prix :
- jambon
- fromage de chèvre
- pain frais
- fruits et légumes de saison

Si le grossiste n'a pas le produit que vous demandez, choisissez un autre produit.

DOSSIER A4

(Mod. 2, Ét. 1, p. 22)

Vous passez un coup de téléphone à l'entreprise ARNAUD.

Vous êtes une de ces personnes :
- M. / Mme Lacoste de la société ROGER ET FILS
- M. / Mme Bournel de la société MERCIER
- M. / Mme Vialex de la société COPAL

Demandez à parler à une de ces personnes chez ARNAUD :
- le directeur technique
- la responsable des ventes
- le chef comptable

N'oubliez pas de noter le nom de la personne que vous avez demandée.

DOSSIER A6

(Mod. 2, Ét. 3, p. 27)

Vous désirez contacter des personnes chez LEROY & FILS.
Appelez LEROY & FILS et demandez à parler aux personnes suivantes. Si elles ne sont pas disponibles, dites quand vous rappellerez.

Notez les résultats de vos appels.

DOSSIER A5

(Mod. 2, Ét. 2, p. 25)

Vous êtes fabricant de vêtements et vous cherchez un distributeur.
Appelez ALPHA et demandez des renseignements par téléphone.
Notez les réponses.

Société :	
Activité :	
Adresse :	
Code postal :	
Ville :	
Tél. :	
Fax :	
E-mail :	
Internet :	
Directeur général :	
N° de poste :	
Responsable des achats :	
N° de poste :	
Directeur technique :	
N° de poste :	
Notes	

Nom et fonction	Disponibilité
M. Legrand, Directeur général	....
Mme Gérard, Chef comptable	....
M. Bérous, Responsable des achats	....
M. Dufour, Directeur commercial	....
Mme Escande, Acheteuse	....
M. Reignier, Ingénieur	....

DOSSIER A7

(Mod. 2, Ét. 4, p. 29)

Vous êtes commercial(e) chez un fournisseur. Vous désirez prendre
rendez-vous avec un(e) client(e).
Consultez votre agenda de la semaine. Trouvez un jour et une heure
de libre pour le / la rencontrer.
Téléphonez à votre client(e) et prenez rendez-vous.

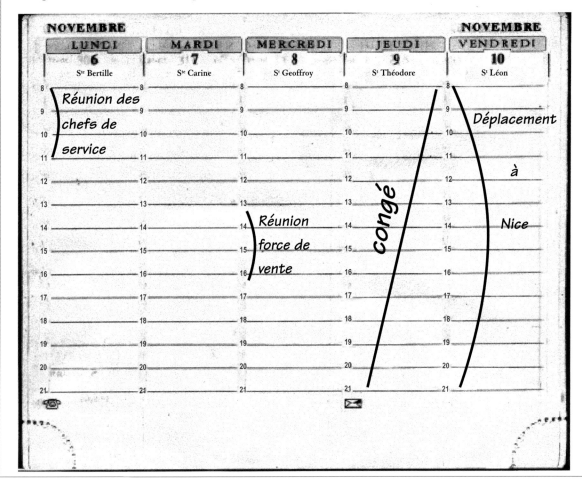

DOSSIER A8

(Mod. 2, Ét. 5, p. 31)

Vous devez laisser un message sur le répondeur de la société BERTON.
Voici les renseignements que vous demandez :
- l'adresse de la société,
- le numéro de télécopie,
- le nom du responsable technique.

Écrivez votre message.
N'oubliez pas de laisser votre nom, le nom de votre société et votre numéro de téléphone.
Lisez votre message à haute voix. Attendez la réponse de chez BERTON.
Écoutez le message de chez BERTON sur votre répondeur.
Notez les renseignements. Est-ce que c'est bien ce que vous avez demandé ?

DOSSIER A9

(Mod. 3, Ét. 1, p. 35)

Vous êtes M. / Mme Martin.
Vous avez une réunion avec
M. / Mme Daulle à 11 heures.

En attendant M. / Mme Daulle, vous
parlez avec la personne de la
réception.
Répondez à ses questions.

DOSSIER A10

(Mod. 3, Ét. 2, p. 37)

Vous visitez l'entreprise d'un fournisseur.
Voici l'ordre du jour de votre visite.

Comme vous êtes arrivé(e) en retard,
l'ordre du jour a changé. Votre
fournisseur explique les changements.
Notez ces changements.

ORDRE DU JOUR

10h	M. Boulinguez, Directeur général : Historique de la société.
11h	Mme Da Silva, Responsable du marketing : Présentation de la nouvelle gamme de produits.
12h	Déjeuner au restaurant avec le directeur technique, Monsieur Foulquier.
13h30	Visite de l'usine.
15h30	Réunion avec la responsable des ventes, Madame Baudet.

DOSSIER A11

(Mod. 3, Ét. 4, p. 43)

Vous recevez la visite d'un(e) client(e). Il / Elle souhaite
dîner au restaurant. Proposez-lui des adresses où aller.

DOSSIER A12

(Mod. 4, Ét. 2, p. 51)

Vous avez besoin d'articles pour équiper le rayon cadeaux de votre magasin. Vous téléphonez à ce fournisseur.

MOBI

SÉLECTION
FIN DE SAISON

150 articles de la collection d'hiver à prix réduits jusqu'à

-60%

Stocks limités

Vous avez un budget de 380 euros.
Vous avez besoin de :
- vases
- miroirs
- cadres pour photos
- bougies

Posez des questions sur les remises consenties.

DOSSIER A13

(Mod. 4, Ét. 3, p. 53)

Vous voulez passer une commande de fournitures de bureau.

Vous avez besoin des articles suivants :
- 10 classeurs à 3 tiroirs / Réf. : 5903
- 4 classeurs à 4 tiroirs / Réf. : 5904
- 10 corbeilles à papier / Réf. : CP 22
- 30 stylos-bille noirs / Réf. : WA 80

Téléphonez à votre fournisseur.
Demandez-lui si ces produits sont en stock.

DOSSIER A14

(Mod. 4, Ét. 4, p. 55)

Vous avez besoin des articles suivants :

- 1 téléphone / répondeur / fax
  Réf. : SF 3 000 T (prix avant la remise : 2 990 F / 453, 03 EUR)
- 1 ordinateur portable / Réf. : CP 321 (prix avant la remise : 19 900 F / 3028, 78 EUR)
- 1 modem / Réf. : PT 128 (prix avant la remise : 1 590 F / 240, 91 EUR)

Téléphonez à votre fournisseur pour passer la commande.
Votre code client est : 00120
Notez les renseignements que votre fournisseur vous donne. Demandez-lui quelle remise il vous consent.

DOSSIER A15

(Mod. 5, Ét. 2, p. 61)

Un fournisseur vous appelle pour organiser une livraison.
Voici l'horaire des livraisons déjà prévues à votre entrepôt.
Proposez-lui une heure de livraison.

Demandez les renseignements suivants au fournisseur :
- nom de sa société,
- référence de la commande,
- nombre de cartons.

Utilisez ce plan pour lui indiquer où se trouve votre entrepôt.

Heures	Livraisons
8 h	LARRALDE & FILS
9 h	
10 h	LEROY & CIE
11 h	
12 h	
14 h	ALCOR
15 h	ROLAND
16 h	DUBOIS

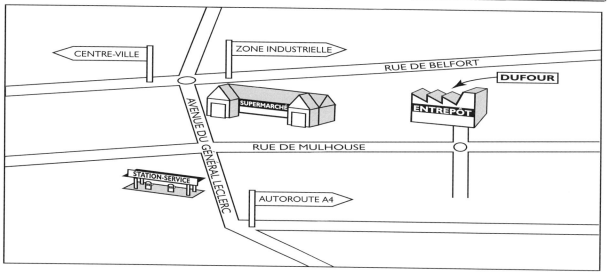

DOSSIER A16

(Mod. 5, Ét. 4, p. 65)

Vous avez reçu le fax de l'activité 5. Vous téléphonez au client pour résoudre le problème.

PATRICK G. / Confection - Prêt-à-porter
Tél. / Fax : 01 25 86 95 00

TÉLÉCOPIE

DATE :   6 octobre
DE :   M. Marchand
À :   M. Béranger
TÉL. / FAX :   02 33 06 90 22

Monsieur,

Nous vous rappelons que nous n'avons toujours pas reçu la livraison de boutons commandés le 12 mars dernier.

Nous vous avons déjà signalé ce retard par téléphone à trois reprises. Nos stocks de boutons sont épuisés et nous ne pouvons plus honorer nos commandes.

Nous vous demandons de nous faire parvenir, sans faute, la moitié de la commande sous huit jours et le reste avant la fin du mois.

Sincères salutations.

M. Marchand
Gestion des stocks

DOSSIER A17

(Mod. 6, Ét. 2, p. 71)

Vous avez passé une commande d'ordinateurs pour équiper votre bureau.

Demandez à votre fournisseur quelles sont ses conditions de paiement.
Notez les conditions de paiement demandées.
Notez le mode de paiement demandé.

Voici votre relevé d'identité bancaire. Proposez à votre fournisseur de lui envoyer ce RIB.

BANQUE DU SUD
RELEVÉ D'IDENTITÉ BANCAIRE

Titulaire du compte
Société Frap

DOMICILIATION AGENCE MARSEILLE NORD
Tél. : **04 11 12 13 14**

RÉFÉRENCES BANCAIRES

Banque	Agence	Numéro de compte	Clé
15150	**1616**	**123456789101**	**00**

DOSSIER A18

(Mod. 6, Ét. 3, p. 73)

Vous travaillez au service comptabilité et vous recevez un appel téléphonique du comptable d'un fournisseur.

Voici les problèmes que vous avez dans votre service actuellement :
- le chef comptable est en congé annuel et revient dans quinze jours,
- le système informatique est en panne depuis deux jours,
- vous avez un retard de huit jours sur les paiements.

Répondez aux questions de votre fournisseur.
Vous n'avez pas besoin de tout dire.
Mettez-vous d'accord sur une date pour régler votre solde.

DOSSIER A19

(Mod. 7, Ét. 1, p. 82)

Vous avez lu cette annonce et vous téléphonez pour prendre rendez-vous.
Mettez-vous d'accord sur la date et l'heure du rendez-vous.

CETA 2R
recherche en CDI pour son centre d'appels,

TÉLÉCONSEILLERS H/F

Vous souhaitez exercer un métier en pleine expansion et participer au lancement d'un nouveau service pour une compagnie d'assurances leader sur son marché.

À 20/28 ans environ, de formation Bac à Bac + 2, vous maîtrisez les outils informatiques et possédez, si possible, une expérience en réception d'appels. L'anglais courant et une autre langue seraient un plus.

Rejoignez-nous en téléphonant au 01 74 16 22 49 ou envoyez votre CV + lettre de motivation à CETA 2R, Bât. B, 4, rue Danjou 92517, Boulogne-Billancourt Cedex.

DOSSIER A20

(Mod. 7, Ét. 3, p. 87)

Vous êtes directeur d'une agence de publicité. Vous accueillez un nouveau cadre. Voici des renseignements sur ses conditions de travail. Répondez à ses questions.

Responsable hiérarchique :
Directeur commercial, M. Barbier
Horaires : 9 h à 18 h
Pause déjeuner : une heure entre 12 h 30 et 14 h, tickets restaurant

DOSSIER A21

(Mod. 7, Ét. 3, p. 87)

Vous êtes directeur de l'usine et vous accueillez un nouveau stagiaire pour un stage ouvrier. Vous répondez à ses questions.

Voici des renseignements sur son stage :
Responsable : contremaître, M. Delorme
Horaires : les trois-huit
Pause : dix minutes toutes les deux heures

DOSSIER A22

(Mod. 7, Ét. 4, p. 89)

Invitez votre collègue à vous accompagner au cinéma ou à un match de foot. Répondez à ses questions pour organiser votre soirée.

DOSSIER A23

(Mod. 8, Ét. 1, p. 95)

Vous allez participer à un salon. Vous voulez réserver un stand.

Posez des questions sur les prestations que l'on vous propose :
- la taille du stand,
- ce qui est inclus dans le prix,
- si le nettoyage et l'assurance sont compris,
- s'il y a un meuble qui ferme à clé,
- s'il y a un téléphone sur le stand.

DOSSIER A24

(Mod. 8, Ét. 2, p. 97)

Vous avez réservé un stand à un salon.

Vous téléphonez à l'organisateur pour :
- vérifier que vous êtes inscrit(e),
- demander des outils de communication supplémentaires, par exemple, des annuaires, des badges, des invitations.

DOSSIER A25

(Mod. 8, Ét. 4, p. 101)

Vous organisez une conférence à Montpellier. Vous voulez réserver :
- des chambres pour 50 personnes (10 chambres doubles, 30 chambres individuelles),
- une salle de conférence pour 50 personnes,
- 2 salles de réunion pour 20 personnes.

Vous voulez savoir :
- où est situé l'hôtel,
- si le petit-déjeuner est inclus dans le prix de la chambre,
- s'il y a un parking dans l'hôtel.

Téléphonez à l'hôtel SOLEIL pour faire votre réservation.

DOSSIER A26

(Mod. 9, Ét. 1, p. 105)

Vous êtes exposant à un salon.
Vous vérifiez l'équipement de votre stand avec votre cahier des charges.
Consulter votre check-list et dites ce qui ne va pas.

l'éclairage	*OK*
2 téléphones	*un seul*
une table	*bancale*
une chaise	*cassée*
un fauteuil	*OK*
4 étagères	*3 seulement*
présentoirs rouges	*noirs*

DOSSIER A27
(Mod. 9, Ét. 2, p. 107)

Vous travaillez chez un fabricant de linge de maison. Vous participez à un salon. Vous accueillez un visiteur sur votre stand.

Posez-lui des questions pour savoir :
- s'il est détaillant ou si c'est un particulier,
- ce qu'il cherche exactement.

Proposez-lui des articles qui pourraient l'intéresser.
N'oubliez pas de lui demander son nom et sa carte de visite.

DOSSIER A29
(Mod. 10, Ét. 4, p. 121)

Votre imprimante de bureau est tombée en panne. Téléphonez au centre d'appels du fabricant pour que l'on vienne vous dépanner. Expliquez votre problème.

Répondez aux questions que l'on vous pose. Fixez une date et une heure de rendez-vous pour le technicien.

Demandez s'il est possible d'avoir une machine de rechange en attendant la réparation.

DOSSIER A28
(Mod. 9, Ét. 4, p. 111)

Vous assistez à un déjeuner d'affaires.
Vous pouvez d'abord parler :
- du temps qu'il fait,
- de votre voyage,
- de votre hôtel,
- du restaurant,
- de vos connaissances communes (clients, fournisseurs, personnel de l'entreprise, etc.).

Ensuite, dites comment vont vos affaires. Utilisez ce graphique pour en parler. Demandez à votre interlocuteur comment vont les siennes.

Nombre de commandes

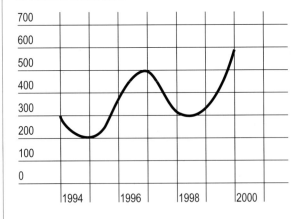

Dossiers simulation Partenaire B

DOSSIER B1

(Mod. 1, Ét. 2, p. 11)

Vous êtes :
Nom : Christian(ne) Roulet
Fonction : Responsable des achats
Service : achats
Entreprise : MICHELIN
S'occupe de : l'achat des machines industrielles

Vous rencontrez **A**. Présentez-vous professionnellement.
Écoutez **A** et prenez des notes.
Présentez **A** à **C**.

DOSSIER B2

(Mod. 1, Ét. 3, p. 13)

Vous travaillez pour un fournisseur de mobilier de bureau. Vous rencontrez un client.

Vous êtes :
Nom : M. / Mme Caron
Société : STRAFOR
Fonction : Commercial(e)

Répondez aux questions du client.
Présentez vos produits.

DOSSIER B3

(Mod. 1, Ét. 4, p. 15)

Vous travaillez chez un grossiste.
Vous êtes :
Nom : M. / Mme Dousset
Société : BÉTRO
Activité : vente en gros de produits alimentaires

Un(e) épicier(ère) vous contacte.

Regardez votre catalogue et répondez aux questions de l'acheteur.

Proposez-lui un autre produit si vous n'avez pas celui qu'il vous demande.

DOSSIER B4

(Mod. 2, Ét. 1, p. 22)

Vous travaillez chez ARNAUD et vous répondez au téléphone.

Voici les noms des chefs de service de votre entreprise :
- Directeur général : M. Denis
- Chef comptable : Mme Martin
- Responsable des ventes : Mme Audoix
- Directeur technique : M. Sery

Répondez aux questions de votre correspondant(e) téléphonique.
N'oubliez pas de demander son nom et de transférer son appel.

BÉTRO : LE GROSSISTE DU COMMERÇANT
PROMOTIONS PRODUITS FRAIS

N° de réf.	Désignation	Prix unitaire HT	Qté	Total
	Fruits et légumes			
436702	Pommes	0, 99 € le kilo		
436809	Carottes	1, 20 € le kilo		
436901	Pommes de terre	1, 90 € le kilo		
	Charcuterie			
437155	Steak haché	6, 25 € le kilo		
437157	Jambon	4, 80 € le kilo		
	Crèmerie			
093112	Beurre (250g)	1, 80 €		
409657	Camembert (250g)	1, 70 €		
	Boulangerie			
407915	Baguette	1, 50 € pièce		
407919	Croissants	1, 20 € pièce		

DOSSIER B5

(Mod. 2, Ét. 2, p. 25)

Vous travaillez chez ALPHA, distributeur de vêtements.
Vous répondez au téléphone.

Lisez l'annuaire interne d'ALPHA et répondez aux questions de votre correspondant(e) téléphonique.

ANNUAIRE TÉLÉPHONIQUE	Nom	Service	Poste	Bureau
ALPHA 30, rue de la Tour BP 20 - 69007 Lyon Tél. : 04 72 76 99 12 Fax : 04 72 76 94 25 E-mail : alpha@europa.fr Internet: www.alpha8.fr	Aubry, Christine Bourdais, Frédéric Fabian, Thierry Lacoste, Sophie Lenoir, Nicole Nesmer, Arnaud	Contrôle de gestion Direction technique Direction générale Secrétariat de direction Achats Comptabilité	4122 4126 4103 4157 4151 4154	D201 A302 D207 B105 C309 C706

DOSSIER B6

(Mod. 2, Ét. 3, p. 27)

Vous répondez au téléphone chez LEROY & FILS.

Lisez les renseignements sur la disponibilité du personnel.

Répondez correctement à votre correspondant(e) téléphonique.

LEROY & FILS

Date : mardi 15 octobre

Nom et fonction	Agenda
M. Legrand, Directeur général	*en réunion toute la journée*
Mme Gérard, Chef comptable	*absente aujourd'hui*
M. Bérous, Responsable des achats	*en congé, revient lundi*
M. Dufour, Directeur commercial	*en déplacement, revient jeudi*
Mme Escande, Acheteuse	*en communication*
M. Reignier, Ingénieur	*dans son bureau*

DOSSIER B7

(Mod. 2, Ét. 4, p. 29)

Un fournisseur vous téléphone pour prendre rendez-vous.
Consultez votre agenda de la semaine. Trouvez un jour et une heure de libre
pour le / la rencontrer.

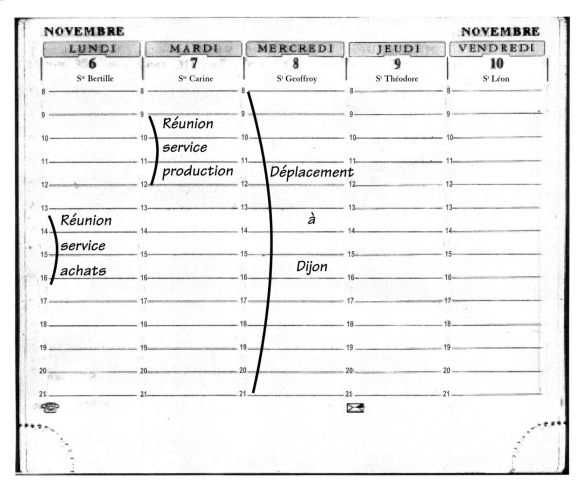

DOSSIER B8

(Mod. 2, Ét. 5, p. 31)

Vous travaillez chez BERTON. Vous entendez un message sur le répondeur de la société.

Écoutez le message.
Préparez les réponses aux questions posées.

Votre correspondant est absent. Laissez un message sur son répondeur. Lisez votre message à haute voix.

Voici des renseignements sur votre société :

BERTON
62, avenue Victor Hugo
26 000 VALENCE
Tél. : 04 75 66 78 99
Fax : 04 75 66 79 90
E-mail : info@berton.fr

DIRECTION - ENCADREMENT

Nom	Prénom	Fonction	Poste
Marchand	Nathalie	Directrice g n rale	2950
Poulet	Herv	Responsable des ventes	2937
Mercier	Patricia	Responsable des achats	2958
Th venon	Jeanne	Responsable technique	2917
Martin	Andr	Directeur du personnel	2945
Perrin	Florence	Secr taire de direction	2931

DOSSIER B9

(Mod. 3, Ét. 1, p. 35)

Vous travaillez à la réception. Vous accueillez un visiteur dans votre entreprise.

Demandez-lui :
- son nom,
- le nom de la personne qu'il / elle veut voir,
- l'heure de son rendez-vous.

La personne demandée est en communication. En attendant, parlez avec le visiteur :
- du temps qu'il fait,
- de son voyage,
- de son hôtel.

DOSSIER B10

(Mod. 3, Ét. 2, p. 37)

Vous travaillez pour la société LUMINOR. Vous attendez la visite d'un(e) client(e). Comme il / elle est arrivé(e) en retard, l'ordre du jour a changé. Expliquez le nouvel ordre du jour à votre client(e).

ORDRE DU JOUR

Mme Granget

~~10h~~
11h M. Boulinguez, Directeur général : Historique de la société.

~~11h~~ Mme Da Silva, Responsable du marketing : Présentation de la nouvelle gamme de produits.

12h Déjeuner au restaurant avec le directeur technique, Monsieur Foulquier.

13h30 ~~Visite de l'usine.~~
Présentation par Mme Da Silva de la nouvelle gamme de produits.

14h30 *Visite de l'usine.*

~~15h30~~
16h30 Réunion avec la responsable des ventes, Madame Baudet.

DOSSIER B11

(Mod. 3, Ét. 4, p. 43)

Vous rendez visite à un fournisseur à Paris. Vous souhaitez dîner au restaurant. Demandez-lui qu' il / elle vous conseille.

DOSSIER B12

(Mod. 4, Ét. 2, p. 51)

Vous êtes fournisseur d'articles de décoration pour la maison. Votre entreprise fait des remises sur certains articles de la collection d'hiver.

Article	Format	Réduction	Prix catalogue (en euros)	Prix réduits (en euros)
CASTING				
p. 60 / B	horizontal	- 60 %	25	10
Cadre 3 photos	vertical	- 60 %	25	10
Réf. 4427351				
p. 60 / C miroir		- 40 %	40	16
Réf. 4427360				
SATURNE	cubique 9 x 9 x 9	- 60 %	8, 9	3, 5
p. 66 / A	Ø 8, 25 hauteur 7, 6	- 60 %	4, 4	1, 6
Bougies	Ø 8, 25 hauteur 15, 2	- 60 %	12	4, 7
Réf. 4522877	Ø 8, 25 hauteur 22, 8	- 60 %	15	5, 9
	Ø 10, 8 hauteur 10, 2	- 60 %	8, 9	3, 5
BYZANCE				
p. 66 / E				
2 vases		- 50 %	10, 5	5, 1
Réf. 4521080				

Répondez aux questions de votre client.

Si la commande s'élève à plus de 300 euros, offrez-lui la livraison gratuite.

DOSSIER B13

(Mod. 4, Ét. 3, p. 13)

Vous vendez des fournitures de bureau. Voici la liste des articles que vous avez en stock.

Référence	Désignation	Qté en stock	Livraison
5903	Classeur 3 tiroirs	5	7 jours
5904	Classeur 4 tiroirs	0	7 jours
BC 10	Bac à courrier	20	
WA 80	Stylo-bille noir	15	
HB 30	Crayon à papier	100	
CP 22	Corbeille à papier	50	

Répondez aux questions de votre client. Soyez professionnel(elle). N'oubliez pas de demander qui est à l'appareil.

DOSSIER B14

(Mod. 4, Ét. 4, p. 55)

Vous êtes fournisseur de matériel informatique. Voici un extrait de votre catalogue.

Référence	Désignation	Prix
GT 7 000	Scanner	2 290 F (346, 97 €)
CP 321	Ordinateur portable multimédia	19 900 F (3028, 78 €)
SF 3 000 T	Téléphone / répondeur / fax	2 990 F (453, 03 €)
PT 128	Modem	1 590 F (240, 91 €)

Voici un extrait de votre base de données où sont indiquées les remises consenties à certains clients.

Code client	Remise
00120	5 %
00121	3, 5 %
00122	4 %

Vous enregistrez une commande.
Soyez professionnel(elle). Posez toutes les questions nécessaires.

Inventez un numéro de référence pour la commande.

DOSSIER B15

(Mod. 5, Ét. 2, p. 61)

Vous travaillez chez DUFOUR. Vous pouvez livrer aujourd'hui. Vous appelez votre client pour organiser la livraison de ses marchandises :
Commande n° : ZAR20
Nombre de cartons : 20

Notez l'heure de la livraison que le client vous propose.
Demandez au client de vous expliquer où se trouve son entrepôt. Faites un plan pour le camion.

DOSSIER B16

(Mod. 5, Ét. 4, p. 65)

Vous avez envoyé le fax de l'activité 5. Vous êtes très en colère. Votre fournisseur vous appelle pour essayer de résoudre le problème.

DOSSIER B17

(Mod. 6, Ét. 2, p. 71)

Vous êtes fournisseur. Votre client a commandé des ordinateurs pour équiper son bureau.
Vous souhaitez un paiement à 30 jours fin de mois.
Vous souhaitez être payé par virement bancaire.
Demandez à votre client :
- le nom de sa banque,
- le nom de son agence bancaire,
- son numéro de compte.

DOSSIER B18

(Mod. 6, Ét. 3, p. 73)

Vous êtes comptable. Vous passez un coup de téléphone chez un client qui n'a pas réglé sa facture.

Voici le problème :
Date de la facture : le 18 du mois dernier
Numéro de la facture : 00198
Montant : 650 euros
Échéance : 17 du mois courant

Mettez-vous d'accord sur une nouvelle date de paiement.

DOSSIER B19

(Mod. 7, Ét. 1, p. 82)

Vous travaillez au service des ressources humaines d'une entreprise. Vous proposez ce poste. Vous recevez une demande par téléphone. Posez des questions pour savoir si la personne a les qualités que vous recherchez.

CETA 2R
recherche en CDI pour son centre d'appels,

TÉLÉCONSEILLERS H/F

Vous souhaitez exercer un métier en pleine expansion et participer au lancement d'un nouveau service pour le compte d'une compagnie d'assurances leader sur son marché.

À 20/28 ans environ, de formation Bac à Bac + 2, vous maîtrisez les outils informatiques et possédez, si possible une expérience en réception d'appels. L'anglais courant et une autre langue seraient un plus.

Rejoignez-nous en téléphonant au 01 74 16 22 49 ou envoyez votre CV + lettre de motivation à CETA 2R, Bât. B, 4, rue Danjou, 92517 Boulogne-Billancourt Cedex.

DOSSIER B20

(Mod. 7, Ét. 3, p. 87)

Vous êtes la nouvelle / le nouveau chef de pub. Le directeur de l'agence vous accueille.
Vous demandez :
- le nom de votre responsable hiérarchique,
- vos horaires de travail,
- l'heure du déjeuner et la durée de la pause,
- s'il y a une cantine.

DOSSIER B21

(Mod. 7, Ét. 3, p. 87)

Vous faites un stage ouvrier de manutentionnaire. Le directeur de l'usine vous accueille.
Vous voulez savoir :
- qui est votre responsable hiérarchique,
- quels sont vos horaires de travail,
- s'il y a des pauses.

DOSSIER B22

(Mod. 7, Ét. 4, p. 89)

Votre collègue vous invite à passer une soirée avec lui / elle.
Organisez la soirée ensemble. Demandez-lui :
- ce que vous allez faire,
- à quelle heure vous allez le / la retrouver,
- à quel endroit vous allez vous donner rendez-vous,
- si vous allez prendre une voiture, le bus ou le métro.

DOSSIER B23

(Mod. 8, Ét. 1, p. 95)

Vous organisez un salon professionnel. Vous recevez un appel d'une personne qui souhaite réserver un stand.

Proposez-lui d'abord le stand le moins cher. Répondez aux questions de l'exposant.

Le stand de base à 2 000 euros.
Ce prix comprend :
- 15 m² (500 cm de largeur x 300 cm de profondeur),
- deux étagères,
- une moquette,
- une table et une chaise,
- deux lampes.

Le stand de luxe à 2 200 euros.
Ce prix comprend :
Les prestations du stand de base avec en plus :
- une autre table et deux fauteuils,
- un meuble qui ferme à clé,
- un téléphone sur le stand.

DOSSIER B24

(Mod. 8, Ét. 2, p. 97)

Vous êtes l'organisateur d'un salon professionnel. Répondez à votre correspondant(e).

Décidez de lui accorder ou pas les suppléments qu'il / elle demande.
Si ce n'est pas possible, expliquez pourquoi.

DOSSIER B25

(Mod. 8, Ét. 4, p. 101)

Vous travaillez à la réception de l'hôtel *SOLEIL*.
Vous prenez une réservation par téléphone.
Utilisez ces renseignements pour répondre à
votre client.

Hôtel SOLEIL Montpellier Centre
En plein centre-ville.
180 chambres climatisées (toutes non-fumeurs) ;
Simple ou double ; Douche ; TV satellite ;
Bar et restaurant ; Parking fermé.

Tarifs
Chambre simple : de 42 à 48 EUR selon la
période, petit-déjeuner compris.
Chambre double : de 45 à 50 EUR selon la
période, petit-déjeuner compris.

Séminaires et réunions
2 salles de conférence de 30 m² (15 à 20
personnes) ou de 60 m² (50 à 60 personnes)
s'adaptant à toutes vos attentes.

DOSSIER B26

(Mod. 9, Ét. 1, p. 105)

Vous êtes envoyé(e) par l'organisateur d'un salon
pour vérifier l'installation des stands.
Vous demandez à un exposant si tout est en ordre
sur son stand.
S'il a des problèmes, proposez-lui des solutions.

DOSSIER B27

(Mod. 9, Ét. 2, p. 107)

Vous vous rendez à un salon de linge de maison.
Vous êtes acheteur(euse) pour un grand magasin.
Vous cherchez des draps, des housses de couette
et des taies d'oreiller.
Vous recherchez la qualité à des prix intéressants.
Vous voulez des précisions sur les couleurs à la
mode cette année.

Posez des questions au représentant que vous
rencontrez sur son stand à un salon.

DOSSIER B28

(Mod. 9, Ét. 4, p. 111)

Vous assistez à un déjeuner d'affaires.
Vous pouvez d'abord parler :
- du temps qu'il fait,
- de votre voyage,
- de votre hôtel,
- du restaurant,
- de vos connaissances communes (clients,
  fournisseurs, personnel de l'entreprise, etc.).

Ensuite, dites comment vont vos affaires.
Utilisez ce graphique pour en parler.

Nombre de commandes

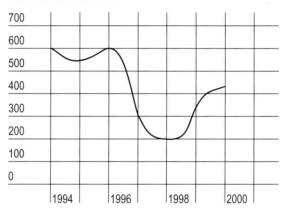

DOSSIER B29

(Mod. 10, Ét. 1, p. 121)

Vous travaillez au centre d'appels d'un fabricant
de matériel informatique. Un client vous
téléphone parce que son imprimante est tombée
en panne.

Demandez-lui s'il a un contrat de garantie.
Demandez-lui le numéro de référence de sa
machine.

Proposez-lui une date et une heure pour envoyer
un technicien.

Répondez à ses questions.
N'oubliez pas de lui demander son nom et son
adresse.

Dossiers simulation Partenaire C

DOSSIER C1
(Mod. 1, Ét. 2, p. 11)

Vous êtes :

Fonction : Directeur(trice) technique
Nom : Jean(ne) Peillon
Service : production
Entreprise : BIC
S'occupe de : la production des stylos

Présentez-vous professionnellement.
Écoutez vos partenaires et prenez des notes.
Présentez **B** à **C**.

DOSSIER C2
(Mod. 1, Ét. 3, p. 13)

Vous travaillez pour un fournisseur de mobilier de bureau. Vous rencontrez un client.

Vous êtes :
Nom : M. / Mme Nordine
Société : AIRBORNE
Fonction : Commercial(e)

Répondez aux questions du client.
Présentez vos produits.

ENREGISTREMENTS

MODULE 1

Mod. 1, Ét. 1, 2

Dialogue 1

Jérôme :	Salut, Michel. Ça va ?
Michel :	Ça va bien. Et toi ?
Jérôme :	Oui, super.

Dialogue 2

Hervé Blanc :	Bonjour. Je me présente. Je m'appelle Hervé Blanc. Je travaille pour la Société DUMONT.
Sylvie Soulier :	Enchantée. Je suis Sylvie Soulier. Je travaille chez BLOC.
Hervé Blanc :	Je suis heureux de faire votre connaissance.

Dialogue 3

Eric :	Bonjour, Odile. Vous allez bien ?
Odile :	Très bien, et vous ? Vous avez passé un bon week-end ?
Eric :	Excellent.

Mod. 1, Ét. 2, 2

Philippe Colin :	Bonjour. Je me présente : je suis Philippe Colin, directeur commercial de la Société FRAP.
Claudine Musset :	Enchantée, Monsieur. Je suis Claudine Musset. Je suis responsable des achats chez BOTEL.
Philippe Colin :	Très heureux de faire votre connaissance, Madame.
Claudine Musset :	Monsieur Colin, je vous présente mes collègues. Gilles Dufresne est acheteur. Il travaille avec moi au service des achats. Il s'occupe des achats de mobilier de bureau.
Gilles Dufresne :	Bonjour, Monsieur.
Philippe Colin :	Très heureux.
Claudine Musset :	Et voici Hélène Vigneault, notre comptable. Elle s'occupe du service de la comptabilité.
Hélène Vigneault :	Bonjour, Monsieur.
Philippe Colin :	Enchanté.
Claudine Musset :	Malheureusement, Monsieur Dupont, notre directeur général, est absent aujourd'hui.
Philippe Colin :	Ah ! c'est dommage, mais ça ne fait rien.
Claudine Musset :	Parfait. Maintenant, je pense que nous pouvons commencer notre réunion.

Mod. 1, Ét. 2, 3

Présentation 1

Alain Pontier :	Je m'appelle Alain Pontier. Je travaille au service de la production chez BOTEL. Je suis technicien. Je m'occupe des machines de l'usine. Moi, j'aime bien travailler de mes mains, faire un travail technique. Je n'aimerais pas du tout, mais alors pas du tout, travailler dans un bureau.

Présentation 2

Alice Favori :	Je m'appelle Alice Favori. Avant, j'étais secrétaire mais je n'aimais pas ça. Alors, j'ai décidé de préparer un diplôme de commerciale. Et voilà ! Maintenant, je suis commerciale chez BOTEL, c'est vraiment intéressant. Je m'occupe des clients de la région parisienne. Je sors souvent du bureau, je rencontre des clients, je voyage, c'est bien.

Mod. 1, Ét. 3, 2

Philippe Colin :	J'ai le plaisir de vous présenter notre collection de chaises de bureau. Voici un premier modèle : Kado. C'est une chaise en plastique, plutôt haut de gamme. Elle existe en noir, en jaune et en bleu. Elle est empilable, donc très pratique pour les salles de réunion.
	Voici le modèle Design : c'est aussi une chaise haut de gamme en cuir marron. Elle est originale, élégante et très confortable. C'est un produit de luxe. À l'accueil, elle fera bonne impression pour les visiteurs de votre entreprise.
	Enfin, nous avons le modèle Plias : une chaise pliante classique. Elle n'est pas chère. C'est un produit bas de gamme, mais il est extrêmement solide. Elle est très bien pour les salles de conférence. Elle existe en trois coloris : rouge, blanc et noir.

Mod. 1, Ét. 3, 4

Claudine Musset :	Bon, vous avez vu le catalogue de FRAP ? Alors, quel modèle on choisit pour la salle de réunion ?
Gilles Dufresne :	Moi, pour la salle de réunion, j'aime bien la chaise Kado. C'est un modèle empilable très pratique. Vous n'êtes pas d'accord, Madame Vigneault ?
Hélène Vigneault :	La chaise Kado est pratique, mais elle est chère. Je trouve que la chaise Plias est plus adaptée. C'est un modèle assez solide. En plus, elle est pliante. C'est mieux quand il y a beaucoup de monde.
Claudine Musset :	Vous avez raison. Le modèle Plias est le plus solide. Et il est beaucoup moins cher. Est-ce

qu'on prend le même modèle pour l'accueil ?

Hélène Vigneault : Pour l'accueil ? Oh ! non. Prenons la chaise Kado. Elle est plus haut de gamme.

Gilles Dufresne : Et pourquoi pas la chaise Design pour l'accueil ? Elle est mieux, non ? C'est un modèle très original.

Claudine Musset : Je suis d'accord. La chaise Design est confortable et élégante. Elle va faire bonne impression auprès des visiteurs, c'est très important.

Hélène Vigneault : Oui, c'est vrai.

Claudine Musset : Alors, nous sommes d'accord ? Nous prenons la chaise Plias pour la salle de réunion et la chaise Design pour l'accueil.

Mod. 1, Ét. 4, 2

Voix 1 : Oui, nous sommes la Société BERNARD. Nous sommes des fabricants de vélos, des vélos haut de gamme. Nous vendons nos produits directement aux consommateurs ou par VPC.

Voix 2 : FABRE ET COMPAGNIE, c'est notre société, et nous sommes des grossistes en vélos et en matériel de sport. Nous vendons nos produits aux détaillants : magasins de sports et supermarchés, en France et à l'étranger.

Voix 3 : Alors, nous, nous sommes le magasin VÉLO 2000. Nous vendons des vélos, nous sommes des détaillants. Nous achetons nos vélos directement au fabricant.

Voix 4 : Nos supermarchés, les supermarchés SPORTPRIX, vendent du matériel de sport au détail : vélos, chaussures, etc.

Voix 5 : Notre entreprise s'appelle LASSALLE ET FILS. Nous fabriquons des vélos depuis cinquante ans : vélos pour hommes, pour femmes, pour enfants, nous proposons toutes sortes de modèles.

Voix 6 : Chez RODEL INDUSTRIE nous vendons des vêtements de sport en gros. Nos clients sont les détaillants : les magasins de sports et les supermarchés en France et à l'étranger.

Mod. 1, Ét. 4, 4

A

Employé : MEUBLES LEBLANC, Bonjour.

Odile Van Deck : Bonjour, monsieur. Je suis Odile Van Deck, de la société RACO. Nous sommes fabricant de meubles et nous cherchons un grossiste. Est-ce que vous vendez des meubles en gros ?

Employé : Oui, nous sommes grossistes.

Odile Van Deck : Est-ce que vous vendez des chaises pour les salles de réunion ou les accueils ?

Employé : Ah non, madame ! Nous vendons des meubles haut de gamme pour les particuliers.

Odile Van Deck : Bon, je vous remercie, Monsieur. Au revoir.

Employé : Au revoir, Madame.

B

Employée : FAURE ET COMPAGNIE, bonjour.

Odile Van Deck : Bonjour. Je travaille pour le fabricant de meubles RACO.

Employée : Ah oui ! Les meubles RACO.

Odile Van Deck : Quelle est l'activité de votre entreprise ? Vous vendez en gros, c'est ça ?

Employée : Oui, notre entreprise vend en gros. Nous sommes grossistes en mobilier de bureau.

Odile Van Deck : Bien. Nous cherchons un grossiste pour vendre nos chaises. Ce sont des modèles pour les salles de réunion et les accueils. Est-ce que vous désirez recevoir notre catalogue ?

Employée : Certainement. Pouvez-vous l'envoyer au service des achats, s'il vous plaît ?

Odile Van Deck : Très bien, je note votre adresse.

Employée : La voici...

Mod. 1, Ét. 5, 2

Directrice commerciale : Mesdames, Messieurs, voici les résultats de nos exportations.

Cette année, les exportations de TRANSFERT ont fait un boum. Nous commercialisons nos téléphones mobiles dans 15 pays du monde !

Notre marché le plus important est les États-Unis. Nous vendons 30, 9 pour cent de notre nouvelle ligne de produits en Amérique du Nord. Nos produits se vendent très bien au Canada également.

En Europe, les marchés clés sont l'Italie et le Royaume-Uni. Nous exportons beaucoup en Finlande et en Suède aussi. Les pays nordiques représentent 12, 5 pour cent de nos ventes européennes.

En Asie, nos produits sont surtout commercialisés au Japon. Nous continuons à chercher de nouveaux marchés sur ce continent.

Il y a de nouveaux marchés en Afrique du Nord. Nous commençons à exporter des quantités importantes en Tunisie.

MODULE 2

Mod. 2, Ét. 1, 2

Dialogue 1

Employée de bureau : BONSERGEANT ET COMPAGNIE, bonjour.

Monsieur Vitouret : Bonjour, Madame. Je voudrais parler à Madame Michaud, s'il vous plaît.

Employée : Oui, Monsieur. C'est de la part de qui ?

Monsieur Vitouret : De Monsieur Vitouret.

Employée : Vous pouvez épeler votre nom, s'il vous plaît ?

Monsieur Vitouret : V-I-T-O-U-R-E-T.

Employée : Merci, Monsieur. Je vous la passe. Ne quittez pas, Monsieur.

Dialogue 2

Employé de bureau :	Allô ! Société BAFER, j'écoute.
Madame Bruyère :	Bonjour, Monsieur. Je voudrais parler à Monsieur Weber, s'il vous plaît.
Employé :	Oui, Madame. C'est de la part de qui ?
Madame Bruyère :	De Madame Bruyère de la Société LEROY.
Employé :	Pouvez-vous répéter votre nom, s'il vous plaît ?
Madame Bruyère :	Madame Bruyère : B-R-U-I grec E accent grave R-E.
Employé :	Merci, Madame. Ne quittez pas. Je vous passe Monsieur Weber.

Dialogue 3

Anne Flandrin :	RALLY, Anne Flandrin, bonjour.
Monsieur Batyvol :	Bonjour, Madame. Je voudrais parler à la directrice technique, Mlle Benabid, s'il vous plaît.
Anne Flandrin :	Oui, monsieur. C'est de la part de qui ?
Monsieur Batyvol :	De la part de Monsieur Batyvol.
Anne Flandrin :	Vous pouvez épeler votre nom, s'il vous plaît ?
Monsieur Batyvol :	B-A-T-Y-V-0-L.
Anne Flandrin:	Ne quittez pas, Monsieur. Je vous la passe.

Dialogue 4

Sandrine Martin:	Société BAFER. Sandrine Martin, je vous écoute.
Madame Quénard :	Bonjour, Madame. Je voudrais parler à Monsieur Patrick Joli.
Sandrine Martin :	Oui, Madame. C'est de la part de qui ?
Madame Quénard :	De Madame Quénard.
Sandrine Martin :	Pouvez-vous répéter votre nom, Madame ?
Madame Quénard :	C'est Madame Quénard.
Sandrine Martin :	Pouvez-vous épeler votre nom?
Madame Quénard :	Q-U-E accent aigu -N-A-R-D.
Sandrine Martin :	Je vous passe Monsieur Joli.

Dialogue 5

Employée de bureau :	Société ALCOR, bonjour.
Monsieur Maille :	Je voudrais parler au responsable du service technique. Comment s'appelle-t-il ?
Employée :	C'est Monsieur Thardes.
Monsieur Maille :	Pouvez-vous répéter son nom ?
Employée :	Monsieur Thardes. T-H-A-R-D-E-S. C'est de la part de qui ?
Monsieur Maille :	Jean Maille, M-A-I-deux LL-E de chez ONP.
Employée :	Pouvez-vous répéter le nom de votre société ?
Monsieur Maille :	Oui, bien sûr. C'est la Société ONP.
Employée :	Merci, Monsieur. Je vous le passe.

Mod. 2, Ét. 1, 3

A

Voix 1 :	A-B-C-D-E-F-G-H-I-J-K-L-M-N-O-P-Q-R-S-T-U-V-W-X-Y-Z

C

Voix 2 :	A comme Anatole
	E comme Eugène
	I commre Irma
	O comme Oscar
	U comme Ursule

Mod. 2, Ét. 1, 5

Dialogue 1

Monsieur A :	Je voudrais parler au responsable technique. Comment s'appelle-t-il ?
Madame B :	C'est Monsieur Renoud.
Monsieur A :	D'accord, Monsieur Renoud.

Dialogue 2

Madame C :	Je voudrais parler au comptable, s'il vous plaît. Comment s'appelle-t-il ?
Monsieur D :	C'est Madame Toubon.
Madame C :	Pouvez-vous répéter ?
Monsieur D :	Oui, Madame Toubon.

Dialogue 3

Monsieur E :	Je voudrais parler au chef de production. Comment s'appelle-t-il ?
Madame F :	Il s'appelle Monsieur Lefèvre.
Monsieur E :	Pouvez-vous répéter ?
Madame F :	Oui, c'est Monsieur Lefèvre.

Dialogue 4

Monsieur G :	Je voudrais parler au responsable des ventes. Comment s'appelle-t-il ?
Madame H :	C'est une dame. C'est Madame Crampon.
Monsieur G :	Pouvez-vous répéter ?
Madame H :	Oui, c'est Madame Crampon.

Mod. 2, Ét. 1, 7

Dialogue 1

Madame A :	Vous avez une adresse électronique, s'il vous plaît ?
Monsieur B :	Oui. C'est : Weber point c arrobas service point fr.
Madame A :	Je répète : Weber point c arrobas service point fr.
Monsieur B :	C'est ça.

Dialogue 2

Monsieur C :	Il y a une adresse e-mail ?
Madame D :	Oui, c'est : Martin... euh ! ..., non c'est mon collègue à qui il faut envoyer votre e-mail. Alors, c'est Moreau - M-O-R-E-A-U point F arrobas Europa point com.
Monsieur C :	Alors, c'est bien Moreau - M-O-R-E-A-U point F arrobas Europa point com.
Madame D :	C'est bien ça.

Mod. 2, Ét. 2, 2

Dialogue 1

Madame A :	Je voudrais parler à la personne qui s'occupe des achats. Comment s'appelle-t-elle ?
Monsieur B :	C'est Monsieur Thierry Blachon.
Madame A :	Vous pouvez épeler son nom, s'il vous plaît ?
Monsieur B :	B-L-A-C-H-O-N.
Madame A :	Quel est son numéro de poste ?
Monsieur B :	C'est le 22 34, Madame.
Madame A :	Merci, Monsieur.

Dialogue 2

Monsieur C :	Je voudrais parler à votre responsable technique ? Comment s'appelle-t-elle ?
Madame D :	C'est Madame Odette Rivoire.
Monsieur C :	Comment ça s'écrit ?
Madame D :	R-I-V-O-I-R-E.
Monsieur C :	Et quel est son numéro de poste ?
Madame D :	C'est le 113.
Monsieur C :	C'est bien le 113 ?
Madame D :	Oui, c'est ça.
Monsieur C :	Merci.

Dialogue 3

Madame E :	Bonjour, Madame. C'est bien le 01 55 42 22 18 ?
Madame F :	Oui, Madame.
Madame E :	Comment s'appelle votre responsable de production ?
Madame F :	C'est Monsieur Chaabi.
Madame E :	Vous pouvez épeler son nom, s'il vous plaît ?
Madame F :	C-H-A-A-B-I.
Madame E :	Et quel est le numéro de sa ligne directe ?
Madame F :	C'est le 01 55 42 22 19.
Madame E :	Merci, Madame.

Dialogue 4

Madame G :	Bonjour, Monsieur. Comment s'appelle la personne qui s'occupe des ventes pour la région Rhône-Alpes ?
Monsieur H :	C'est Mademoiselle Jossaud.
Madame G :	Vous pouvez épeler son nom, s'il vous plaît ?
Monsieur H :	J-O-deux S-A-U-D.

Madame G :	Je voudrais lui envoyer un courrier. Quelles sont ses coordonnées ?
Monsieur H :	Son adresse, c'est 100, boulevard Magenta à Paris.
Madame G :	100, boulevard Magenta, c'est ça ?
Monsieur H :	Oui, Madame. Vous voulez sa ligne directe ?
Madame G :	Oui, s'il vous plaît.
Monsieur H :	Alors, vous composez le 02 27 63 42 61.
Madame G :	Et son numéro de portable ?
Monsieur H :	C'est le 06 27 63 42 62.
Madame G :	Merci, Monsieur.

Mod. 2, Ét. 2, 4

Monsieur A :	Tu peux me donner le nom et l'adresse du nouvel abonné ?
Madame B :	Oui, bien sûr, c'est Monsieur Moustier. Il est célibataire. Sa date de naissance est le 23 juin 1965. Il est directeur commercial et son adresse, c'est le 27, avenue des Champs-Élysées code postal : 75008 Paris. Son numéro de téléphone professionnel est le 01 46 40 77 58.

Mod. 2, Ét. 3, 2

Dialogue 1

Madame A :	Société BAFER, bonjour.
Monsieur B :	Bonjour, Madame. Je voudrais parler à Monsieur Leclerc, s'il vous plaît.
Madame A :	Je suis désolée, Monsieur. Il est en réunion. Voulez-vous laisser un message ?
Monsieur B :	Je rappellerai plus tard. Merci, Madame.
Madame A :	Merci, Monsieur. Au revoir.

Dialogue 2

Monsieur C :	Société FABRI, bonjour.
Madame D :	Bonjour, Monsieur. Je voudrais parler à Madame Berthon, s'il vous plaît.
Monsieur C :	Madame Berthon est absente aujourd'hui.
Madame D :	Bon, alors, je rappellerai demain. Au revoir, Monsieur.
Monsieur C :	Au revoir, Madame.

Dialogue 3

Madame E :	Allô ! Société RALLY, j'écoute.
Madame F :	Je voudrais parler au responsable technique.
Madame E :	Monsieur Renault est en congé.
Madame F :	Ah, bon ! Quand rentre-t-il de son congé ?
Madame E :	Il sera au bureau mercredi.
Madame F :	Alors, je rappellerai mercredi. Au revoir, Madame.
Madame E :	Au revoir, Madame.

Mod. 2, Ét. 4, 2

Employée :	Service des achats. Bonjour.
Madame Botin :	Bonjour, Madame. Je voudrais parler à Monsieur Simon, s'il vous plaît.
Employée :	Oui, Madame. Je vous le passe.
Monsieur Simon :	Monsieur Simon, j'écoute.
Madame Botin :	Bonjour, Monsieur. Ici, Madame Botin de la société FLORAL. Je serai à Paris la semaine prochaine et je voudrais vous rencontrer. Êtes-vous disponible le 2 ou le 3 avril ?
Monsieur Simon :	Le 2, je suis en réunion toute la journée. Le 3, je suis disponible le matin.
Madame Botin :	Alors, … dix heures, ça va ?
Monsieur Simon :	C'est parfait.
Madame Botin :	Bon, c'est d'accord pour le 3 avril à 10 heures. Je confirmerai notre rendez-vous par fax. Je vous remercie, Monsieur.
Monsieur Simon :	Je vous en prie, Madame. À très bientôt.
Madame Botin :	Au 3, alors, au revoir, Monsieur.

Mod. 2, Ét. 4, 5

Commercial :	Service commercial. J'écoute.
Monsieur Dufour :	Bonjour, Monsieur. Je voudrais rencontrer Madame Tardieu.
Commercial :	Et vous êtes Monsieur... ?
Monsieur Dufour :	Dufour. De la Société PLANTEX.
Commercial :	C'est pourquoi exactement ?
Monsieur Dufour :	Pour lui présenter un produit. Elle est disponible mercredi ou jeudi matin ?
Commercial :	Le mercredi. Madame Tardieu est disponible le mercredi 2 ou 9 novembre. Quelle date préférez-vous ?
Monsieur Dufour :	Le mercredi 2 novembre. Vers dix heures, c'est possible ?
Commercial :	Oui, c'est d'accord. Pouvez-vous nous envoyer un fax pour confirmer cette date ?
Monsieur Dufour :	Quel est votre numéro de fax ?
Commercial :	C'est le 05 45 67 89 00.
Monsieur Dufour :	Merci, Monsieur. Au revoir, Monsieur.

Mod. 2, Ét. 5, 2

Message :	Société PERY ET FILS, bonjour. Nos bureaux sont ouverts du lundi au vendredi de 9 h 00 à 17 h 30. Veuillez laisser votre message après le bip sonore. Merci.
Madame Fabre :	Allô ! Ici Madame Fabre de la Société EST. Nous sommes le 20 janvier. Voici un message pour votre responsable des ventes. Je voudrais des renseignements sur votre gamme de logiciels. Pouvez-vous me rappeler au (00 33) 1 44 25 12 78. Je répète : (00 33) 1 44 25 12 78. Merci.

Mod. 2, Ét. 5, 3

Message 1

Monsieur Plantu :	Allô ! Ici Monsieur Plantu de la Société ALCOR. Nous sommes le 15 mars. Je voudrais vous envoyer un fax. Pouvez-vous me rappeler pour me donner votre numéro de fax. Mon numéro de téléphone est le (00 33) 2 67 89 00 13. Merci.

Message 2

Madame Fabre :	Allô ! Ici la Société EST. Madame Fabre à l'appareil. Je voudrais savoir si vous avez bien reçu notre catalogue. Pouvez-vous me rappeler au 04 72 78 90 53 ? Je répète : 04 72 78 90 53. Merci. Au revoir.

Message 3

Monsieur Leclerc :	Bonjour, c'est Monsieur Leclerc de la Société RALLY. Je voudrais changer la date de notre réunion. Est-ce que le 22 avril est possible pour vous ? Pouvez-vous me rappeler ? C'est assez urgent. Mon numéro est le 01 45 90 86 00. Merci.

Mod. 2, Ét. 5, 6

Message :	Bonjour ! Vous êtes bien sur le serveur vocal de la Société RALLY.
	Pour obtenir le standard, veuillez taper sur la touche étoile de votre téléphone. Pour obtenir le service des ventes, tapez 1. Pour obtenir le service des achats, tapez 2. Pour obtenir le service de presse, tapez 3. Si vous désirez laisser un message sur notre répondeur, tapez 4 et laissez votre message après le bip sonore. Pour plus de renseignements, veuillez patienter... Merci.

MODULE 3

Mod. 3, Ét. 1, 2

Assistante :	Bonjour, Monsieur. Vous êtes Monsieur... ?
Monsieur Roullet :	Bonjour, Madame. Je suis Monsieur Roullet. J'ai rendez-vous avec Madame Fuzier.
Assistante :	À quelle heure avez-vous rendez-vous ?
Monsieur Roullet :	À dix heures trente.
Assistante :	Un instant s'il vous plaît, je vais prévenir Madame Fuzier.
Monsieur Roullet :	Je vous en prie.
Assistante :	Ah ! Je suis désolée, elle est en communication. Si vous voulez bien patienter quelques instants. Désirez-vous un café ?
Monsieur Roullet :	Oui, je veux bien, merci.
Assistante :	Vous avez fait bon voyage ?
Monsieur Roullet :	Très bon, merci.
Assistante :	Vous êtes parti de bonne heure ?

Monsieur Roullet :	Oui, je suis parti assez tôt, à six heures du matin.
Assistante :	Votre train était à l'heure ?
Monsieur Roullet :	Non, il est arrivé avec une demi-heure de retard à Genève.
Assistante :	Oh, ce n'est pas de chance !
Monsieur Roullet :	C'est vrai, mais j'ai trouvé un taxi tout de suite et je suis arrivé à l'heure pour mon rendez-vous.

Mod. 3, Ét. 2, 2

Secrétaire :	Mesdames et Messieurs, bonjour. Je suis heureuse de vous accueillir dans notre entreprise. Voici l'ordre du jour de notre réunion. Ce matin, Monsieur Fournier, notre directeur général, va vous présenter notre entreprise.
Participant :	Nous aurons de la documentation sur votre entreprise ?
Secrétaire :	Oui, nous vous donnerons des plaquettes de l'entreprise. À 11 heures, Madame Fabre, responsable de la production, va vous parler des étapes de fabrication de nos produits. À midi, nous allons déjeuner au restaurant.
Participant :	Quel est le programme pour cet après-midi ?
Secrétaire :	À 14 heures, vous allez visiter l'atelier de fabrication avec Monsieur Chambonneau, le directeur technique. En fin d'après-midi, nous allons retrouver Monsieur Berthier, qui va vous parler de la commercialisation de nos produits. Vers 18 heures, je vous conduirai à votre hôtel.

Mod. 3, Ét. 3, 2

Directeur technique :	Nous allons maintenant visiter l'usine. Vous êtes prêts ? Alors, on y va ! Tout d'abord, on entre dans l'atelier de fabrication des sacs. Ici, on fabrique les sacs de sport et les sacs à dos. À droite, vous voyez l'atelier de coupe. Ici, on coupe la toile pour les sacs et les tentes. Voilà l'atelier de couture. Ici, on coud les tentes de camping. Et voici l'atelier de peinture. Là, on peint les tubes pour les meubles de camping : les chaises, les tables, etc. Et maintenant, nous arrivons à l'atelier de montage. Ici, on monte les meubles. On va sortir de l'atelier. Passons maintenant dans l'entrepôt. Ici, on stocke les produits.

Mod. 3, Ét. 3, 4

Directeur commercial :	Je vais maintenant vous présenter les résultats du Groupe LAFUMA. Le Groupe LAFUMA réalise 66 % de son chiffre d'affaires en France et 33 % à l'étranger. En France, nous sommes présents sur tous les circuits de distribution : nous vendons certains produits dans les grandes et les petites surfaces, certains dans les magasins de sport et quelques-uns en VPC. Nos tentes de camping sont fabriquées en France, mais

quelques-unes sont fabriquées à l'étranger, en Tunisie exactement. Nous exportons nos produits dans plusieurs pays du monde. Nos marchés clés sont l'Europe et l'Amérique du Nord. En Asie, nous sommes très bien placés dans certains pays comme le Japon.

Mod. 3, Ét. 4, 2

Cliente :	J'ai un peu de temps libre demain. Que me conseillez-vous ?
Commercial :	Si vous avez du temps libre, vous pouvez aller au musée du Louvre au cœur de Paris... Si vous ne connaissez pas Paris, il faut absolument voir les grands monuments : la cathédrale Notre-Dame dans l'Île de la Cité, l'Arc de Triomphe sur la place de l'Étoile, la Tour Eiffel à l'ouest et le Sacré-Cœur au nord.
Cliente :	Et pour acheter des cadeaux ?
Commercial :	Si vous voulez acheter des cadeaux, il vaut mieux aller au Forum des Halles. C'est un centre commercial, pas très loin de l'Hôtel de Ville. Il y a beaucoup de choix.
Cliente :	Pour déjeuner, vous connaissez un bon restaurant ?
Commercial :	Si vous voulez bien manger, il faut aller chez Benoît dans le Marais.
Cliente :	C'est quel genre d'endroit ?
Commercial :	C'est un endroit charmant. Vous ne serez pas déçue.
Cliente :	Et pour sortir ce soir ?
Commercial :	Si vous voulez sortir, je vous conseille d'aller dans le Quartier Latin près du Jardin du Luxembourg et de la Sorbonne. Il y a des cafés, des cinémas, des restaurants. C'est un quartier très vivant.

MODULE 4
Mod. 4, Ét. 1, 2

Collègue A :	Dis donc, Richard, tu peux me rendre un petit service ? Je suis pressé.
Collègue B :	Ça dépend. De quoi s'agit-il ?
Collègue A :	J'ai eu un coup de fil de Madame Valentin de chez FRAMON. Il faut lui envoyer un catalogue, car elle a besoin de renseignements sur nos nouveautés.
Collègue B :	Et alors ?
Collègue A :	Écoute. Il faut absolument lui envoyer un courrier cet après-midi et je suis en réunion toute la journée.
Collègue B :	Bon. D'accord. Qu'est-ce que je dois mettre dans la lettre ?
Collègue A :	Eh bien, Madame... Suite à notre conversation téléphonique, ... veuillez trouver ci-joint notre catalogue.
Collègue B :	Oui. Ensuite ?
Collègue A :	Profitons-en pour lui redonner nos tarifs en ajoutant quelque chose comme...euh... Vous

trouverez aussi nos tarifs. Pour tout renseignement complémentaire, n'hésitez pas à nous contacter. Vous en souhaitant bonne réception, ...

Collègue B :	Et je termine la lettre avec la formule classique…
Collègue A :	C'est ça : veuillez agréer, Madame, l'expression de nos salutations distinguées.

Mod. 4, Ét. 2, 2

Madame Badin :	Service des ventes, à votre service.
Monsieur Marchand :	Bonjour, Madame. J'ai reçu votre catalogue. Merci. Je voudrais commander des CD enregistrables.
Madame Badin :	Des CD enregistrables, oui, et vous êtes Monsieur... ?
Monsieur Marchand :	Monsieur Marchand de la Société FRAMATEL. Vous les vendez par boîtes de 5. À l'unité, c'est combien ?
Madame Badin :	C'est 20 francs ou 3, 04 euros, l'unité.
Monsieur Marchand :	C'est un prix hors taxes ?
Madame Badin :	Oui, Monsieur.
Monsieur Marchand :	Quelle remise faites-vous sur une commande de trente-cinq ?
Madame Badin :	Je suis désolée, Monsieur Marchand, nous ne faisons pas de remise sur une commande de trente-cinq. Mais, si vous en commandez quarante, c'est 18, 50 francs ou 2, 82 euros, pièce.
Monsieur Marchand :	La remise est de combien ?
Madame Badin :	Sept virgule cinq pour cent.
Monsieur Marchand :	Et la livraison, c'est combien ?
Madame Badin :	La livraison est gratuite sur les commandes de plus de 65 euros.
Monsieur Marchand :	Donc, pour une commande de quarante, c'est 112, 8 euros, avec la livraison gratuite. C'est votre meilleur prix ?
Madame Badin :	Nous proposons une remise supplémentaire de 2 % si vous réglez à la commande.
Monsieur Marchand :	Bon… donc... ça fait... 110, 54 euros. Merci beaucoup, Madame, je vais réfléchir.

Mod. 4, Ét. 3, 2

Monsieur A :	Service des ventes, bonjour.
Madame B :	Bonjour, Monsieur. C'est pour passer une commande.
Monsieur A :	Mais certainement, vous représentez quel magasin, s'il vous plaît ?
Madame B :	MODE X. Je voudrais savoir si ces articles sont en stock. Et s'ils ne sont pas disponibles, donnez-moi vos meilleurs délais de livraison.
Monsieur A :	Oui, Madame. De quoi avez-vous besoin ?
Madame B :	D'abord, de chemises sous la référence : N 440.
Monsieur A :	Oui, Madame. Combien de chemises désirez-vous ?
Madame B :	Vingt.
Monsieur A :	Très bien. Je vais vérifier les stocks

	disponibles. Oui ! Nous les avons en stock. Ensuite ?
Madame B :	Des pantalons référence : P 230.
Monsieur A :	Combien de pantalons ?
Madame B :	Vingt-cinq.
Monsieur A :	Je suis désolé. Nous sommes en rupture de stock, mais ils seront disponibles la semaine prochaine.
Madame B :	Bon très bien, si vous me les livrez dans une semaine, ça va. Il me faut aussi des vestes référence : K 360.
Monsieur A :	Oui. Combien ?
Madame B :	Trente.
Monsieur A :	Oui. Elles sont disponibles tout de suite. Ensuite ?
Madame B :	Des chaussures référence : D 525.
Monsieur A :	Combien ?
Madame B :	Quinze.
Monsieur A :	Oui, nous les avons en stock.
Madame B :	Et puis, la jupe référence : J 150.
Monsieur A :	Combien ?
Madame B :	Quinze.
Monsieur A :	Alors, nous avons dix J 150 en stock. Nous attendons une livraison dans quinze jours. Nous pouvons vous expédier les dix qui sont disponibles tout de suite. Le reste de la commande sera expédié dans quinze jours.
Madame B :	Bon, quels sont les délais de livraison pour les articles en stock ?
Monsieur A :	Nous livrons sous quarante-huit heures.
Madame B :	Ce sont vos meilleurs délais ? Vous ne pouvez pas livrer sous 24 heures ?
Monsieur A :	Non, Madame, c'est impossible.
Madame B :	Bon, eh bien, enregistrez ma commande, s'il vous plaît.

Mod. 4, Ét. 4, 2

Madame Fourier :	Pour vous initier à prendre des commandes par téléphone, nous allons faire un jeu de rôle.
Marc :	D'accord.
Madame Fourier :	Je vais jouer le rôle de la cliente et vous allez prendre la commande. Nous allons enregistrer notre conversation.
Marc :	Société MAEF, bonjour.
Madame Fourier :	Bonjour, Monsieur. Je voudrais passer une commande.
Marc :	Bien sûr, Madame. Qu'est-ce que vous voulez commander ?
Madame Fourier :	Je voudrais des pots de peinture, coloris bleu clair.
Marc :	Oui, Madame. Combien en voulez-vous ?
Madame Fourier :	J'en voudrais trente avec la remise consentie de 5 % pour les commandes de plus de vingt.
Marc :	Vous avez la référence du produit ?
Madame Fourier :	Euh... oui, Monsieur. C'est D 120.
Marc :	Et la référence du coloris ?
Madame Fourier :	C'est le numéro 23, le bleu clair.
Marc :	Pas de problème, nous en avons en stock.

Cela fait donc 30 pots D 120 coloris 23.

Madame Fourier :	C'est bien ça.
Marc :	Quel est le nom de votre société ?
Madame Fourier :	BRICOPLUS.
Marc :	Votre numéro de téléphone ?
Madame Fourier :	C'est le... 04 76 89 76 55.
Marc :	À quelle adresse doit-on vous livrer ?
Madame Fourier :	Euh ! ..., BRICOPLUS, avenue du Maréchal Leclerc, 38001 Grenoble.
Marc :	Nous vous livrerons mardi. Le montant total est de 2 400 francs ou 366, 41 euros, remise comprise. Je vais vous donner un numéro de commande.
Madame Fourier :	Très bien, je note.
Marc :	MP 110, M comme Marcel, P comme Patrick. Merci, Madame.
Madame Fourier :	Ce n'est pas mal du tout. Mais, vous avez oublié de me demander mon numéro de client. Et puis... n'oubliez pas de dire « au revoir » à la fin. On va écouter …

Mod. 4, Ét. 4, 4

Appel 1

Garagiste :	Bonjour, Monsieur, garage SICAUD à l'appareil, nous avons un client intéressé par votre dernier monospace Xsara Picasso.
Concessionnaire :	Bonjour, Monsieur, quel modèle désire-t-il ?
Garagiste :	Il voudrait le modèle avec toit ouvrant électrique en gris quartz métallisé.
Concessionnaire :	Le modèle avec toit ouvrant n'existe pas dans cette couleur. Il n'existe qu'en bleu, rouge ou vert métallisé. Mais, nous pouvons vous proposer la Série Pack avec air conditionné, système audio CD et peinture métallisée à un prix très intéressant.
Garagiste :	Vous en avez de disponible ?
Concessionnaire :	Ah non ! Il faut compter un 1 mois de délai.
Garagiste :	Bon, j'en parle avec mon client et je vous rappelle pour prendre la commande.

Appel 2

Garagiste :	Bonjour, Monsieur. C'est encore le garage SICAUD à l'appareil. Écoutez, je viens de parler avec mon client et il est d'accord pour prendre une Série Pack en gris métallisé.
Concessionnaire :	Parfait, je note donc un monospace Xsara Picasso Série Pack gris quartz métallisé à 87 900 F TTC. Quelle est votre adresse exactement ?
Garagiste :	Place de la Mairie à St Martin de Crau.
Concessionnaire :	Très bien, nous sommes le 16 mars, vous l'aurez dans un mois.

MODULE 5

Mod. 5, Ét. 1, 2

Fournisseur :	Bonjour, Monsieur, Société XGM. Vous venez de passer une commande de CD.
Monsieur Xavier :	Oui, c'est exact.
Fournisseur :	J'ai besoin de précisions pour le conditionnement de votre commande. Quel type d'emballage vous faut-il ?
Monsieur Xavier :	Il nous faut un emballage solide et écologique.
Fournisseur :	Très bien. Désirez-vous des cartons recyclables ?
Monsieur Xavier :	Oui, il nous faut des cartons recyclables.
Fournisseur :	Vous venez aussi de commander des cassettes, désirez-vous grouper la commande ?
Monsieur Xavier :	Oui, groupez la commande, s'il vous plaît.
Fournisseur :	Souhaitez-vous un film rétractable en plus pour protéger chaque article ?
Monsieur Xavier :	Ce n'est pas nécessaire, mais il faut caler les marchandises à l'intérieur.
Fournisseur :	Bien sûr. Pour le calage, vous préférez du polystyrène ou un film à bulles antichoc ?
Monsieur Xavier :	Un film à bulles antichoc fera l'affaire.
Fournisseur :	Vous les voulez en cartons de vingt ou de quarante ?
Monsieur Xavier :	En cartons de quarante, s'il vous plaît.
Fournisseur :	Donc, il vous faut des cartons recyclables de quarante, sans film rétractable mais avec du film à bulles antichoc pour le calage. Merci, Monsieur, nous nous occupons de votre commande.
Monsieur Xavier :	C'est moi qui vous remercie, au revoir, Monsieur.

Mod. 5, Ét. 2, 2

Agrospack :	Allô, AGROSPACK, j'écoute.
Monsieur Pontier :	Bonjour. Monsieur Pontier des transports ROUGIER. Nous avons une livraison pour vous. À quelle date et à quelle heure peut-on vous livrer ?
Agrospack :	Vous pouvez me rappeler le numéro de référence de la commande ?
Monsieur Pontier :	Oui, bien sûr, RG0067.
Agrospack :	RG0067. C'est bien ça. Et vous pouvez nous livrer combien de cartons ?
Monsieur Pontier :	Cinq.
Agrospack :	Cinq cartons, oui. Vous pouvez nous livrer jeudi ?
Monsieur Pontier :	Jeudi, oui, c'est possible. À quelle heure ?
Agrospack :	La circulation est difficile le soir, c'est mieux si le camion arrive dans la matinée. Nous ouvrons à 8 h.
Monsieur Pontier :	Nous arriverons à 10 h. Ça vous convient ?
Agrospack :	C'est parfait. Je note, jeudi à 10 h. Merci monsieur.
Monsieur Pontier :	Attendez ! Pouvez-vous m'indiquer où se trouve votre entrepôt ?

Agrospack :	Eh bien ! Vous prenez l'autoroute A31 en direction de Metz.
Monsieur Pontier :	Oui, quelle sortie devons nous prendre ?
Agrospack :	Quittez l'autoroute à la sortie 30A. Au rond-point, il faut prendre la direction ZAC d'Augny.
Monsieur Pontier :	Direction ZAC d'Augny, oui.
Agrospack :	Vous continuez sur la nationale pendant cinq kilomètres et ensuite vous prenez la première route à gauche au deuxième rond-point. Vous verrez, l'entrepôt AGROSPACK est à la sortie de la zone industrielle.
Monsieur Pontier :	Très bien. Je vous remercie, à jeudi !

Mod. 5, Ét. 3, 2

Madame X :	J'enregistre votre commande, Monsieur Lambert. Mais nous devons discuter de la livraison. Est-ce que c'est urgent ?
Monsieur Lambert :	Oui, assez. J'ai besoin de ces pièces de rechange au plus vite. Quels sont vos délais de livraison ?
Madame X :	Si je les envoie par courrier normal, vous les aurez sous quarante-huit heures. Je peux vous les envoyer en express, si vous préférez.
Monsieur Lambert :	En express, combien de temps faut-il ?
Madame X :	Si je les expédie aujourd'hui par Chronopost, vous les aurez demain avant midi.
Monsieur Lambert :	Si je comprends bien, si vous envoyez mes marchandises par Chronopost, je les aurai demain matin. Mais si vous les envoyez par courrier normal elles arriveront dans deux jours...
Madame X :	Exactement.
Monsieur Lambert :	Deux jours, c'est trop long ! Envoyez-les-moi par Chronopost, s'il vous plaît.
Madame X :	C'est entendu. Je m'en occupe.

Mod. 5, Ét. 4, 2

Employée :	Service des ventes, bonjour.
Monsieur Thomas :	Je vous appelle au sujet de notre commande.
Employée :	Oui, monsieur. Quel est votre numéro de client ?
Monsieur Thomas :	C'est TX-1011.
Employée :	C'est bien la Société TEXTIGRO ?
Monsieur Thomas :	Oui, Madame.
Employée :	Et vous êtes Monsieur... ?
Monsieur Thomas :	Monsieur Thomas.
Employée :	Veuillez patienter un instant, Monsieur Thomas, je consulte votre dossier sur informatique. Voilà... Société TEXTIGRO, effectivement, vous avez commandé deux cents foulards en soie.
Monsieur Thomas :	Oui. Nous avons bien reçu les foulards bleus et les foulards roses, mais les noirs et les blancs ne sont pas arrivés. En fait, nous n'avons reçu que la moitié de la commande.
Employée :	C'est normal, Monsieur.
Monsieur Thomas :	Normal ? Mais, je vous explique que nous n'avons qu'une partie de la commande.

Employée :	Je comprends. Les foulards noirs viennent juste de nous être livrés. Nous vous les expédierons aujourd'hui et vous les recevrez mercredi. Pour les blancs, les stocks sont épuisés. Nous attendons une livraison ces jours-ci. Vous les aurez probablement lundi prochain.
Monsieur Thomas :	Lundi prochain pour les blancs... Bon, c'est entendu, je vous remercie.
Employée :	À votre service. Au revoir, Monsieur.

Mod. 5, Ét. 4, 4

Monsieur X :	Service des ventes, bonjour.
Madame Guèze :	Je vous appelle au sujet de notre commande de stylos. Vous m'aviez promis une livraison lundi dernier. Je n'ai rien reçu. Notre commande de classeurs est arrivée ce matin, mais nous n'avons reçu que la moitié de la marchandise. Qu'est-ce qui se passe ? Nos clients attendent !
Monsieur X :	Je vais voir ce que je peux faire. Vous êtes Madame...
Madame Guèze :	Madame Guèze.
Monsieur X :	Et votre numéro de client, Madame Guèze ?
Madame Guèze :	C'est FR220.
Monsieur X :	Alors... Société GRAPHITEC... C'est bien le nom de votre société ?
Madame Guèze :	Oui, Monsieur.
Monsieur X :	Veuillez patienter, Madame Guèze. Je recherche votre dossier. Bon. Vous avez commandé deux cartons de stylos noirs et deux cartons de stylos bleus, n'est-ce pas ?
Madame Guèze :	Oui, et nous n'avons rien reçu ! Je vous répète que cela fait une semaine que nous attendons cette marchandise. Nos stocks sont épuisés.
Monsieur X :	Je comprends, Madame. Nous venons de recevoir une livraison de stylos. Ils vous seront expédiés dès aujourd'hui...
Madame Guèze :	Et cela va prendre combien de temps ?
Monsieur X :	Oh ! Si nous vous les expédions aujourd'hui, ils vous parviendront au plus tard mercredi.
Madame Guèze :	Et les classeurs ? Qu'est-ce qu'ils sont devenus ? J'en ai commandé six cartons. Vous ne m'en avez livré que trois.
Monsieur X :	Malheureusement, nos stocks sont épuisés.
Madame Guèze :	C'est le comble ! Et quand comptez-vous renouveler vos stocks ?
Monsieur X :	Écoutez, Madame, je suis vraiment désolé. Je vais téléphoner à l'entrepôt. Je vais vérifier s'ils en ont en stock et je vous rappelle dès que j'ai une réponse.
Madame Guèze :	Je compte sur vous.
Monsieur :	Vous pouvez compter sur moi, Madame.

MODULE 6

Mod. 6, Ét. 1, 2

Jeune homme :	Madame Rouloix, j'ai préparé la facture pour la Librairie BEAUGRENELLE.
Madame Rouloix :	Ah! Très bien. Ils avaient commandé des présentoirs fixes, n'est-ce pas ?
Jeune homme :	C'est ça.
Madame Rouloix :	Vous avez bien indiqué présentoirs fixes dans la colonne Désignation. Le prix unitaire, c'est 25 euros. Alors, le prix total pour 80, ça fait … 2 000 euros pour le montant hors taxes. Là, vous vous êtes trompé, vous avez mis 200. Mettez 2 000 pour le montant hors taxes.
Jeune homme :	Vous avez raison. Je me suis trompé.
Madame Rouloix :	Maintenant il faut ajouter 19, 6 % de TVA, ce qui fait 192. Donc, le montant hors taxes plus la TVA, ça nous donne un total de 2 192 euros TTC.
Jeune homme :	TTC ?
Madame Rouloix :	Toutes taxes comprises. C'est-à-dire le montant hors taxes plus la TVA.

Mod. 6, Ét. 1, 4

Dialogue 1

Monsieur Vatel :	Bonjour, … Monsieur Janin …? Oui, c'est Monsieur Vatel d'ÉDIMETRA. Je me permets de vous appeler car il y a une erreur dans votre facture.
Monsieur Janin :	C'est possible. Quel est le numéro de la facture ?
Monsieur Vatel :	C'est le 00124.
Monsieur Janin :	Quel est le problème exactement ?
Monsieur Vatel :	Je crois que vous vous êtes trompés de montant hors taxes.
Monsieur Janin :	Ah oui ! Vous avez raison, nous nous sommes trompés de montant. C'est une erreur de calcul. Je suis désolé. Je m'en occupe tout de suite.

Dialogue 2

Madame Legrand:	Bonjour Monsieur. Je voudrais parler au responsable du service comptabilité, s'il vous plaît.
Monsieur Janin :	C'est moi-même. Qu'est-ce que je peux faire pour vous ?
Madame Legrand :	J'ai reçu votre facture numéro 02001, mais il doit y avoir une erreur. Les produits facturés ne correspondent pas à la livraison.
Monsieur Janin :	Ne quittez pas, Madame. Je vais demander à la personne qui a établi la facture … Allô ! Oui, effectivement, on s'est trompé de désignation de produit. Je suis désolé, Madame. Je vais m'en occuper tout de suite…

Dialogue 3

Monsieur Favreau :	Bonjour Madame, je voudrais parler à quelqu'un du service comptabilité.
Standardiste :	Ne quittez pas… Je vous passe Monsieur Janin.
Monsieur Janin :	Bonjour, Monsieur. Qu'est-ce que je peux faire pour vous ?
Monsieur Favreau :	Je vous appelle car j'ai relevé une erreur dans votre facture. Le total n'est pas bon.
Monsieur Janin :	Quel est le nom de votre société ?
Monsieur Favreau :	GOUPIL.
Monsieur Janin :	Et le numéro de la facture ?
Monsieur Favreau :	00512
Monsieur Janin :	Un instant, s'il vous plaît. Je cherche votre dossier sur informatique … Oui. En effet, nous nous sommes trompés. C'est la quantité de marchandise qui est fausse. Je suis vraiment désolé, Monsieur. Nous allons rectifier cette erreur et nous vous renvoyons une facture. Je m'en occupe tout de suite.

Dialogue 4

Madame Allard :	Bonjour, Madame, je voudrais parler à une personne du service comptabilité.
Standardiste :	Ne quittez pas. … Je vous passe Monsieur Janin.
Monsieur Janin :	Bonjour, Madame. Est-ce que je peux vous aider ?
Madame Allard :	C'est Madame Allard de chez SODIX. Je vous appelle concernant la facture n° 00116. Vous avez oublié la remise habituelle.
Monsieur Janin :	Vous avez raison, Madame, il manque la remise. Nous vous préparons une autre facture le plus rapidement possible.

Mod. 6, Ét. 2, 2

Dialogue 1

Détaillant :	Vous êtes un professionnel ou un particulier ?
Particulier :	Un particulier. Est-ce que je peux vous faire un chèque ? Je n'ai pas de liquide.
Détaillant :	Désolé, mais nous ne prenons pas les chèques en dessous d'une certaine somme.
Particulier :	Est-ce que vous acceptez la Carte Bleue ?
Détaillant :	Oui, si vous ne pouvez pas payer en espèces, nous acceptons les cartes de crédit.
Particulier :	Si je vous prends du matériel en plus, est-ce que je peux vous régler en plusieurs fois ?
Détaillant :	Oui, si vous voulez payer en plusieurs fois, vous pouvez demander le prélèvement automatique.

Dialogue 2

Détaillant :	C'est pour vous ou pour une entreprise ?
Entrepreneur :	C'est pour une entreprise. Quel mode de paiement préférez-vous ?
Détaillant :	Vous pouvez nous régler par chèque, mais nous acceptons aussi les traites.

Entrepreneur :	Même si nous sommes basés à l'étranger ?
Détaillant :	Pour nos clients à l'étranger, nous préférons les virements bancaires.
Entrepreneur :	Est-ce que nous devons vous régler à la commande ?
Détaillant :	Non, seuls les particuliers doivent payer à la commande, pour les entreprises nous demandons un règlement à 30 jours.

Mod. 6, Ét. 3, 2

Dialogue 1

Madame Dupuis :	Bonjour, Madame. Je vous appelle concernant la facture numéro 00361 datée du 13 avril dernier. Nous n'avons pas reçu votre règlement. Qu'est-ce qui se passe ?
Madame Boutet :	C'est que nous avons changé de logiciel de comptabilité.
Madame Dupuis :	Il vous reste 1 500 euros à payer. Quand est-ce que vous serez en mesure de nous régler ?
Madame Boutet :	Est-ce qu'il vous serait possible de nous accorder huit jours de plus ?
Madame Dupuis :	Huit jours, c'est d'accord. Nous attendons votre chèque pour le 5 mai.
Madame Boutet :	Merci de votre compréhension, Madame.

Dialogue 2

Madame Armand :	Bonjour, Madame. Je vous appelle concernant une facture qui date du 12 janvier. Nous attendons toujours votre règlement.
Madame Fouchon :	Oui, je suis désolée. Le chef comptable est en congé maladie actuellement et nous avons pris du retard dans les paiements.
Madame Armand :	Est-ce que vous pourriez nous envoyer votre chèque de 3 200 euros avant la fin de la semaine ?
Madame Fouchon :	Euh…, je regrette mais je ne crois pas que nous pourrons vous régler avant quinze jours. Je vous assure que nous ferons notre possible pour rattraper le retard.
Madame Armand :	Très bien. J'attends votre chèque le 19 mars au plus tard.
Madame Fouchon :	Merci beaucoup, Madame.

MODULE 7

Mod. 7, Ét. 1, 2

La DRH :	Service des ressources humaines, bonjour.
L'étudiant :	Bonjour, Madame. J'ai lu votre annonce dans le journal et je voudrais poser ma candidature pour le stage d'assistant marketing bilingue.
La DRH :	Oui, bien sûr, Monsieur. Comment vous appelez-vous ?
L'étudiant :	Ben Mac Gregor.
La DRH :	Qu'est-ce que vous faites actuellement, Monsieur Mac Gregor ?
L'étudiant :	Je fais des études de commerce depuis deux ans.

La DRH :	Qu'est-ce que vous avez comme expérience ?
L'étudiant :	J'ai fait un stage de vendeur pendant trois mois dans la grande distribution. J'ai aussi fait de la vente par téléphone pendant les vacances.
La DRH :	Quelles langues étrangères maîtrisez-vous ?
L'étudiant :	L'anglais est ma langue maternelle mais je parle français couramment parce que j'ai fait toute ma scolarité au lycée français. Je suis bilingue anglais-français.
La DRH :	Est-ce que vous connaissez une autre langue ?
L'étudiant :	Oui, j'apprends l'espagnol depuis quatre ans.
La DRH :	Vous avez des connaissances en informatique ? Quels logiciels connaissez-vous ?
L'étudiant :	Je sais me servir d'un traitement de texte et d'un tableur.
La DRH :	Pourquoi voulez-vous faire votre stage en France ? Quelles sont vos motivations ?
L'étudiant :	Je suis en dernière année et je dois faire un stage de fin d'études à l'étranger. Comme je parle bien français, j'ai choisi de le faire dans une entreprise française.
La DRH :	Pourquoi choisir un stage dans le marketing ?
L'étudiant :	Je voudrais élargir mon expérience à ce domaine.
La DRH :	Votre candidature est intéressante. Envoyez-nous une lettre de motivation et un CV en français et nous vous donnerons une réponse par courrier. Si votre dossier est sélectionné, nous vous convoquerons pour passer un entretien.
L'étudiant :	D'accord. Merci, Madame.

Mod. 7, Ét. 2, 2

Le restaurateur :	Maintenant que je vous ai parlé du poste, je vais vous poser quelques questions sur votre formation et votre expérience professionnelle. Qu'est-ce que vous avez fait comme études ?
Henri Bennali :	J'ai fait des études de restauration à Toulouse.
Le restaurateur :	Vous avez des diplômes ?
Henri Bennali :	Oui, j'ai eu mon Bac en 1997 et mon Brevet de Technicien Supérieur en Restauration Réception en 1999 à Toulouse. Mais j'ai surtout appris le métier sur le tas. C'est en travaillant que l'on apprend le plus.
Le restaurateur :	Où est-ce que vous avez travaillé ?
Henri Bennali :	J'ai d'abord fait un stage comme commis chez Paul Bocuse pendant quatre mois de mai à août 99. Après mon BTS, j'ai commencé à travailler comme serveur chez Ledoyen à Paris.
Le restaurateur :	Qu'est-ce que vous faisiez chez Ledoyen ?
Henri Bennali :	Je m'occupais de servir en salle. Je devais préparer les tables, accueillir les clients et faire le service. Je participais aussi à la gestion des réservations.
Le restaurateur :	Vous avez de très bonnes références. Vous êtes resté longtemps chez Ledoyen ?
Henri Bennali :	Je suis resté un an. Je suis parti en septembre 2000 et je suis entré comme maître d'hôtel dans un Relais et Châteaux jusqu'à aujourd'hui.

Le restaurateur :	Vous avez un beau parcours professionnel. Quelles sont vos principales qualités ?
Henri Bennali :	Je suis rapide et organisé, et surtout, j'ai l'esprit d'équipe.
Le restaurateur :	Bon, très bien, votre candidature est intéressante. Je vous ferai part de notre décision dans quinze jours. Merci et au revoir, Monsieur.
Henri Bennali :	C'est moi qui vous remercie.

Mod. 7, Ét. 2, 4

Monsieur Furet :	Bonjour, Mademoiselle. Je suis Monsieur Furet, responsable des ressources humaines. Vous avez trouvé nos bureaux facilement ?
L'étudiante :	Oui, merci. J'ai trouvé très facilement.
Monsieur Furet :	Eh bien, je vois que vous faites des études de comptabilité. En quelle année êtes-vous ?
L'étudiante :	Je suis en deuxième année.
Monsieur Furet :	Quelle est votre expérience professionnelle ? Vous avez déjà travaillé en entreprise ?
L'étudiante :	Oui, j'ai déjà fait plusieurs stages.
Monsieur Furet :	Où avez-vous fait votre dernier stage ?
L'étudiante :	J'ai fait mon dernier stage dans une start-up.
Monsieur Furet :	Quelles étaient vos missions dans cette start-up ?
L'étudiante :	Je m'occupais de tenir la trésorerie mais je faisais aussi des tâches administratives. Je répondais au téléphone et aux mails, j'envoyais des fax. Je devais aussi m'occuper de gérer les plannings.
Monsieur Furet :	Quels logiciels connaissez-vous ?
L'étudiante :	Je sais me servir d'un traitement de texte et d'un tableur.
Monsieur Furet :	Vous parlez quelles langues étrangères ?
L'étudiante :	Je parle anglais couramment et j'ai de bonnes bases en allemand.
Monsieur Furet :	Selon vous, quelles sont vos principales qualités ?
L'étudiante :	Je suis dynamique et assez autonome. J'aime travailler en équipe et j'ai le sens des responsabilités.

Mod. 7, Ét. 3, 2

Madame Frétigny :	Bonjour, Monsieur. Je m'appelle Madame Frétigny du service des ressources humaines.
Un jeune diplômé :	Bonjour, Madame.
Madame Frétigny :	Je vais vous donner vos horaires et vous expliquer le fonctionnement de l'entreprise. Ensuite je vous présenterai à votre responsable hiérarchique.
Un jeune diplômé :	Qui est mon responsable ?
Madame Frétigny :	La personne qui s'occupera de vous s'appelle Madame Garat. Je vous la présenterai tout à l'heure. Elle vous expliquera en détail le travail que vous ferez. Vous saurez vite de quoi il s'agit. Mais, d'abord, je vais vous parler de vos conditions de travail. Vous ferez trente-cinq heures par semaine.
Un jeune diplômé :	Quel sont mes horaires de travail ?
Madame Frétigny :	Vous travaillerez du lundi au vendredi de 9 heures à 5 heures.
Un jeune diplômé :	À quelle heure est la pause déjeuner ?
Madame Frétigny :	La pause déjeuner est à midi.
Un jeune diplômé :	Elle dure combien de temps ?
Madame Frétigny :	Vous avez une heure pour déjeuner.
Un jeune diplômé :	Est-ce qu'il y a une cantine ?
Madame Frétigny :	Il n'y a pas de cantine mais vous avez droit à des tickets restaurant.
Un jeune diplômé :	S'il y a beaucoup de travail, est-ce qu'il faut venir le samedi ?
Madame Frétigny :	Non, l'entreprise est fermée le samedi, mais quand on aura beaucoup de travail, vous ferez peut-être des heures supplémentaires les autres jours.
Un jeune diplômé :	Quels sont les horaires d'ouverture des bureaux ?
Madame Frétigny :	Les bureaux ouvrent à 8 heures et ferment à 19 heures. Maintenant si vous voulez bien me suivre, je vais vous présenter à Madame Garat.

Mod. 7, Ét. 3, 4

Pascal :	Tu travailles à plein temps ou à mi-temps ?
Jérôme :	J'aimerais bien travailler à mi-temps. Ça me donnerait tous mes après-midi. En fait, je suis à temps complet. Je fais même 39 heures par semaine, mais, comme je suis en stage ouvrier, nous faisons les trois-huit.
Pascal :	Tu travailles la nuit, alors ?
Jérôme :	Oui, une semaine sur trois. L'usine ne s'arrête jamais. En fait, je travaille par rotation. La première semaine, je travaille de six heures du matin à quatorze heures. La deuxième, je travaille de quatorze heures à vingt-deux heures et la troisième semaine, je travaille de vingt-deux heures à six heures du matin, et ainsi de suite.

Mod. 7, Ét. 4, 2

Le collègue :	Vous êtes en France depuis longtemps ?
La nouvelle :	Non, je suis arrivée il y a quinze jours.
Le collègue :	Vous habitez loin du bureau ?
La nouvelle :	Non. J'habite tout près. Je prends un bus qui y va directement.
Le collègue :	Et ça vous plaît la France ?
La nouvelle :	Oh, oui ! Ça me plaît beaucoup. Ça fait longtemps que je rêve de travailler en France.
Le collègue :	Vous avez rencontré beaucoup de gens ici ?
La nouvelle :	Pas beaucoup. C'est assez difficile de se faire des amis au début, mais ça va venir.
Le collègue :	Votre famille doit vous manquer. Vous n'avez pas trop le cafard ?
La nouvelle :	Si, un peu. Mais on s'envoie des mails presque tous les jours et on se téléphone de temps en temps.
Le collègue :	Et quand vous n'êtes pas au bureau, qu'est-ce que vous faites ? Quels sont vos loisirs préférés ?
La nouvelle :	J'adore la natation. Est-ce qu'il y a une piscine municipale près d'ici ?
Le collègue :	Oui, près du centre commercial, sur la route de Neuville.

La nouvelle :	Je peux y aller en bus ?
Le collègue :	Moi, je vais partout en voiture. Mais il y a des bus qui y vont, oui.
La nouvelle :	Venez avec moi un jour, si vous voulez.
Le collègue :	Euh..., c'est-à-dire que je ne suis pas très sportif. Je préfère sortir. J'aime aller au cinéma par exemple. Si vous êtes libre un soir, on pourrait y aller ensemble.
La nouvelle :	Avec plaisir, j'aime bien aller au cinéma moi aussi.

Mod. 7, Ét. 4, 4

Une collègue :	Tu devrais passer au CE. Nous sommes dans une grosse entreprise alors il faut en profiter ! Notre comité d'entreprise a de l'argent.
La nouvelle :	Qu'est-ce qu'ils proposent au CE ?
Une collègue :	Personne ne t'a expliqué ? Eh bien, tu peux prendre des places de spectacles à tarif réduit, acheter des tickets de cantine, ou louer des vidéos. Tu peux aussi avoir des réductions sur les voyages ou sur les inscriptions dans les clubs de gym.
La nouvelle :	Les clubs de gym ? C'est sympa ça. J'ai envie d'essayer.
Une collègue :	Tu as raison. Moi, je suis inscrite et j'y vais tout le temps. Si tu veux, tu peux venir une fois avec moi pour voir si ça te plaît. J'ai le droit d'amener un invité de temps en temps. Ça te dit de venir avec moi jeudi prochain ? Après on pourrait aller au restaurant.
La nouvelle :	D'accord, mais comment est-ce qu'on y va ? En métro ?
Une collègue :	Il sera un peu tard pour rentrer en métro. Allons-y plutôt avec ma voiture, comme ça, je pourrai te raccompagner.
La nouvelle :	Tu pourras me raccompagner chez moi ?
Une collègue :	Oui, bien sûr. Je n'habite pas très loin. Je passe te prendre à vingt heures en bas de chez toi jeudi, alors.
La nouvelle :	D'accord. J'y serai avec mes affaires de gym.

Mod. 7, Ét. 5, 2

Marianne Dumas :	Bonjour, Monsieur et bienvenue dans le service. Je suis Marianne Dumas. Vous travaillerez avec moi. Voici votre bureau. Ici, on traite les commandes.
Le nouveau :	Qu'est-ce que je dois faire exactement ?
Marianne Dumas :	Je vais vous expliquer ce qu'il faut faire. Vous devez vérifier les tarifs sur les bons de commande. S'il y a un problème, vous devez téléphoner au client et lui envoyer un fax.
Le nouveau :	Où se trouve le fax ?
Marianne Dumas :	Le fax se trouve derrière mon bureau.
Le nouveau :	Et la photocopieuse ?
Marianne Dumas :	La machine à photocopier est à côté du fax. Si vous avez beaucoup de photocopies à faire, descendez au premier étage, il y en a une avec une trieuse.
Le nouveau :	À part vérifier les bons de commande, qu'est-ce que je dois faire d'autre ?

Marianne Dumas :	N'oubliez pas de saisir toutes les nouvelles données et d'archiver les originaux. Vous utiliserez l'ordinateur qui est sur votre bureau. Est-ce que c'est clair ? Vous avez encore des questions ?
Le nouveau :	Oui, pour le téléphone ? C'est quel numéro pour appeler à l'extérieur ?
Marianne Dumas :	Eh bien, pour obtenir une ligne extérieure, vous composez le 0. Bon, installez-vous, nous allons commencer tout de suite. Aujourd'hui, nous allons travailler ensemble, je vais vous montrer comment il faut faire, mais demain vous devrez vous débrouiller tout seul.
Le nouveau :	D'accord, mais si j'ai un problème, à qui est-ce que je peux demander ?
Marianne Dumas :	Venez me voir et si je ne suis pas là, demandez à Delphine qui est à côté de vous. Elle vous donnera un coup de main.

MODULE 8

Mod. 8, Ét. 1, 2

Exposante :	Je voudrais réserver un stand pour le salon Solo Connexions.
Commerciale :	Il vous faut combien de mètres carrés ?
Exposante :	Sept environ. Ça dépend du prix.
Commerciale :	En ce moment, vous pouvez bénéficier d'une offre exceptionnelle. Mais dépêchez-vous, car il ne reste que quelques stands disponibles ! Pour huit mètres carrés, vous avez le choix entre le stand Optimum à 1 370 euros et le stand Prémium à 1 985 euros.
Exposante :	Il y a une grosse différence de prix entre les deux. Quelles sont les prestations comprises dans le prix pour chaque stand ?
Commerciale :	Pour 1 370 euros, vous avez un stand avec des cloisons, des présentoirs et de la moquette. Pour l'éclairage, il y a un spot et une prise de courant. Vous avez également une enseigne avec le nom de l'entreprise.
Exposante :	Quelles sont les mesures exactes du stand ?
Commerciale :	Il fait 3 mètres 20 de haut et 4 mètres de long sur 2 mètres de large.
Exposante :	Le mobilier est compris ?
Commerciale :	Oui, bien sûr. Il y a un ensemble conversation avec une table et trois chaises. Le nettoyage quotidien du stand et l'assurance sont aussi compris dans le prix.
Exposante :	Et sur le stand Prémium, quelles sont les prestations ?
Commerciale :	Avec la formule Prémium, vous avez la même chose, mais c'est haut de gamme. Le mobilier de l'ensemble accueil est plus luxueux. En plus, il y a des étagères et un meuble multimédia qui ferme à clé. Et puis, vous avez non seulement votre nom, mais aussi votre logo de chaque côté du stand.
Exposante :	Cela fait une différence de 615 euros. Je préfère le stand Optimum. Est-ce que je peux faire une réservation ?
Commerciale :	Bien sûr. Je vous envoie un dossier d'inscription.

Exposante :	Merci beaucoup. Je complète l'ordre de réservation et vous le renvoie par fax.

Mod. 8, Ét. 2, 2

Exposant :	Je vous appelle pour vérifier que nous sommes bien inscrits au salon.
Commerciale :	La réservation est à quel nom ?
Exposant :	Au nom de Monsieur Grolière de la société SCHNEIDER.
Commerciale :	Oui. Nous avons reçu votre ordre de réservation. Vous êtes bien inscrits au salon.
Exposant :	Nous avons réservé un stand Optimum, n'est-ce pas ? Pouvez-vous me dire quels outils de communication nous recevrons ?
Commerciale :	Eh bien, avec le stand Optimum, vous recevrez un kit de communication exposant, qui comprend des conseils pour faire vos relations presse et votre dossier de presse. Vous recevrez également un exemplaire de l'annuaire du salon. Un guide sera envoyé aux journalistes pour présenter chaque exposant.
Exposant :	Est-ce que nous figurerons dans l'annuaire ?
Commerciale :	Bien sûr. Votre entreprise sera citée dans l'annuaire.
Exposant :	Combien d'invitations aurons-nous ?
Commerciale :	Vous avez droit à 30 invitations gratuites pour le salon, plus une invitation pour le cocktail d'ouverture.
Exposant :	Est-il possible d'avoir des invitations supplémentaires ?
Commerciale :	Je vais voir ce que je peux faire.

Mod. 8, Ét. 3, 2

Répondeur :	Bienvenue à Ligne Directe, service d'information et de vente de la SNCF. Après le signal sonore votre appel sera facturé 0, 34 euros la minute. Le vendeur du poste I 169 va traiter votre demande.
Vendeur :	SNCF, Jean-François, bonjour.
Client :	Bonjour, Monsieur. Je voudrais réserver un aller-retour Paris Bruxelles.
Vendeur :	Oui. Vous voulez partir à quelle date ?
Client :	Le 5 juin.
Vendeur :	À quelle heure ?
Client :	Le soir, après dix-huit heures.
Vendeur :	Il y le THALYS départ Paris Nord à 18 h 25, arrivée 19 h 48 à Bruxelles.
Client :	Oui …
Vendeur :	Ou celui de 18 h 55, arrivée 20 h 20.
Client :	Je prends celui de 18 h 25.
Vendeur :	C'est pour combien de voyageurs ?
Client :	Quatre adultes.
Vendeur :	Vous voulez voyager en première ou en deuxième classe ?
Client :	Deuxième classe, s'il vous plaît.
Vendeur :	Vous voulez rentrer à quelle date ?
Client :	Le 8 juin, en début d'après-midi, si possible.

Vendeur :	Il y a un train à 12 h 40, arrivée Paris Nord à 14 h 05.
Client :	C'est parfait.
Vendeur :	Ça fait 437 euros, réservation comprise. La réservation est à quel nom ?
Client :	C'est Friscia, F-R-I-S-C-I-A.
Vendeur :	Vous pouvez me donner votre numéro de Carte Bleue s'il vous plaît ?
Client :	Oui. C'est le 0000 5555 1234 XXXX.
Vendeur :	Merci, vous pouvez noter la référence du dossier. C'est : FRJFZYA. Vos billets sont à retirer au guichet dans n'importe quelle gare. Je peux aussi vous les envoyer par courrier, si vous préférez.
Client :	Oui. Je vais vous laisser l'adresse de la société… À propos, est-ce que je peux laisser mes bagages à la consigne à Bruxelles ?
Vendeur :	Renseignez-vous à la gare en arrivant.

Mod. 8, Ét. 3, 5

Vendeuse :	Allô ! AIR FRANCE à l'appareil. Vous avez réservé un billet Paris Madagascar. Le vol a été annulé à cause d'une grève des contrôleurs aériens. On peut vous transférer sur le vol du lendemain matin si vous voulez.
Client :	Le vol est à quelle heure ?
Vendeuse :	À onze heures dix. Vous devez vous présenter à l'aéroport une heure avant le départ. Nous n'avons plus de place en classe économique. Mais pour vous dédommager, nous vous offrons une place en classe affaires pour le même prix.
Client :	Et pour le retour ? Je ne dois pas changer ma réservation ?
Vendeuse :	Non, mais n'oubliez pas de reconfirmer votre vol 72 heures à l'avance. Il suffit de téléphoner à une agence AIR FRANCE sur place.

Mod. 8, Ét. 4, 2

Cliente :	Bonjour, Monsieur. Nous participons au Salon de la grande distribution au Parc des expositions de Montpellier et je cherche un hôtel près du salon.
Agent de voyages :	Oui, bien sûr. Quelle catégorie d'hôtel désirez-vous ?
Cliente :	Je voudrais un hôtel deux ou trois étoiles, pas trop cher. Nous avons un budget maximum de 60 euros par nuit et par personne.
Agent de voyages :	Je vous propose l'hôtel Climat à 50 euros la nuit en chambre individuelle.
Cliente :	50 euros la nuit, c'est petit déjeuner compris ?
Agent de voyages :	Attendez, je vais vérifier. … Non, Madame. Le petit déjeuner est à part à 6 euros.
Cliente :	Est-ce qu'il y a une salle de bain avec une baignoire dans les chambres ?
Agent de voyages :	Ce sont des chambres avec douche seulement. Mais il y a la télévision par satellite dans toutes les chambres.
Cliente :	Où est-il situé ?
Agent de voyages :	Il est au centre-ville. Il n'est pas cher mais il n'est pas tout près du salon.

Cliente : Il n'y a pas un hôtel plus près du salon ?

Agent de voyages : Si, il y en a un qui est moins loin du salon, mais il est complet. Il y a aussi le Novotel mais il est plus cher. Le Climat est aussi bien.

Cliente : Bon. Je vais faire une réservation à l'hôtel Climat.

Agent de voyages : Oui, bien sûr. Combien vous faut-il de chambres ?

Cliente : Quatre.

Agent de voyages : Vous voulez des chambres doubles ou des chambres simples ?

Cliente : Des chambres simples, s'il vous plaît.

Agent de voyages : C'est pour combien de nuits ?

Cliente : Trois nuits du 13 au 15 octobre.

Agent de voyages : Pension complète…, demi-pension ?

Cliente : Ni l'un, ni l'autre. Nous prendrons seulement les petits déjeuners.

Agent de voyages : Très bien. Pouvez-vous confirmer votre réservation par fax, et me donner le nom des personnes.

Cliente : Je n'y manquerai pas. Merci, Monsieur.

MODULE 9

Mod. 9, Ét. 1, 2

Installateur : Est-ce que tout est en ordre ?

Exposante : Oui. Dans l'ensemble tout va bien. C'est ce que nous voulions. Le cahier des charges a été respecté. Nous avons reçu les étagères. L'enseigne a été installée. Mais enfin il reste quelques détails à régler.

Installateur : Qu'est-ce qui ne va pas, Madame ?

Exposante : Voilà ce qui ne va pas. Cette table est bancale. Nous ne pourrons jamais nous en servir.

Installateur : Je vous en apporte une autre.

Exposante : L'éclairage de l'enseigne ne fonctionne pas.

Installateur : Je vais réparer ça. C'est seulement une ampoule qui a grillé. Je vais la changer.

Exposante : Ni mon téléphone ni celui de mon collègue ne sont branchés.

Installateur : Je vous les branche tout de suite.

Exposante : Bon, voilà. Je pense que c'est tout. Ah, non ! Il manque des chaises. Pouvez-vous m'apporter quelques chaises supplémentaires ?

Installateur : Je vais en chercher d'autres. Faites attention, parce que ce n'est pas ce qui était prévu dans le devis.

Exposante : Ce n'est pas grave si c'est un peu plus cher. J'ai encore un dernier service à vous demander. Est-ce que vous pourriez rapprocher les présentoirs, car nous n'avons plus de place ?

Installateur : Sans problème.

Mod. 9, Ét. 2, 2

Exposant : Bonjour, Monsieur. Est-ce que je peux vous renseigner ? Vous connaissez nos produits ?

Visiteur : Oui, je les connais un peu, car nous avons déjà acheté du matériel bureautique chez vous. Mais, je ne connais pas vos nouveautés.

Exposant : Vous cherchez quelque chose en particulier ?

Visiteur : Je suis intéressé par vos imprimantes, car nous souhaitons remplacer le parc d'imprimantes de l'entreprise.

Exposant : Permettez-moi de vous présenter nos derniers modèles.

Visiteur : Oui… Je vois que vous avez des machines multifonctions qui font à la fois fax, scanner et imprimante. Pouvez-vous me donner des précisions sur ces modèles ?

Exposant : En effet, vous avez ici le modèle Multipass L60 à un prix très compétitif de 1 230 euros. C'est une machine assez performante. Est-ce que vous pensez qu'elle est adaptée à vos besoins ? Il vous faut vraiment un scanner pour chaque poste de travail ?

Visiteur : Euh…, pas vraiment … En revanche, nous avons besoin d'une grosse capacité en impression laser.

Exposant : Donc, c'est plutôt une machine rapide et fiable qu'il vous faut. Je vais vous montrer d'autres modèles.

Visiteur : Très bien.

Exposant : Je peux vous proposer la L800 qui est beaucoup plus rapide que la multifonctions et plus fiable pour l'impression.

Visiteur : C'est une belle machine. Elle coûte combien ?

Exposant : Celle-ci est à 2 152 euros. Si vous renouvelez tout votre parc, nous pouvons vous offrir des conditions de paiement avantageuses.

Visiteur : Elle est beaucoup plus chère que la multifonctions. Vous avez un autre modèle un peu moins cher ?

Exposant : Bien sûr, nous avons d'autres modèles. Ils sont bien aussi, mais si vous voulez faire un investissement, la L800 est mieux. C'est une machine qui a fait ses preuves.

Visiteur : Écoutez…, laissez-moi votre documentation, je vais réfléchir.

Exposant : Mais certainement. Je vous laisse un catalogue, et voici ma carte pour me contacter. Vous pouvez aussi trouver des renseignements sur notre site Internet. Vous avez l'adresse sur le catalogue. Je vais vous envoyer le CD-ROM de démonstration avec toutes les spécifications techniques de nos produits. Pouvez-vous me laisser votre carte ?

Visiteur : Tenez. Merci, Monsieur. Je vais continuer ma visite du salon et je prendrai contact avec vous.

Mod. 9, Ét. 3, 2

Exposante : Bonjour, Madame. Nous sommes exposants au salon. Nous sommes bien implantés en Europe et nous souhaitons élargir notre activité à d'autres pays. Quels conseils pouvez-vous me donner pour trouver un intermédiaire ?

Conseillère CCI :	Vous savez dans quel pays vous voulez vendre ?
Exposante :	Oui. Nous avons des clients potentiels au Maroc. Nous ne savons pas s'il faut prendre un distributeur ou un agent commercial dans ce pays. Quelles sont les différences entre les deux ?
Conseillère CCI :	Eh bien… Le distributeur achète pour son propre compte et revend les produits en faisant une marge. L'agent indépendant, lui, a un contrat de représentation avec votre entreprise. Il recherche les clients, négocie et conclut les contrats en votre nom moyennant une commission.
Exposante :	Nous serions plutôt intéressés par un agent alors. Pouvez-vous me dire quelles sont les principales clauses du contrat d'agent ?
Conseillère CCI :	Vous devez d'abord définir la mission et le territoire de votre agent, en particulier en cas d'exclusivité.
Exposante :	Que veut dire exactement exclusivité ?
Conseillère CCI :	On parle d'agent exclusif s'il ne prospecte pas pour le compte d'entreprises qui fabriquent des produits concurrents.
Exposante :	Et nous, quelles sont nos obligations avec l'agent ?
Conseillère CCI :	Si vous passez un contrat d'exclusivité avec un agent, vous ne devez pas recruter d'autres agents pour les mêmes produits, la même clientèle et sur le même territoire. Mais, n'oubliez pas que le fournisseur a d'autres obligations avec son agent. Vous devez lui fournir des catalogues, des échantillons, tous les renseignements nécessaires sur vos produits et votre politique commerciale. Enfin, vous devez passer les commandes qu'il vous transmet.
Exposante :	Et la commission de l'agent ? Comment ça marche ?
Conseillère CCI :	Vous devez préciser avec lui le taux de sa commission en fonction de ses objectifs de vente.
Exposante :	Merci, Madame, pour tous ces renseignements.

Mod. 9, Ét. 3, 3

Madame Yu :	Bonjour, Monsieur Folliot. Heureuse de vous revoir. Notre réunion était bien à 10 h 30, n'est-ce pas ?
Monsieur Folliot :	Oui, Madame. Nous avons jusqu'à onze heures pour discuter. Permettez-moi de vous présenter notre directeur Export, Monsieur Cayol.
Monsieur Cayol :	Enchanté, Madame.
Monsieur Folliot :	Madame Yu travaille pour un gros distributeur au Japon.
Monsieur Cayol :	Où se trouvent vos entrepôts ?
Madame Yu :	Nous avons notre entrepôt principal à Yokohama et un autre à Osaka.
Monsieur Cayol :	Comment est-ce que vous contactez la clientèle ?
Madame Yu :	Nous avons une force de vente de 50 personnes et nous rendons visite aux détaillants au minimum deux fois par an.
Monsieur Folliot :	Qu'est-ce que vous proposez pour le

	lancement de nos produits ?
Madame Yu :	Nous sommes prêts à lancer vos produits en faisant une campagne de publicité dans notre pays. Pour cela, il nous faudrait votre documentation en japonais.
Monsieur Folliot :	Est-ce que vous prenez en charge les frais de traduction ?
Madame Yu :	En principe, nos fournisseurs participent aux frais, mais nous pouvons payer la traduction si vous nous accordez une bonne remise.
Monsieur Cayol :	Très bien, nous sommes prêts à vous accorder une remise de, disons…, 50 % sur notre prix public hors taxes.
Madame Yu :	La remise doit être importante, vous savez, sinon nos marges ne sont pas intéressantes. Si nous commandons vos produits par mille, pourrez-vous nous accorder une remise supplémentaire ?
Monsieur Cayol :	Oui, si vous commandez au moins 10 000 exemplaires, nous pouvons aller jusqu'à 65 % de remise. Vous devrez prendre en charge la livraison. Nous vous facturerons en euros. C'est donc vous qui prendrez le risque de change.
Madame Yu :	Il y a aussi la question du transport de la marchandise.
Monsieur Cayol :	Nous sommes prêts à payer le fret si nous prenons le transporteur qui s'occupe de notre groupage.
Madame Yu :	Est-ce que tous les produits sont en stock ?
Monsieur Folliot :	Oui, oui, nous avons tout en stock. Il n'y aura pas de délais de livraison.
Madame Yu :	Pas de problème. Nous attendons votre proposition de contrat.

Mod. 9, Ét. 4, 2

Exposant :	J'ai réservé une table au restaurant. Mais nous pouvons aussi déjeuner à la cafétéria du salon, si vous n'avez pas beaucoup de temps.
Visiteur :	Non, non, au contraire. Je suis ravi d'aller au restaurant. Si vous connaissez un bon restaurant près d'ici, ce sera meilleur que la cafétéria.
Exposant :	Parfait. Puis-je vous présenter Monsieur Lacroix qui s'occupe de notre force de vente.
Visiteur :	Nous nous connaissons déjà, je crois. Très heureux de vous revoir, Monsieur Lacroix.
Exposant :	Comment trouvez-vous le salon cette année ?
Visiteur :	Très intéressant, mais je n'ai pas eu le temps de voir les stands. J'ai beaucoup de rendez-vous.
Exposant :	Surtout, allez voir les nouveautés chez GUÉRIN.
Visiteur :	Mais ce sont vos concurrents, n'est-ce pas ?
Exposant :	Non, non. Ils ne sont pas concurrents. Nous ne ciblons pas la même clientèle. Vous connaissez Monsieur Lemaire ?
Visiteur :	Non. Je ne le connais pas.
Exposant :	C'est leur directeur commercial. Je vous le ferai rencontrer.
Visiteur :	Vous deviez lancer une nouvelle gamme. Où en êtes-vous de ce projet ?
Exposant :	Il est toujours à l'étude. Nous avons pris un

	peu de retard, car nous avons déménagé pour nous agrandir.
Visiteur :	C'est que les affaires marchent bien !
Exposant :	En effet, nos ventes augmentent sensiblement. Les ventes de janvier étaient inférieures à celles de décembre, mais elles ont dépassé celles de l'an dernier et dans l'ensemble, notre chiffre d'affaires est en augmentation.
Visiteur :	Malheureusement, chez nous, c'est le contraire. Nous avons beaucoup souffert de la fluctuation des taux de change. Nos ventes ont fortement diminué. Elles sont très inférieures cette année à celles de l'année dernière.
Exposant :	Est-ce que cela veut dire que vous allez augmenter vos prix ?
Visiteur :	Ce n'est pas notre politique. Nous avons toujours essayé de conserver des prix stables.
Exposant :	Vous avez combien de personnes dans l'entreprise maintenant ?
Visiteur :	Dix-neuf personnes au total.
Exposant :	Est-ce que Madame Vivier est toujours là ?
Visiteur :	Oui, bien sûr, toujours fidèle au poste !
Exposant :	Vous lui transmettrez toutes nos amitiés.
Visiteur :	Je n'y manquerai pas.

MODULE 10

Mod. 10, Ét. 1, 2

Enquêteur :	Bonjour, Mademoiselle. Nous faisons une enquête de satisfaction auprès de nos lecteurs. Pouvez-vous me consacrer un peu de temps pour répondre à quelques questions ?
Lectrice :	Oui, si ça ne dure pas trop longtemps.
Enquêteur :	Je ne serai pas long. Vous venez d'écrire au courrier des lecteurs. Comment avez-vous connu notre magazine ?
Lectrice :	Je l'ai découvert chez mon marchand de journaux.
Enquêteur :	Est-ce que vous achetez des magazines régulièrement ?
Lectrice :	Oui, assez souvent. J'aime bien lire des magazines.
Enquêteur :	Vous lisez aussi les journaux ?
Lectrice :	Non, rarement. Je n'achète pas de quotidiens, car je n'ai pas le temps de les lire. Et puis l'actualité ne m'intéresse pas beaucoup. C'est tout le temps pareil. Le journal télévisé me suffit.
Enquêteur :	Quel est l'article que vous avez aimé le plus dans notre magazine ?
Lectrice :	J'ai beaucoup aimé l'article sur les randonnées dans les Pyrénées. Il y a de très bonnes adresses et plein d'idées.
Enquêteur :	Quel est l'article que vous avez aimé le moins ?
Lectrice :	Je n'ai pas aimé l'article sur les croisières. C'est un produit de luxe et puis, ce n'est pas vraiment de mon âge. Je ne travaille pas

	encore, donc je cherche des vacances pas chères.
Enquêteur :	Quelle note de satisfaction de zéro à dix donnez-vous à notre magazine dans l'ensemble ?
Lectrice :	Euh..., sept. Il peut encore être amélioré, mais il n'est pas mal.
Enquêteur :	Combien de fois êtes-vous partie en voyage cette année pour les vacances ?
Lectrice :	Je pars à toutes les vacances. Vous savez, maintenant il y a des tarifs étudiants intéressants.
Enquêteur :	Pensez-vous acheter les prochains numéros de notre magazine ?
Lectrice :	Oui, c'est bientôt les vacances. J'attends le prochain numéro avec impatience.
Enquêteur :	Vous savez que si vous vous abonnez maintenant, vous pouvez bénéficier de deux numéros gratuits et recevoir de nombreux cadeaux.

Mod. 10, Ét. 2, 2

Monsieur Pinot :	Allô ! Je suis bien chez Madame Fromentin ?
Madame Fromentin :	Oui, c'est elle-même.
Monsieur Pinot :	Ici Monsieur Pinot de la société VITRA. Avez-vous quelques minutes à me consacrer ?
Madame Fromentin :	Je n'ai pas beaucoup de temps, non.
Monsieur Pinot :	Ça ne sera pas long. Nous sommes en train de remplacer les fenêtres chez plusieurs personnes dans votre immeuble. Avez-vous entendu parler de nos produits ?
Madame Fromentin :	Ah oui ! Il paraît que les voisins changent leurs fenêtres. D'ailleurs, il paraît que ça leur coûte très cher.
Monsieur Pinot :	C'est un très bon investissement vous savez. Je peux passer chez vous la semaine prochaine pour vous proposer un devis si vous voulez. C'est entièrement gratuit.
Madame Fromentin :	Écoutez, je suis très occupée. Pouvez-vous m'envoyer votre documentation ?
Monsieur Pinot :	Je comprends, vous avez un emploi du temps chargé. Je peux passer dans quinze jours si ça vous arrange. Préférez-vous me rencontrer mardi 17 à 19 h ou mercredi 18 à 17 heures ?
Madame Fromentin :	Non, pas le mercredi. Je ne suis pas libre. Disons plutôt mardi.
Monsieur Pinot :	Très bien. Vous pouvez compter sur moi le mardi 17 à 19 h. Vous êtes bien au cinquième étage, n'est-ce pas ? Bâtiment B ? Et le code du Bâtiment B, c'est bien BA217 ?
Madame Fromentin :	Oui, c'est bien ça, Monsieur.
Monsieur Pinot :	Merci, Madame. À dans quinze jours.

Mod. 10, Ét. 3, 2

Promotion 1

Annonce :	Mesdames, Messieurs. En ce moment, nous vous proposons une dégustation gratuite au

rayon pâtisserie. Je vous donne rendez-vous avec Isabelle Ferraro, qui aura le plaisir de vous offrir des échantillons gratuits.

Animatrice : Bonjour, Madame. Avez-vous déjà goûté ces produits ?

Cliente : Non, je ne les connais pas. C'est nouveau ? Qu'est-ce que c'est ?

Animatrice : Ce sont des galettes faites à base de produits entièrement biologiques.

Cliente : Vous garantissez qu'elles ne contiennent pas d'OGM ?

Animatrice : Absolument. Tous nos produits sont entièrement naturels et garantis sans ingrédient chimique.

Cliente : En effet, ce n'est pas mauvais. C'est même plutôt bon. Est-ce que vous avez d'autres parfums ?

Animatrice : Oui. Nous avons des galettes fourrées au miel ou au raisin. Profitez-en ! Nous vous offrons deux paquets pour le prix d'un. En plus, il y a un cadeau pour les enfants, dans chaque paquet.

Cliente : Merci, Madame.

Animatrice : Et vous, Monsieur, vous voulez goûter … ?

Promotion 2

Annonce : Mesdames, Messieurs, venez découvrir un appareil révolutionnaire pour faire les vitres sans effort. Ne manquez pas la démonstration de notre vendeur au sous-sol de notre magasin.

Animateur : Regardez ! C'est nouveau.

Cliente : Qu'est-ce que c'est ? À quoi ça sert ?

Animateur : C'est un appareil très utile. Je vais vous faire une démonstration. Il vous permet de faire les vitres des deux côtés en même temps. Vous faites souvent les vitres, Madame ?

Cliente : Non, pas souvent, j'ai horreur de ça.

Animateur : Alors, c'est cet appareil qu'il vous faut. Il est pratique et permet un nettoyage rapide sans faire d'effort.

Cliente : C'est très bien ça, mais est-ce que vous avez d'autres coloris ? Je n'aime pas cette couleur.

Animateur : Nous avons tous les coloris que vous voulez. Tenez, je vous offre des échantillons de produit de nettoyage avec.

Cliente : Est-ce que c'est écologique ce produit ?

Animateur : Tous nos produits sont garantis non polluants.

Cliente : Et combien ça coûte cet appareil ?

Animateur : Profitez-en ! Vous pouvez bénéficier d'un prix spécial de lancement. Et vous Monsieur, vous voulez essayer ? Vous allez voir, c'est très efficace.

Mod. 10, Ét. 4, 2

Téléconseiller : Service consommateurs, Gérard Gouselier, bonjour. Qu'est-ce que je peux faire pour vous ?

Client : Bonjour, Monsieur. J'ai vu vos postes téléphoniques dans un magasin et je voudrais avoir plus d'information. Comment fonctionne le transfert d'appels ?

Téléconseiller : Pourriez-vous me donner la référence des appareils ?

Client : Ce sont les Modulos 2000.

Téléconseiller : C'est très simple. Il suffit d'appuyer sur la touche étoile de votre téléphone et de faire le numéro de poste sur lequel vous voulez transférer l'appel.

Client : Si nous achetons des postes pour toute l'entreprise, est-ce que nous devrons les installer nous-mêmes ?

Téléconseiller : Vous pouvez les installer vous-mêmes mais nous pouvons aussi assurer l'installation et la maintenance des appareils. Si vous prenez un contrat de maintenance, nous pouvons vous envoyer un technicien.

Client : Si c'est facile à installer, nous préférons le faire nous-mêmes.

Téléconseiller : Je comprends. Mais si vous avez un problème, vous pouvez téléphoner à l'assistance technique qui se fera un plaisir de répondre à vos questions.

Client : Merci, Monsieur pour ces renseignements.

Téléconseiller : À votre service.

Mod. 10, Ét. 4, 5

Cliente : Allô ! Je suis bien au service après-vente ?

Hôtesse SAV : Oui, Madame. En quoi puis-je vous aider ?

Cliente : J'ai acheté une machine à laver le linge chez vous et elle est tombée en panne.

Hôtesse SAV : Est-ce que votre machine est encore sous garantie ? Vous l'avez achetée il y a combien de temps ?

Cliente : Il y a deux ans.

Hôtesse SAV : Tous nos produits sont garantis un an, mais peut-être avez-vous un contrat de garantie cinq ans pièces et main-d'œuvre ?

Cliente : Oui, oui. J'avais pris la garantie cinq ans.

Hôtesse SAV : Très bien. Nous vous envoyons un dépanneur gratuitement dans les vingt-quatre heures. Est-ce que vous pouvez me donner des précisions sur la panne ?

Cliente : La machine n'essore plus. Qu'est-ce qui se passe si c'est difficile à réparer et que vous devez emporter ma machine ?

Hôtesse SAV : Si c'est grave, nous prêtons une machine de rechange. Mais c'est peut-être facile à réparer. Notre technicien verra ça. Quand pouvons-nous passer chez vous ?

Cliente : Je préférerais le matin. Est-ce que c'est possible avant neuf heures ?

Hôtesse SAV : Nous ne pouvons pas vous donner une heure précise. Disons le matin entre neuf heures et midi.

Cliente : Très bien. Merci, Madame.

Hôtesse SAV : Au revoir, Madame. À votre service.

GRAMMAIRE

1 LES NOMS

Le nom détermine le genre et le nombre du déterminant, de l'adjectif et du verbe qui l'accompagnent.

1.1 Les noms propres

Les noms propres commencent par une majuscule et, contrairement aux noms communs, ils ne sont pas toujours accompagnés d'un déterminant.

> *Je vous présente* **mon collaborateur**. *(nom commun)*
> *Je vous présente* **Antoine**. *(nom propre)*

1.1.1 Les noms de lieux

Les noms de lieux géographiques sont des noms propres, ils sont invariables et généralement accompagnés d'un déterminant.

Fém.	Masc.	Pluriel	Sans déterminant
La France	*Le Bénélux*	*Les États-Unis*	*Paris*
La Suisse	*Le Mexique*	*Les Antilles*	*Cuba*
L'Europe	*L'Atlantique*	*Les Pays-Bas*	*Manille*
en France	*au Bénélux*	*aux États-Unis*	*à Paris*
en Suisse	*au Mexique*	*aux Antilles*	*à Cuba*

1.1.2 Les noms de peuples

Les noms des habitants d'un pays ou d'une ville prennent une majuscule. Ils portent une marque de genre et de nombre.

> *les Allemands, les Allemandes*
> *les Parisiens, les Parisiennes*

Attention ! Les noms de peuples peuvent être utilisés comme adjectifs. Ils perdent alors leur majuscule et s'accordent en genre et en nombre avec le nom qu'ils accompagnent.

> *Notre plus gros client est espagnol.*
> *Contactez notre agence berlinoise.*

1.2 Les noms communs

Les noms communs sont toujours accompagnés d'un déterminant (Voir Les articles **2** et Les adjectifs non qualificatifs **3.1**).

1.2.1 Le genre des noms

Le genre des noms est fixe, c'est la langue qui le détermine. Cependant, on peut distinguer quelques catégories.

Masculin
Les noms en **-isme :** *Le capitalisme, le socialisme, etc.*
Les noms en **-ment :** *Le développement, un arrangement, etc.*
Les noms en **-au :** *Le bureau, un bateau, etc.*
Les noms en **-eur :** *Un directeur, un vendeur, etc.*
Les noms en **-age :** *Le kilométrage, le chômage, etc.*

Féminin
Les noms en **-tion :** *La consommation, une présentation, etc.*
Les noms en **-té :** *La société, l'égalité, etc.*
Les noms en **-tude :** *L'exactitude, une habitude, etc.*
Les noms en **-ie :** *L'industrie, la compagnie, etc.*
Les noms en **-e :** *L'entreprise, la machine, etc.*

Attention ! Les exceptions sont très nombreuses. En cas de doute, consultez votre dictionnaire.

1.2.2 Le pluriel des noms

La plupart des noms se terminent par un **-s** au pluriel.

Singulier	Pluriel
un salarié	*des salariés*
une facture	*des facture**s***
Les noms se terminant en **-al :**	
un journal	*des journ**aux***
un local	*des loc**aux***
Les noms se terminant en **-(e)au :**	
*un plat**eau***	*des plat**eaux***
*un tuy**au***	*des tuy**aux***
Les noms se terminant en **-s, -z, -x :**	
*le bra**s***	*les bras*
*un ga**z***	*des gaz*
*un pri**x***	*des prix*
Quelques exceptions :	
un travail	*des travaux*
un bijou	*des bijoux*
un œil	*des yeux*
un œuf	*des œufs*

Attention ! Au pluriel, le son *"œu"* [∅] est fermé, et le *"f"* ne se prononce pas.

1.2.3 Les noms de profession

Les noms de profession sont employés sans article lorsqu'ils sont attributs du sujet.

> *Je **suis** représentant.*
> *Avant de **devenir** directeur, j'**étais** assistant.*

2 LES ARTICLES

L'article est un déterminant, il se place avant un nom de personne ou de chose et en indique le genre et le nombre. Il fait partie du groupe nominal et ne peut pas être supprimé.

2.1 Les articles indéfinis

L'article indéfini accompagne un nom de personne ou de chose que l'on ne connaît pas encore.

	Singulier	Pluriel
Masc.	*un* candidat	*des* candidats
Fém.	*une* marque	*des* marques

2.2 Les articles définis

L'article défini accompagne un nom de personne ou de chose que l'on connaît déjà.

	Singulier	Pluriel
Masc.	*le* salarié, *l'*effectif	*les* salariés, *les* effectifs
Fém.	*la* réunion, *l'*heure	*les* réunions, *les* heures

L'article défini peut aussi exprimer une généralité.
Le travail, *la* gestion, *l'*informatique, *les* affaires…

Attention ! À la place des prépositions *de* et *à* suivies des articles *le* et *les*, on emploie des formes contractées.

de + le = **du**   de + les = **des**
*Je sors **du** bureau.*   *Discutons **des** contrats.*

à + le = **au**   à + les = **aux**
*Nous serons **au** Salon.*   *Je dois parler **aux** fournisseurs.*

2.3 Les articles partitifs

L'article partitif désigne une partie indéterminée d'un ensemble.

	Singulier	Pluriel
Masc.	*du* temps, *de l'*argent	*des* capitaux
Fém.	*de la* concurrence, *de l'*avance	*des* vacances

Attention ! Dans une phrase négative ou après un adverbe de quantité (Voir **3.3.1**), *du, de la, des, de l'* deviennent *de* ou *d'*.

Nous vendons <u>beaucoup de fer</u>, mais nous <u>ne</u> vendons <u>pas d'acier</u>.

3 LES ADJECTIFS ET LES ADVERBES

3.1 Les adjectifs non qualificatifs

Les adjectifs non qualificatifs sont des déterminants comme les articles. Ils se placent avant le nom et s'accordent en genre et en nombre avec celui-ci.

3.1.1 Les adjectifs démonstratifs

Les adjectifs démonstratifs déterminent une chose ou une personne que l'on désigne. Ils se placent avant le nom.

	Masc.	Fém.
Sing.	*ce (cet)*	*cette*
Pl.	*ces*	*ces*

Attention ! Au masculin singulier, devant un mot commençant par une voyelle ou un *h* muet, on emploie *cet* au lieu de *ce*.
*Je peux utiliser **cet** ordinateur ?*

Pour les formes composées, voir **4.4.2** Les pronoms démonstratifs.

3.1.2 Les adjectifs indéfinis

Voir **8.2.**

3.1.3 Les adjectifs possessifs

Les adjectifs possessifs déterminent ce qui est possédé et le possesseur (Voir aussi **4.6** Les pronoms possessifs).

Ce qui est possédé (Singulier) :		Ce qui est possédé (Pluriel) :	
un client	*une cliente*	*des clients*	*des clientes*
Masculin	**Féminin**	**Masculin**	**Féminin**
Possesseur singulier			
mon client	*ma* cliente	*mes* clients	*mes* clientes
ton client	*ta* cliente	*tes* clients	*tes* clientes
son client	*sa* cliente	*ses* clients	*ses* clientes
Possesseur pluriel			
notre client	*notre* cliente	*nos* clients	*nos* clientes
votre client	*votre* cliente	*vos* clients	*vos* clientes
leur client	*leur* cliente	*leurs* clients	*leurs* clientes

Attention ! On utilise aussi *mon, ton, son* devant les noms féminins qui commencent par une voyelle.
une adresse   Voici *mon* adresse.

3.1.4 Les adjectifs interrogatifs

On utilise les adjectifs interrogatifs pour demander une précision sur le nom qu'ils accompagnent.

	Masc.	Fém.
Sing.	*quel*	*quelle*
Pl.	*quels*	*quelles*

Avec un sujet :   ***Quels** clients* seront au rendez-vous ?

Avec un COD :   *Tu utilises **quel** ordinateur ?* (style familier)

Avec un COI :   *<u>**À quelle** règle</u> obéissez-vous ?*

Après une préposition : *<u>**Avec quels** pays</u> travaillez-vous ?*

3.1.5 Les adjectifs numéraux ordinaux

Les adjectifs numéraux ordinaux déterminent un rang dans une série. Ils se combinent avec un autre déterminant (Voir 7).

3.2 Les adjectifs qualificatifs

Les adjectifs qualificatifs servent à préciser une qualité. Ils s'accordent en genre et en nombre avec le nom qu'ils accompagnent et se placent avant ou après celui-ci.

3.2.1 Genre et nombre des adjectifs qualificatifs

	Singulier		Pluriel	
	Masculin	**Féminin**	**Masculin**	**Féminin**
	gratuit	gratuit**e**	gratuit**s**	gratuit**es**
	rentable	rentable	rentable**s**	rentable**s**
Adjectifs en	industriel	industriel**le**	industriel**s**	industriel**les**
-el, -il, -on, -en	européen	europé**nne**	européen**s**	europé**ennes**
Adjectifs en	premier	premi**ère**	premier**s**	premi**ères**
-er, -et	discret	discr**ète**	discret**s**	discr**ètes**
Adjectifs en –f	actif	acti**ve**	actif**s**	acti**ves**
	neuf	neu**ve**	neuf**s**	neu**ves**
Adjectifs en -eux	coûteux	coûteu**se**	coûteux	coûteu**ses**
Adjectifs en -al	commercial	commercial**e**	commerci**aux**	commercial**es**
Exceptions	gros	gros**se**	gros	gros**ses**
	bas	bas**se**	bas	bas**ses**
	faux	fau**sse**	faux	fau**sses**
	blanc	blan**che**	blanc**s**	blan**ches**
	frais	fra**îche**	frais	fra**îches**
	beau (bel)	bel**le**	beau**x**	bel**les**
	nouveau (nouvel)	nouvel**le**	nouveau**x**	nouvel**les**
	vieux (vieil)	viei**lle**	vieux	viei**lles**
	long	long**ue**	long**s**	long**ues**

3.3 Les adverbes

Les adverbes s'emploient pour compléter ou modifier le sens d'un verbe, d'un adjectif ou d'un autre adverbe. Ils sont invariables et se placent en général après le verbe.

> Je vous _rappelle_ **bientôt**.
> Nos marges sont **peu** _importantes_.
> Les négociations avancent **très** _lentement_.

3.3.1 Les adverbes de quantité

Les adverbes de quantité permettent de répondre à la question _Combien_.
Certains ne s'utilisent qu'avec un verbe : **beaucoup, tant, autant.**

> Je _voyage_ **beaucoup**.

D'autres ne s'utilisent qu'avec un adjectif ou un autre adverbe : **très, si.**

> Cette réunion n'est pas **si** _urgente_.
> Nous nous connaissons depuis **très** _longtemps_.

La plupart peuvent s'utiliser avec un verbe, un adjectif ou un adverbe : **trop, peu, un peu, assez, tellement, presque, entièrement.**

> Nous _avons_ **presque** _terminé_.
> Cet ordinateur est **presque** _neuf_.
> Notre stock est **presque** _entièrement_ épuisé.

3.3.2 Les adverbes en -ment

De nombreux adverbes sont construits à partir du féminin d'un adjectif + -ment.

Adjectif		Adverbe
Masc.	**Fém.**	**Invariable**
efficace	efficace	efficace**ment**
positif	positive	positive**ment**
long	longue	longue**ment**, etc.

Certains adverbes perdent le **e** du féminin.
> absol_u_ment, vrai_ment, poli_ment, etc.

Certains adverbes prennent un accent aigu é.
> énorm**é**ment, précis**é**ment, sépar**é**ment, etc.

Les adjectifs en -ant et -ent forment des adverbes en -amment et -emment.

> abond**ant**　　abond**amment**
> différ**ent**　　différ**emment**

3.3.3 Les adverbes interrogatifs

Les adverbes interrogatifs permettent d'interroger sur :

Le temps	**Quand**, quand est-ce que...
Le lieu	**Où**, où est-ce que...
La manière	**Comment**, comment est-ce que...
Le nombre	**Combien**, combien est-ce que...
La cause	**Pourquoi**, pourquoi est-ce que...

Ils se placent en début de phrase, sauf dans le style familier.

> **Comment** allez-vous ?
> Tu travailles **combien** d'heures par semaine ? (fam.)

3.4 Le comparatif

Il existe trois comparatifs : la supériorité (_plus_), l'égalité (_autant, aussi_) et l'infériorité (_moins_).

- Avec un nom
  > **plus de**
  > Notre entreprise recrute **autant de** _salariés_ (**que** l'an dernier).
  > **moins de**

- Avec un verbe
  > **plus**
  > Ce camion _consomme_ **autant** (**que** celui-là).
  > **moins**

- Avec un adjectif
  > **plus**
  > Le nouveau modèle est **aussi** _cher_ (**que** l'ancien).
  > **moins**

Attention ! Les comparatifs de supériorité de *bon(s)*, *bonne(s)*, sont irréguliers : **meilleur(s), meilleure(s)**.

- Avec un adverbe

  plus

  *Nous vous livrerons **aussi** <u>rapidement</u> (**que** la dernière fois).*

  moins

Attention ! Le comparatif de supériorité de *bien* est irrégulier : **mieux**.

- Avec un nombre ou un pourcentage

  *Vous avez **plus de** <u>cinq</u> techniciens à votre disposition.*

  moins de

3.5   Le superlatif

Il existe deux superlatifs : la supériorité (*le/la/les plus*) et l'infériorité (*le/la/les moins*).

- Avec un nom

  *Lequel de ces produits offre **le plus d'**<u>avantages</u> ?*

  le moins d'

- Avec un verbe

  *C'est le mois où nous <u>travaillons</u> **le plus.***

  le moins

- Avec un adjectif

  *Quelle est la solution **la plus** <u>rentable</u> ?*

  la moins

  Attention !
  1. L'article **le, la, les** et l'*adjectif* s'accordent en genre et en nombre avec le nom qu'ils accompagnent.
  2. Les superlatifs de *bon(s)*, *bonne(s)* sont irréguliers : **le (les) meilleur(s), la (les) meilleure(s)**.

- Avec un adverbe

  *Voici le modèle que nous vendons **le plus** <u>fréquemment</u>.*

  le moins

  Attention ! Le superlatif de *bien* est irrégulier : **le mieux**.

4 LES PRONOMS

Le pronom remplace un nom ou un groupe nominal, mais il peut parfois remplacer un adjectif ou même une proposition entière.

4.1   Les pronoms personnels

Les pronoms personnels sont utilisés pour désigner des personnes ou des choses ou pour éviter une répétition.

4.1.1   Les pronoms personnels sujets

	Sing.	Pl.
1ère pers.	*je, j'*	*nous*
2ème pers.	*tu*	*vous*
3ème pers.	*il, elle, on*	*ils, elles*

On peut remplacer **nous**.

  On est allés à notre réunion.

On peut aussi remplacer **tout le monde, les gens, quelqu'un...**

  On est entré dans l'ère du commerce électronique.

  On a téléphoné.

4.1.2   Les pronoms toniques

Les pronoms toniques permettent d'insister sur la personne dont on parle.

  ***Moi, je** préfère travailler en équipe.*

	Sing.	Pl.
1ère pers.	*moi*	*nous*
2ème pers.	*toi*	*vous*
3ème pers.	*lui, elle*	*eux, elles*

Ils peuvent être complétés par l'adjectif **même**.

  *Il a créé sa société **lui-même**.*

4.1.3   Les pronoms personnels COD

Le pronom direct remplace un complément d'objet direct. Il se place immédiatement avant le verbe ou l'auxiliaire (Voir aussi **6.7.1**).

	Sing.	Pl.
1ère pers.	*me, m'*	*nous*
2ème pers.	*te, t'*	*vous*
3ème pers.	*le, la, l'*	*les*

  *J'ai envoyé <u>les commandes</u> au client. Je **les** ai envoyées au client.*

Attention ! À tous les temps composés, le participe passé s'accorde avec le pronom COD.

Le pronom direct *le* peut aussi remplacer un adjectif.
  - *Êtes-vous <u>satisfaite, Madame</u> ?*
  - *Oui, je **le** suis.*

4.1.4   Les pronoms personnels COI

Le pronom indirect remplace un complément d'objet indirect. Il se place immédiatement avant le verbe ou l'auxiliaire (Voir aussi **6.7.1**).

	Sing.	Pl.
1ère pers.	*me, m'*	*nous*
2ème pers.	*te, t'*	*vous*
3ème pers.	*lui*	*leur*

  J'ai envoyé les commandes <u>au client</u>.
  *Je **lui** ai envoyé les commandes.*

Récapitulatif
Pour ne pas confondre les pronoms directs et indirects, on peut poser la question *qui ?* ou *à qui ?*

	qui ?	pronoms directs
Il reçoit un client.	*Il reçoit qui ?*	*Il **le** reçoit.*
Je contacte Mme Renard.	*Je contacte qui ?*	*Je **la** contacte.*
Elle appelle M. Chaumel.	*Elle appelle qui ?*	*Elle **l'**appelle.*
Il invite des clients.	*Il invite qui ?*	*Il **les** invite.*
	à qui ?	pronoms indirects
Elle écrit à Mme Favori.	*Elle écrit à qui ?*	*Elle **lui** écrit.*
Il téléphone à des clients.	*Il téléphone à qui ?*	*Il **leur** téléphone.*

4.1.5 Deux pronoms personnels compléments d'objet

Dans une même phrase, les pronoms indirects et directs se placent dans l'ordre suivant (Voir aussi **6.7.2**) :

sujet + pronom **COI** + pronom **COD** + verbe (ou auxiliaire + verbe)
*Je <u>vous</u> ai envoyé <u>les commandes</u>.   => Je **vous les** ai envoy**ées**.*
  COI   COD   COI+COD

Attention ! Lorsque le pronom indirect est à la 3ème personne (*lui, leur*), l'ordre est inversé.

sujet + pronom **COD** + pronom **COI** + verbe (ou auxiliaire + verbe)
*J'ai envoyé <u>les commandes</u> <u>au client</u>. => Je **les lui** ai envoy**ées**.*
           COD   COI   COD+COI

4.2 Les pronoms *en* et *y*

4.2.1 Le pronom *en*

En se place immédiatement avant le verbe ou l'auxiliaire (voir aussi **5.1.3** et **6.7.3**). Il remplace les compléments d'objet directs précédés de l'article indéfini (**du, de la, des** ou **d'**).
*Nous avons livré **des** <u>cartons</u>. => Nous **en** avons livré.*

En remplace aussi les noms précédés d'une expression de quantité (**un, deux, trois, etc. , un peu de, assez de, beaucoup de, trop de, plusieurs, aucun, etc.**).
*J'ai envoyé **un** <u>courrier</u>. => J'**en** ai envoyé **un**.*
*Nous avons **plusieurs** <u>modèles</u>. => Nous **en** avons*
                                          plusieurs.

L'expression de quantité se place après le verbe ou le participe passé.

Attention ! Avec certains verbes comme ***parler de, avoir besoin de, se charger de***, etc. il est préférable de ne pas utiliser **en** lorsqu'il s'agit de personnes.
*J'ai besoin **de** <u>mon ordinateur</u>. => J'**en** ai besoin.*
*J'ai besoin **de** <u>mes collègues</u>. => J'ai besoin **d'eux**.*

Ne pas confondre le pronom avec la préposition qui répond à la question comment ou quand.
*Voyager **en** train, partir **en** avril, une chaise **en** bois, des produits **en** stock.*

4.2.2 Le pronom *y*

Y se place immédiatement avant le verbe ou l'auxiliaire (Voir aussi **5.1.3** et **6.7.3**). Il remplace les compléments d'objet indirects précédés de la préposition **à, au, à la, à l', aux**.
*Tu as assisté **aux** <u>réunions</u> ? => Tu **y** as assisté ?*

Y peut aussi remplacer les compléments circonstanciels de lieu précédés de **à**.
*Je vais **à** <u>une réunion</u>. => J'**y** vais.*

Attention ! **Y** ne remplace que les noms de choses.

*Nous tenons **à** <u>la qualité de nos produits</u>. => Nous **y** tenons.*
*Nous tenons **à** <u>nos clients</u>. => Nous tenons **à eux**.*

4.3 Les pronoms relatifs

Les pronoms relatifs permettent de relier, dans une même phrase, deux propositions se rattachant à un même élément. Cet élément s'appelle l'antécédent.

- **Qui** est sujet.
 Je représente une société. <u>Cette société</u> est en pleine expansion.
 *Je représente une société **qui** est en pleine expansion.*

- **Que** est complément d'objet direct.
 Donnez-moi l'adresse des entrepôts. Je dois visiter <u>ces entrepôts</u>.
 *Donnez-moi l'adresse des entrepôts **que** je dois visiter.*

- **Où** est complément circonstanciel de lieu.
 Voici le bureau. Nos techniciens travaillent <u>dans ce bureau</u>.
 *Voici le bureau **où** nos techniciens travaillent.*

- **Dont** peut être :
 complément de nom,
 Nous vendons un produit. La livraison <u>de ce produit</u> est gratuite.
 *Nous vendons un produit **dont** la livraison est gratuite.*

 complément d'un adjectif,
 Je vais vous montrer les nouveautés. Nous sommes fiers <u>de ces nouveautés</u>.
 *Je vais vous montrer les nouveautés **dont** nous sommes fiers.*

 ou complément d'objet indirect.
 Discutons des contrats. Vous vouliez me parler <u>des contrats</u>.
 *Discutons des contrats **dont** vous vouliez me parler.*

- **Ce qui, ce que, ce dont**
 Cette forme s'emploie quand il n'y a pas d'autre antécédent.
 Ce remplace *la / les chose(s)*.
 *Faites **ce qui** est nécessaire.*
 ***Ce que** je vois dans le catalogue est intéressant.*
 *Nous vous livrerons **ce dont** vous aurez besoin.*

4.4   Les pronoms démonstratifs

Les pronoms démonstratifs servent à désigner ce que la personne qui parle montre ou a dans l'esprit. Ils permettent d'éviter une répétition.

4.4.1 Les formes simples

	Masc.	Fém.	Neutre
Sing.	*celui*	*celle*	*ce (c')*
Pl.	*ceux*	*celles*	

Les pronoms simples sont utilisés avec :

- Un nom introduit par **de** (sauf pour le pronom neutre)
  *Pendant que je vérifie les factures d'avril, vérifiez **celles de** mai.*

- Un pronom relatif
  *Je ferai une proposition à **celui qui** sera le plus compétitif.*

4.4.2 Les formes composées

- Les formes en **-ci**
  Elles marquent la proximité, tandis que les formes en **-là** marquent l'éloignement.
  *Ce catalogue**-ci** est destiné aux consommateurs, **celui-là***
  Adjectif   Pronom
  aux professionnels.

  Il existe aussi des formes neutres : *ceci, cela, ça* (fam.).

- Avec le verbe **être** : **c'est**
  Pour identifier, pour présenter ou pour s'annoncer.

Singulier	Pluriel
C'est le directeur.	*Ce sont* mes collaborateurs.
C'est moi-même.	*C'est* nous.

Pour faire un commentaire, *c'est* s'emploie avec un adjectif masculin singulier.

  C'est facile.   *Ce n'est pas* facile. *(forme négative)*

4.5   Les pronoms indéfinis

Voir **8.2.**

4.6   Les pronoms possessifs

Les pronoms possessifs remplacent des groupes nominaux déterminés par un adjectif possessif (voir aussi **3.1.3 Les adjectifs possessifs**).

Ce qui est possédé (Singulier) :		Ce qui est possédé (Pluriel) :	
un client	*une cliente*	*des clients*	*des clientes*
Masculin	**Féminin**	**Masculin**	**Féminin**
Possesseur singulier			
le mien	*la mienne*	*les miens*	*les miennes*
le tien	*la tienne*	*les tiens*	*les tiennes*
le sien	*la sienne*	*les siens*	*les siennes*
Possesseur pluriel			
le nôtre	*la nôtre*	*les nôtres*	*les nôtres*
le vôtre	*la vôtre*	*les vôtres*	*les vôtres*
le leur	*la leur*	*les leurs*	*les leurs*

*Vous avez nos coordonnées, mais nous n'avons pas **les vôtres**.*

4.7   Les pronoms interrogatifs

Voir **5.4.2** l'interrogation partielle.

	Simples	Composés
Personne	*qui*	*qui est-ce qui* (sujet)
		qui est-ce que (complément)
Chose	*que*	*qu'est-ce qui* (sujet)
	quoi (après préposition)	*qu'est-ce que* (complément)

5 LES VERBES

5.1   L'infinitif

Certains verbes comme *aimer, demander à, souhaiter, décider de, espérer, penser, désirer, attendre de, compter, vouloir, pouvoir, savoir, etc*. peuvent être suivis d'un autre verbe. Lorsque les deux verbes se rapportent à la même personne, le deuxième verbe est à l'infinitif.

  *Je souhaite **prendre** rendez-vous.*
  *Nous avons décidé de **changer** de stratégie.*

5.1.1 Place des pronoms personnels compléments d'objet

Dans une construction infinitive, les pronoms personnels compléments d'objet indirects et directs se placent juste avant le verbe à l'infinitif.

  Je compte bientôt présenter le directeur à <u>M. Robert</u>. =>
                                                              COI
  *Je compte bientôt **lui** présenter le directeur.*

  Je désire rencontrer <u>M. Raymond</u> cet après-midi. =>
                                                    COD
  *Je désire **le** rencontrer cet après- midi.*

5.1.2 Deux pronoms personnels compléments d'objet

Dans une même construction infinitive, les pronoms indirects et directs se placent dans l'ordre suivant :

sujet + verbe + pronom **COI** + pronom **COD** + verbe à l'infinitif
Je pense <u>te</u> rendre <u>mon rapport</u> demain matin. =>
       COI   COD
*Je pense **te le** rendre demain matin.*
   COI+COD

Attention ! Lorsque le pronom indirect est à la 3ème personne (*lui, leur*), l'ordre est inversé.

sujet + verbe + pronom **COD** + pronom **COI** + verbe à l'infinitif
Je veux envoyer <u>la commande</u> <u>aux fournisseurs</u>.
                      COD   COI
*=>Je veux **la leur** envoyer.*
       COD+COI

5.1.3 Place de *y* et *en*

Les pronoms **y** et **en** se placent juste avant le verbe à l'infinitif.

> *Je compte aller <u>au Salon de l'automobile</u>. => Je compte* **y** *aller.*
> *J'espère essayer <u>plusieurs modèles</u>. => J'espère* **en** *essayer plusieurs.*

5.1.4 *Pour* + infinitif

On emploie **pour** + infinitif pour exprimer le but quand les sujets de la proposition principale et de la proposition subordonnée sont les mêmes.

> *Nous avons travaillé* **pour augmenter** *notre chiffre d'affaires.*
> **Pour obtenir** *une réduction, attendez les soldes.*

5.2 Les constructions impersonnelles

Les verbes impersonnels ne se conjuguent qu'à la 3ème personne du singulier, bien que "Il" ne renvoie à aucun sujet réel.

5.2.1 Construction impersonnelle + nom

Il y a, il s'agit de, il manque, etc.

> **Il manque** <u>une signature</u>.

5.2.2 Construction impersonnelle + verbe à l'infinitif

Il vaut mieux, il faut, il s'agit de, il est question de, il suffit de, il est + adjectif (important, etc.) + de, etc.

> **Il s'agit de** <u>garder</u> *notre clientèle.*
> **Il vaut mieux** <u>aller</u> *chez le boulanger pour avoir du pain de qualité.*

5.2.3 Construction impersonnelle + sujet + verbe conjugué

Il paraît que, il se trouve que, etc.

> **Il paraît que** <u>tu viens</u> *à cette réunion.*

Attention ! Certaines constructions impersonnelles sont suivies du subjonctif.

5.3 La négation

La négation est marquée autour du verbe conjugué ou de l'auxiliaire par **ne... pas**.

> *Je* **ne** *viendrai* **pas** *au rendez-vous.*
> *Je* **ne** *suis* **pas** *venu à la réunion.*

Attention !
1. Devant un verbe commençant par une voyelle, **ne** devient **n'**.
   > *Il* **n'est pas** *dans son bureau.*
2. Avec des pronoms personnels compléments d'objet, y ou en, **ne** se place juste avant le ou les pronoms.
   > *Vous* **ne** *m'avez* **pas** *téléphoné.*

3. Dans une construction infinitive, **ne... pas** se place juste avant le verbe à l'infinitif lorsque la négation porte sur ce verbe.
   > *J'ai décidé de* **ne pas** *venir à l'aéroport.*
   à ne pas confondre avec :
   > *Je* **n'ai pas** *décidé de venir ...*

5.3.1 La négation sur le temps ou le lieu

Des adverbes de temps (**plus** ou **jamais**) ou de lieu (**nulle part**) peuvent remplacer **pas**.

> *Il* **ne** *travaille* **plus**.
> *Je* **ne** *suis* **jamais** *venu.*
> *Cette route* **ne** *mène* **nulle part**.

5.3.2 La négation sur une personne ou une chose

Des pronoms ou adjectifs indéfinis comme **personne, rien** ou **aucun** peuvent également remplacer **pas**.

> *Je* **n'ai aucun** *problème.*

Personne	Chose
Sujet	
Personne n'a appelé.	**Rien n'**a été vendu.
Complément	
Il **ne** connaît **personne**.	Il **n'a rien** acheté.

5.3.3 La double négation

On emploie **ne... ni... ni** lorsque la négation porte sur deux éléments.

> *Je* **ne** *connais* **ni** *le produit* **ni** *son prix.*

5.3.4 La restriction

La restriction est exprimée par **ne... que**. Cette tournure équivaut à l'emploi de l'adverbe seulement.

> *Vous* **n'avez** *reçu* **qu'un seul** *message. => Vous avez reçu* **seulement** *un message.*

5.4 L'interrogation

Il existe deux types de phrase interrogative : totale et partielle.

5.4.1 L'interrogation totale

Les interrogations totales sont les questions auxquelles on ne peut répondre que par *oui* ou *non*.

- Avec inversion du sujet (Style soutenu, langue écrite)
  Le sujet passe après le verbe et est séparé de celui-ci par un trait d'union.
  > *Travaillez-vous le samedi ?*

- Avec **est-ce que** (Style courant, langue orale)

  La syntaxe est la même que celle d'une phrase affirmative, et **est-ce que** est ajouté en début de phrase.

  ***Est-ce que** vous travaillez le samedi ?*

- Avec l'intonation (Style familier, langue orale)

  La syntaxe est la même que celle d'une phrase affirmative mais c'est l'intonation montante qui indique qu'il s'agit d'une question.

  *Vous travaillez le samedi **?***

5.4.2 L'interrogation partielle

Les interrogations partielles sont les questions auxquelles on répond en apportant une précision.

- Avec **qui**

  On utilise *qui* lorsque la question porte sur une personne. Il se place en début de phrase, avant le verbe (sauf dans le style familier).

Qui est sujet	*Qui* est à l'appareil ?
Qui est COD	*Qui* rencontres-tu ?
Qui est COI	*À qui* parlez-vous ?
	De qui parlez-vous ?
Préposition + *qui*	*Pour qui* travaillent-ils ?

- Avec **que, qu', quoi**

  On utilise *que, qu'* quand la question porte sur une chose. Ils se placent en début de phrase, avant le verbe (sauf dans le style familier).

Qu' est sujet	*Qu'est-ce qui* vous motive ?
Que, qu', quoi est COD	*Que* fabriquez-vous ?
Que, qu', quoi est COI	*À quoi* pensez-vous ?
	De quoi te souviens-tu ?
Préposition + *quoi*	*Par quoi* commençons-nous ?

5.5   La voix passive

À la voix active, le sujet accomplit l'action tandis qu'à la voix passive, il la subit. Le sujet devient complément d'agent introduit avec *par*. Le complément d'objet direct devient sujet et le verbe se transforme en participe passé conjugué avec l'auxiliaire *être*.

Voix active		
Notre société	**fabrique**	*ces machines.*
sujet	verbe (au présent)	COD
Voix passive		
Ces machines **sont**	fabriqu**ées**	*par notre société.*
sujet *être* (au présent)	participe passé	complément d'agent

Attention !

1. À la voix passive, le verbe *être* est conjugué au même temps que le verbe à la voix active (dans ce cas, le présent).
2. Le participe passé s'accorde en genre et en nombre avec le sujet (dans ce cas, il s'agit de *ces machines*).

Si l'on ne veut pas préciser qui fait l'action, la voix passive permet d'éviter l'emploi de **On**, qui peut alourdir le style ou être inapproprié.

Voix active
*On **règle** les factures à trente jours.*
*On **ouvre** les bureaux de 07h00 à 19h00.*
Voix passive
*Les factures **sont** régl**ées** à trente jours.*
*Les bureaux **sont** ouver**ts** de 07h00 à 19h00.*

6 LES TEMPS

6.1   Le présent

On emploie le présent de l'indicatif pour exprimer une action en cours dans le présent.

	ACHET**ER**	CHOIS**IR**	VEND**RE**
Je, j'	*achète*	*choisis*	*vends*
Tu	*achètes*	*choisis*	*vends*
Il, elle, on	*achète*	*choisit*	*vend*
Nous	*achetons*	*choisissons*	*vendons*
Vous	*achetez*	*choisissez*	*vendez*
Ils, elles	*achètent*	*choisissent*	*vendent*

Attention ! Le radical de certains verbes peut changer.

Acheter => J'achète

Manger => Nous mangeons

Prendre => Nous prenons

6.2   Le passé composé

On emploie le passé composé pour exprimer une action accomplie et achevée dans le passé. Il est formé d'un auxiliaire conjugué (*avoir* ou *être*) et du participe passé du verbe.

*J'**ai pris** l'avion hier, à 14h30.*

	ACHET**ER**	CHOIS**IR**	VEND**RE**
Je, j'	**ai** *acheté*	**ai** *choisi*	**ai** *vendu*
Tu	**as** *acheté*	**as** *choisi*	**as** *vendu*
Il, elle, on	**a** *acheté*	**a** *choisi*	**a** *vendu*
Nous	**avons** *acheté*	**avons** *choisi*	**avons** *vendu*
Vous	**avez** *acheté*	**avez** *choisi*	**avez** *vendu*
Ils, elles	**ont** *acheté*	**ont** *choisi*	**ont** *vendu*

6.2.1 *Avoir* ou *être* ?

L'auxiliaire ***avoir*** s'emploie avec la majorité des verbes. L'auxiliaire ***être*** s'emploie avec les verbes pronominaux.

Je me suis trompé(e).

Il s'emploie aussi avec les verbes de mouvement et leurs dérivés : *retourner, arriver, rester, partir, aller, venir, entrer, sortir, monter, descendre, tomber, naître et mourir.*

6.2.2 Accord du participe passé

- Avec l'auxiliaire **avoir**

    Le participe passé s'accorde avec le COD lorsque celui-ci est placé **avant** l'auxiliaire.

    J'ai **lu** <u>mes notes</u>.   Je <u>les</u> ai **lues**.
       COD   COD

    Attention ! Dans la tournure **faire** au passé composé **+ verbe à l'infinitif**, **fait** ne s'accorde jamais.

    *Cette machine, je l'ai **fait** réparer hier.*

- Avec l'auxiliaire **être**

    Le participe passé s'accorde en genre et en nombre avec le sujet pour les verbes de **déplacement** (voir **6.2.1**).

    Nous *sommes all**és** visiter les services de production.*

    Pour les verbes pronominaux, le participe passé s'accorde en genre et en nombre avec le sujet quand le pronom réfléchi est COD.

	Pronom réfléchi	
Je	**me**	*suis dirigé(e)*
Tu	**te, t'**	*es dirigé(e)*
Il/Elle	**se, s'**	*est dirigé(e)*
Nous	**nous**	*sommes dirigé(e)s*
Vous	**vous**	*êtes dirigé(e)s*
Ils/Elles	**se**	*sont dirigé(e)s*

Elle <u>s'</u>est *dirigée vers la salle de réunion.*
 COD

Veut dire : **Elle a dirigé <u>elle-même</u> vers la salle de réunion.*
          COD

Quand le pronom réfléchi n'est pas COD, le participe passé ne s'accorde pas.

Nous <u>nous</u> sommes acheté une <u>nouvelle imprimante</u>.
 COI   COD

Veut dire : **Nous avons acheté <u>une nouvelle imprimante</u> à <u>nous-mêmes</u>.*
         COD   COI

6.3   L'imparfait

On emploie l'imparfait pour exprimer :

- une action en cours dans le passé,

    *Nous **discutions**, quand le téléphone a sonné.*

- une description,

    *Les clients **paraissaient** intéressés.*

- une habitude ou une action répétée dans le passé.

    *Auparavant, ces machines **tombaient** régulièrement en panne. Quand je **travaillais** chez AAA, je **m'occupais** de la comptabilité.*

	ACHET**ER**	CHOIS**IR**	VEND**RE**
Je, j'	*achet**ais***	*chois**issais***	*vend**ais***
Tu	*achet**ais***	*chois**issais***	*vend**ais***
Il, elle, on	*achet**ait***	*chois**issait***	*vend**ait***
Nous	*achet**ions***	*chois**issions***	*vend**ions***
Vous	*achet**iez***	*chois**issiez***	*vend**iez***
Ils, elles	*achet**aient***	*chois**issaient***	*vend**aient***

6.4   *Venir de* + verbe à l'infinitif

On emploie **venir de + verbe à l'infinitif** pour exprimer une action qui s'est déroulée dans un passé très récent.

*Je **viens de téléphoner** à notre fournisseur. Il veut nous rencontrer.*

6.5   Le futur

6.5.1 Le futur simple

On emploie le futur simple pour exprimer une action qui va se dérouler dans un avenir plus ou moins éloigné.

*Je dois vous quitter, mais nous **reparlerons** de cela la semaine prochaine.*

	ACHET**ER**	CHOIS**IR**	VEND**RE**
Je, j'	*achèt**erai***	*chois**irai***	*vend**rai***
Tu	*achèt**eras***	*chois**iras***	*vend**ras***
Il, elle, on	*achèt**era***	*chois**ira***	*vend**ra***
Nous	*achèt**erons***	*chois**irons***	*vend**rons***
Vous	*achèt**erez***	*chois**irez***	*vend**rez***
Ils, elles	*achèt**eront***	*chois**iront***	*vend**ront***

Attention ! Le radical de certains verbes peut changer.

Acheter => *J'**achèt**erai*
Venir => *Je **viend**rai*

- ***Si* + présent => futur simple**

    Si + présent marque une possibilité : le verbe est au présent dans la subordonnée et au futur dans la principale.

    Si *vous **téléphonez** vers 10h30, je vous <u>**fixerai**</u> un rendez-vous.*

6.5.2 Le futur proche

On emploie la tournure **aller** + verbe à l'infinitif pour exprimer une action qui va se dérouler dans un avenir proche.

*Je **vais déjeuner** bientôt.*

6.6   Le conditionnel

On emploie le présent du conditionnel avec les verbes **aimer, désirer, vouloir, souhaiter, pouvoir, etc.** pour formuler un désir ou une proposition poliment.

Pourrais-*je visiter vos entrepôts ?*
*Je **voudrais** parler à Monsieur Bardin, s'il vous plaît.*

	ACHET**ER**	CHOIS**IR**	VEND**RE**
Je, j'	*achèt**erais***	*chois**irais***	*vend**rais***
Tu	*achèt**erais***	*chois**irais***	*vend**rais***
Il, elle, on	*achèt**erait***	*chois**irait***	*vend**rait***
Nous	*achèt**erions***	*chois**irions***	*vend**rions***
Vous	*achèt**eriez***	*chois**iriez***	*vend**riez***
Ils, elles	*achèt**eraient***	*chois**iraient***	*vend**raient***

- *Si* + imparfait => **conditionnel**

  Si + imparfait marque une éventualité réalisable : le verbe est à l'imparfait dans la subordonnée et au conditionnel présent dans la principale.

  Si les coûts **étaient** moins élevés, nous **pourrions** baisser nos prix.

  Cette tournure peut aussi marquer une condition non réalisée dans le présent :

  Si la livraison **était** gratuite (mais elle est payante), nous **achèterions** vos produits.

6.7 L'impératif

À l'impératif, les verbes se conjuguent sans pronoms personnels sujets.

Entrez, je vous prie.

	ACHETER	CHOISIR	VENDRE
2ème pers.	achète	choisis	vends
1ère pers.	achetons	choisissons	vendons
2ème pers. pl.	achetez	choisissez	vendez

6.7.1 Place des pronoms personnels compléments d'objet

Dans une phrase à l'impératif, les pronoms personnels compléments d'objet directs et indirects se placent directement après le verbe et sont séparés de celui-ci par un trait d'union.

Invitons <u>notre client</u> à déjeuner. => Invitons-**le** à déjeuner.
   COD   COD

Téléphonez <u>à Mme Robert</u>. => Téléphonez-**lui**.
                COI   COI

6.7.2 Deux pronoms personnels compléments d'objet

S'ils sont dans la même phrase à l'impératif, les pronoms directs et indirects se placent dans l'ordre suivant :

verbe + pronom **COD** + pronom **COI**

Donnez <u>votre rapport</u> <u>à Pierre</u>. => Donnez-**le lui**.
           COD   COI   COD+COI

Attention ! À l'impératif, la forme de certains pronoms personnels complément d'objet change.

Singulier	COD	COI	Pluriel	COD	COI
1ère pers.	moi	moi	1ère pers.	nous	nous
2ème pers.	toi	toi	2ème pers.	vous	vous
3ème pers.	le, la	lui	3ème pers.	les	leur

6.7.3 Place de y et *en*

Les pronoms **y** et **en** se placent directement après le verbe, séparés de celui-ci par un trait d'union.

Réfléchissez <u>à notre proposition</u> ! => Réfléchissez-**y** !
Testez <u>plusieurs échantillons</u>. => Testez-**en** plusieurs.

7 LES NOMBRES

En chiffres	En lettres	Adjectif numéral ordinal	Adverbe
0	zéro		
1	un	premier(-ère)	premièrement
2	deux	deuxième	deuxièmement
3	trois	troisième	troisièmement
4	quatre	quatrième	quatrièmement
5	cinq	cinquième	cinquièmement
6	six	sixième	sixièmement
7	sept	septième	septièmement
8	huit	huitième	huitièmement
9	neuf	neuvième	neuvièmement
10	dix	dixième	dixièmement
11	onze	onzième	etc.
12	douze	douzième	
13	treize	treizième	
14	quatorze	quatorzième	
15	quinze	quinzième	
16	seize	seizième	
17	dix-sept	dix-septième	
18	dix-huit	dix-huitième	
19	dix-neuf	dix-neuvième	
20	vingt	vingtième	
30	trente	trentième	
40	quarante	quarantième	
50	cinquante	cinquantième	
60	soixante	soixantième	
70	soixante-dix	soixante-dixième	
80	quatre-vingts	quatre-vingtième	
90	quatre-vingt-dix	quatre-vingt-dixième	
100	cent	centième	

Attention ! En Belgique et en Suisse, **70** se dit *septante*, **80** se dit *huitante* ou *octante* et **90** se dit *nonante*.

7.1 L'orthographe des nombres

- Les nombres composés inférieurs à 100 s'écrivent avec un trait d'union.

  Quatre-vingt-quinze (95)
  Trois cent quarante-deux (342)

- Dans les nombres **21, 31, 41, etc.**, le trait d'union est remplacé par **et**.

  Cinquante et un (51)
  Soixante et onze (71)

  Attention ! **81** se dit *quatre-vingt-un* et **91** se dit *quatre-vingt-onze*.

- *Quatre-vingts* et les multiples de *cent* prennent un *s* lorsqu'ils ne sont pas suivis d'autres nombres.

  80 = quatre-vingts mais *82 = quatre-vingt-deux*
  300 = trois cents mais *306 = trois cent six*

- Pour les nombres supérieurs ou égaux à *mille*, on met une espace tous les trois chiffres.

  1 650 (mille six cent cinquante)

  2 500 000 (deux millions cinq cent mille)

- La partie entière et la partie décimale sont séparées par une virgule.

  17, 5 (dix-sept virgule cinq)

  48, 25 (quarante-huit virgule vingt-cinq)

- Poids, mesures et devises s'écrivent après la somme.

  12 500 km (douze mille cinq cents kilomètres)

  4 200 DM (quatre mille deux cents deutsch mark)

7.2   Les fractions

1/1 = la totalité

1/2 = la moitié

1/3 = le tiers   2/3 = les deux tiers

1/4 = le quart   3/4 = les trois quarts

1/5 = le cinquième   4/5 = les quatre cinquièmes, etc.

1/6 = le sixième, etc.

8 LA QUANTITÉ

8.1   Les articles partitifs

Voir **2.3.**

8.2   Les adjectifs et les pronoms indéfinis

Les indéfinis servent à déterminer une quantité.

8.2.1   *Plusieurs* est invariable.

*Nous avons **plusieurs** <u>clientes</u> intéressées, **plusieurs** ont déjà commandé.*

8.2.2   *Quelques* (adjectif), *quelques-uns, quelques-unes* (pronom)

*Nous fabriquons **quelques** <u>modèles</u> en Europe, **quelques-uns** en France.*

Attention ! Il ne faut pas confondre avec **quelqu'un** qui désigne une personne indéfinie.

***Quelqu'un** a demandé à vous voir, ce matin.*

Quand on parle d'une chose indéfinie, on utilise **quelque chose.**

*Il faut que je vous parle de **quelque chose.***

8.2.3   *Tout, tous, toute, toutes*

	Masc.		Fém.	
	Adjectif	Pronom	Adjectif	Pronom
Singulier	**tout** *le salon*	**tout**	**toute** *la clientèle*	**toute**
Pluriel	**tous** *les hôtels*	**tous**	**toutes** *les chambres*	**toutes**

Attention ! Au masculin pluriel, le *s* de **tous,** adjectif ne se prononce pas, contrairement au *s* de **tous,** pronom.

Tous** <u>les hôtels</u> sont pleins ? - Oui, **tous.

Attention ! Au masculin singulier, il ne faut pas confondre avec l'adverbe **tout** invariable qui peut être remplacé par *entièrement.*

***Tout** <u>le catalogue</u> présente les **tout** nouveaux modèles.*

Adjectif   Adverbe

8.2.4   *Certains, certaines, d'autres*

*Nous ouvrons tous les jours jusqu'à 18 heures, mais **certains** <u>jours</u> jusqu'à 20 heures, **certains / d'autres** jusqu'à 22 heures.*

*En principe, elle travaille 35 heures par semaine, mais **certaines** <u>semaines</u> elle ne travaille que 20 heures et **certaines / d'autres** 15 heures seulement.*

8.2.5   *Chaque* (adjectif), *chacun / chacune* (pronom)

	Adjectif	Pronom
un billet d'avion	**chaque** *billet d'avion*	**chacun**
une chambre	**chaque** *chambre*	**chacune**

***Chaque** <u>chambre d'hôtel</u> coûte 33 euros. => **Chacune** coûte 33 euros.*

8.2.6   *Aucun, aucune*

	Adjectif	Pronom
un paiement	**aucun** *paiement*	**aucun**
une facture	**aucune** *facture*	**aucune**

***Aucune** <u>facture</u> n'a été payée. => **Aucune** n'a été payée.*

Attention ! *Personne,* **aucun** et **rien** sont toujours précédés ou suivis de **ne, n'** lorsque la proposition comporte un verbe.

- ***Personne** n'a téléphoné ?*
- *Non, il **n'**y a **aucun** message.*

8.2.7   *L'un, l'une, l'autre*

*Je travaille <u>un jour</u> le matin, <u>un jour</u> l'après-midi. => **L'un** le matin, **l'autre** l'après-midi.*

*Je travaille <u>une semaine</u> à plein temps et <u>une semaine</u> à mi-temps. => **L'une** à plein temps, **l'autre** à mi-temps.*

8.3   Les adverbes de quantité

Voir **3.3.1.**

9 LE TEMPS

Les compléments de temps varient selon que l'on se place dans l'antériorité (**avant**), la simultanéité (**en même temps**) ou la postériorité (**après**) par rapport au moment où l'on parle.

	Antériorité	Simultanéité	Postériorité
Dans le présent	*hier*	*aujourd'hui*	*demain*
	hier matin	*ce matin*	*demain matin*
	la semaine dernière	*cette semaine*	*la semaine prochaine*
	il y a deux jours		*dans deux jours*
Dans le passé	*la veille*	*ce jour-là*	*le lendemain*
	La veille au matin	*ce matin-là*	*le lendemain matin*
	L'année d'avant (précédente)	*cette année-là*	*l'année d'après (suivante)*

9.1   L'heure

Si on donne l'heure à l'oral, on utilisera plutôt le langage parlé. Le langage administratif et commercial (horaires d'avion, etc.) utilisera plutôt le langage officiel.

Heure	Langage parlé	Langage officiel
00h00	*minuit*	*zéro heures*
08h15	*huit heures et quart (du matin)*	*huit heures quinze*
10h30	*dix heures et demie (du matin)*	*dix heures trente*
12h00	*midi*	*douze heures*
12h30	*midi et demie*	*douze heures trente*
15h00	*trois heures (de l'après-midi)*	*quinze heures*
19h45	*huit heures moins le quart (du soir)*	*dix-neuf heures quarante-cinq*
21h40	*Dix heures moins vingt (du soir)*	*vingt et une heures quarante*

9.2   La durée

9.2.1 *Depuis* et *il y a*

Depuis marque la durée d'une action qui a commencé dans le passé. Il est généralement accompagné du présent ou de l'imparfait.

> *Je travaille **depuis** lundi.* (J'ai commencé lundi.)

Il y a marque la durée écoulée depuis qu'un événement s'est produit. Il est généralement accompagné du passé composé.

> *J'ai commencé à travailler **il y a** deux jours.* (J'ai commencé lundi.)

Attention ! Ne pas confondre avec *il y a* qui marque l'existence d'une personne ou d'une chose dans un lieu.

> *Il y a dix personnes dans mon service.*

9.2.2 *Pendant*

Pendant marque la durée d'une action qui peut se situer dans le passé, dans le présent ou dans le futur.

> *J'ai travaillé sur ce dossier **pendant** deux jours.*
> *Je suis absent **pendant** une semaine.*
> *Je serai en congé **pendant** quinze jours.*

9.2.3 *Pour* et *jusqu'à*

Pour et **jusqu'à** marquent la durée d'une action qui finit dans le futur.

> *Je pars **pour** deux jours.* (jeudi et vendredi)
> *Je serai absent **jusqu'à** samedi.* (Je reviens samedi.)

9.2.4 *Dans*

Dans marque le début d'une action qui commence dans le futur.

```
                mercredi  jeudi   vendredi  samedi dimanche
- - - - - |- - - - - | - - - - - |X - - -|- - - - -|- - - - [|- - - - - -|- - - >
                aujourd'hui
```

> *Je pars en voyage **dans** deux jours.* (Je pars samedi.)

Dans peut être remplacé par d'autres prépositions de temps comme **sous** pour exprimer un délai.
> *J'expédie la marchandise **sous** 48 heures.*

9.3   Les propositions de temps

9.3.1 La simultanéité

Quand + **futur simple** permet d'exprimer deux actions simultanées dans le futur.
> ***Quand** le client **signera**, nous **aurons** du travail.*

9.3.2 L'antériorité

Avant de + verbe à l'infinitif
> *Je veux conclure cette affaire **avant de partir** en vacances.*

Attention ! Cette tournure s'emploie lorsque les deux verbes se rapportent au même sujet.

9.3.3 La postériorité

Après + verbe à l'infinitif passé
L'infinitif passé est composé de l'auxiliaire **avoir** ou **être** à l'infinitif suivi du **participe passé** du verbe.
> *Je passerai commande **après avoir vu** le catalogue.*

Attention ! Cette tournure s'emploie lorsque les deux verbes se rapportent au même sujet.

LEXIQUE ALPHABÉTIQUE

Ce lexique contient le vocabulaire employé dans les exercices, les dialogues des enregistrements sonores et les *Dossiers simulation*. Les mots et expressions sont classés par ordre alphabétique *Module* par *Module* et, pour chaque *Module*, *Étape* par *Étape*.
Si vous ne trouvez pas un mot, allez dans l'*Index alphabétique général* (p. 199-208) pour savoir dans quel *Module* et dans quelle *Étape* il apparaît en premier (ex. M3E2 : *Module 3, Étape 2*; P5 : *Profil 5*; N1 : *Net 1 (Activités sur Internet 1)*).
La phonétique utilisée suit le système A.P.I. (Alphabet phonétique international).

Abréviations:

abrév : abréviation
adj : adjectif
adv : adverbe
angl : anglicisme
appos : apposition
conj : conjonction
f : féminin
fam : familier
fig : (sens) figuré
impér : impératif

impers : impersonnel(le)
indéf : indéfini(e)
interj :interjection
inv : invariable
loc : locution
loc adj : locution adjectivale
loc adv : locution adverbiale
loc conj : locution conjonctive
loc prép : locution prépositive
loc pron : locution pronominale

m : masculin
n : nom
pl : pluriel
pp : participe passé
prép : préposition
pron : pronom
qqch : quelque chose
qqn : quelqu'un
sing : singulier
v : verbe

MODULE 1

Mod. 1, Étape 1

ajouter [aʒute] qqch *v* dire en plus.
Bonjour ! [bɔ̃ʒuʀ] *loc* salutation dans la journée.
Ça va ?/Ça va. [sa va/sa va] *loc* question et réponse sur l'état physique ou moral.
chez [ʃe] *prép* dans l'entreprise de.
client(e) [klijɑ̃, -ɑ̃t] un(e) *n* personne qui achète.
collègue [kɔlɛg] un(e) *n* personne de la même entreprise.
enchanté(e) [ɑ̃ʃɑ̃te] *adj* heureux de faire votre connaissance.
entreprise [ɑ̃tʀəpʀiz] une *n* société commerciale.
excellent(e) [ɛks.elɑ̃, -ɑ̃t] *adj* [week-end] très bon(ne).
faire la connaissance de [fɛʀ la kɔnɛsɑ̃s də] qqn *loc* rencontrer qqn.
heureux(euse) [øʀø, -øz] de *adj* content de.
nom [nɔ̃] le *n* mot qui désigne une personne particulière.
passer un bon week-end [pase ɛ̃ bɔ̃ wikɛnd] *loc* avoir un samedi et un dimanche agréables.
prénom [pʀenɔ̃] le *n* nom qui précède le nom de famille.
présentations [pʀezɑ̃tasjɔ̃] les *n fpl* déclaration des noms et prénoms de personnes qui ne se connaissent pas.
professionnellement [pʀɔfesjɔnɛlmɑ̃] *adv* dans le domaine du travail.
quitter [kite] qqn *v* se séparer de.
rencontrer [ʀɑ̃kɔ̃tʀe] qqn *v* voir qqn pour la première fois.
s'appeler [sap(ə)le] *v* [de nom] avoir un nom.

Salut ! [saly] *loc fam* Bonjour !
salutations [salytasjɔ̃] les *n fpl* fait de se dire bonjour.
se présenter à [sə pʀezɑ̃te a] qqn *v* se faire connaître.
serrer la main à [seʀe la mɛ̃ a] qqn *loc* geste de la main pour dire bonjour.
société [sɔsjete] une *n* [entreprise] entreprise commerciale.
super [sypɛʀ] *adj inv fam* très bien.
travailler [tʀavaje] *v* exercer un métier.
Vous allez bien ? [vuz‿ale bjɛ̃] *loc* quel est votre état physique ?

Mod. 1, Étape 2

à votre avis [a vɔtʀ‿avi] *loc* selon votre opinion.
acheteur(euse) [aʃtœʀ, -øz] un(e) *n* personne qui obtient quelque chose contre de l'argent.
aujourd'hui [oʒuʀdɥi] *adv* ce jour-ci.
avant [avɑ̃] *adv* précédemment.
badge [badʒ] un *n* insigne identifiant porté en broche.
bureau [byʀo] le (*pl* **bureaux** [byʀo]) *n* [lieu] endroit où l'on travaille. ; [meuble] meuble sur lequel on écrit.
c'est dommage [se dɔmaʒ] *loc* c'est regrettable.
carte de visite [kaʀt də vizit] une *n* petit carton où sont imprimés le nom, l'adresse et la profession.
chef [ʃɛf kɔ̃tabl] un *n* supérieur hiérarchique.
commencer [kɔmɑ̃se] qqch *v* débuter.
commercial(e) [kɔmɛʀsjal] un(e) (*pl* **commerciaux(ales)** [kɔmɛʀsjo, -al]) *n* professionnel de la vente.
comptabilité [kɔ̃tabilite] la *n* écritures où sont établis les comptes de l'entreprise.
comptable [kɔ̃tabl] un(e) *n* professionnel qui établit les comptes de l'entreprise.
décider de [deside də] faire qqch *v* choisir de.

diplôme [diplom] un *n* certificat validant un enseignement.
directeur général [diʀɛktœʀ ʒeneʀal] un *n* chef d'une entreprise.
directeur(trice) commercial(e) [diʀɛktœʀ, -tʀis kɔmɛʀsjal] un(e) *n* responsable du service des ventes.
directeur(trice) technique [diʀɛktœʀ, -tʀis tɛknik] un(e) *n* responsable du service technique.
direction [diʀɛksjɔ̃] la *n* ensemble des responsables de l'entreprise.
fonction [fɔ̃ksjɔ̃] la *n* rôle professionnel, métier.
ingénieur [ɛ̃ʒenjœʀ] un *n* technicien de haut niveau.
intéressant(e) [ɛ̃teʀesɑ̃, -ɑ̃t] *adj* qui retient l'attention.
machine [maʃin] une *n* appareil.
maintenant [mɛ̃t(ə)nɑ̃] *adv* en ce moment.
malheureusement [malœʀøzmɑ̃] *adv* hélas.
mobilier de bureau [mɔbilje də byʀo] le *n* meubles équipant un lieu de travail.
parfait ! [paʀfɛ] *loc* impeccable !
pas du tout [pa dy tu] *adv* absolument pas.
penser que [pɑ̃se kə] *v* imaginer que.
personnel [pɛʀsɔnɛl] le *n* ensemble des employés d'une entreprise.
production [pʀɔdyksjɔ̃] la *n* ensemble des biens ou services produits par une entreprise.
profession [pʀɔfesjɔ̃] la *n* métier.
région parisienne [ʀeʒjɔ̃ paʀizjɛn] la *n* environs de Paris.
responsable des achats [ʀɛspɔ̃sabl dez‿aʃa] le (la) *n* professionnel chargé d'acheter le matériel nécessaire à la production.
réunion [ʀeynjɔ̃] la *n* groupe de travail.
s'occuper de [sɔkype də] qqch *v* prendre en charge.

secrétaire [səkretɛr] **un(e)** *n* personne chargée des tâches administratives courantes.

service [sɛrvis] **le** *n* département d'une entreprise.

service (de la) comptabilité [sɛrvis (də la) kõtabilite] **le** *n* département chargé des comptes.

service (de la) production [sɛrvis (də la) prɔdyksjõ] **le** *n* département chargé de la fabrication des produits.

service (des) achats [sɛrvis (dez‿)aʃa]] **le** *n* département chargé de l'approvisionnement.

sortir de [sɔrtir də] qqch *v* quitter.

souvent [suvã] *adv* plusieurs fois.

technicien(ne) [tɛknisjɛ̃, -ɛn] **un(e)** *n* professionnel spécialisé dans la gestion des machines.

technique [tɛknik] *adj* relatif au fonctionnement des machines.

travail [travaj] **un** *n* métier.

travailler de ses mains [travaje də se mɛ̃] *loc* exercer une profession manuelle.

usine [yzin] **une** *n* lieu de fabrication.

voici [vwasi] *prép* terme présentant quelque chose ou quelqu'un.

voyager [vwajaʒe] *v* se déplacer géographiquement.

vraiment [vrɛmã] *adv* véritablement

Mod. 1, Étape 3

accueil [akœj] **l'** *n* hall d'entrée, réception.

adapté(e) à [adapte a] *adj* compatible avec.

aimer bien [eme bjɛ̃] qqch *v* apprécier.

assez [ase] *adv* suffisamment.

auprès de [oprɛ də] *prép* sur.

avoir le plaisir de [avwar lə plezir də] *loc* être heureux de.

avoir raison [avwar rezõ] *loc* être dans le vrai.

baladeur [baladœr] **un** *n* Walkman.

bas de gamme [ba də gam] *adj* de qualité médiocre.

beaucoup de monde [boku d(ə) mõd] *loc* un grand nombre de personnes.

blanc [blã] (*f* **blanche** [blãʃ]) *adj* de la couleur de la neige.

bleu(e) [blø] *adj* de la couleur du ciel par beau temps.

c'est mieux [sɛ mjø] *loc* c'est préférable.

c'est vrai [sɛ vrɛ] *loc* c'est juste.

calculatrice [kalkylatris] **une** *n* machine à calculer.

caractéristique [karakteristik] *adj* typique.

catalogue [katalɔg] **un** *n* livret présentant l'ensemble des produits.

chaise [ʃɛz] **une** *n* meuble pour s'asseoir.

cher [ʃɛr] (*f* **chère** [ʃɛr]) *adj* dont le prix est élevé.

choisir [ʃwazir] qqch *v* décider entre plusieurs possibilités.

choix [ʃwa] **le** *n* possibilité.

classique [klasik] *adj* traditionnel.

collection [kɔlɛksjõ] **une** *n* série de produits ayant des caractéristiques communes.

coloris [kɔlɔri] **un** *n inv* couleur.

confortable [kõfɔrtabl] *adj* où l'on est bien installé.

donc [dõ(k)] *conj* par conséquent.

élégant(e) [elegã, -ãt] *adj* qui a une belle ligne.

empilable [ãpilabl] *adj* superposable.

en cuir [ã kɥir] *loc* en peau d'origine animale.

en métal [ã metal] *loc* constitué de métaux.

en plastique [ã plastik] *loc* constitué de matériaux synthétiques à base de pétrole.

en plus [ã plys] *adv* en supplément.

enfin [ãfɛ̃] *adv* finalement.

être d'accord/pas d'accord [ɛtr(ə) dakɔr/pa dakɔr] *loc* accepter/refuser.

extrêmement [ɛkstrɛmmã] *adv* très.

faire bonne impression [fɛr bɔn‿ɛ̃presjõ] *loc* exercer un effet positif sur quelqu'un.

fournisseur [furnisœr] **un** *n* entreprise qui vend des produits à une autre.

haut de gamme ['o də gam] *adj* de qualité élevée.

il existe [il‿egzist] *loc impers* il y a.

important(e) [ɛ̃pɔrtã, -ãt] *adj* prioritaire, déterminant.

jaune [ʒon] *adj* de la couleur du citron.

marron [marõ] *adj* de la couleur de la terre.

matière [matjɛr] **la** *n* substance qui sert à fabriquer un produit.

même [mɛm] **le (la)** *n* identique.

modèle [mɔdɛl] **le** *n* produit.

noir(e) [nwar] *adj* de la couleur la plus sombre.

ordinateur [ɔrdinatœr] **un** *n* appareil informatique qui sert à calculer, à rédiger et à communiquer.

original(e) [ɔriʒinal] (*mpl* **originaux** [ɔrigino], *fpl* **originales** [ɔriʒinal]) *adj* inédit, créatif (-ive).

pliant(e) [plijã, -ãt] *adj* qui se plie.

plutôt [plyto] *adv* de préférence.

portable [pɔrtabl] **un** *n* [téléphone] mobile. [ordinateur] petit ordinateur transportable.

pratique [pratik] *adj* d'utilisation facile.

premier(ère) [prəmje, -jɛr] *adj* qui se trouve au début.

prix [pri] **le** *n* coût.

produit [prɔdɥi] **le** *n* bien ou service proposé sur le marché par une entreprise.

produit de luxe [prɔdɥi də lyks] **un** *n* objet de très haut de gamme.

produit(e) par [prɔdɥi, -ɥit par] *loc* fabriqué par.

publicité [pyblisite] **la** *n* techniques de promotion d'un produit.

recevoir [rəsəvwar] qqch / qqn *v* [appel] se faire appeler au téléphone. [qqn] accueillir une personne.

rouge [ruʒ] *adj* de la couleur du sang.

salle de conférence [sal də kõferãs] **une** *n* grande pièce munie de sièges pour accueillir un grand nombre de personnes.

salle de réunion [sal də reynjõ] **une** *n* pièce où se rassemble un groupe de travail.

solide [sɔlid] *adj* résistant.

vert(e) [vɛr, vɛrt] *adj* de la couleur de l'herbe.

visiteur [vizitœr] **un** *n* personne extérieure à l'entreprise.

Mod. 1, Étape 4

à l'étranger [a letrãʒe] *loc* dans un autre pays.

à l'intérieur [a lɛ̃terjœr] *loc* dedans.

accepter [aksɛpte] qqch *v* donner son accord.

acheter [aʃte] qqch *v* acquérir contre de l'argent.

activité [aktivite] **une** *n* secteur de production.

adresse [adrɛs] **une** *n* indication du lieu d'habitation.

au détail [o detaj] *loc* à l'unité.

certainement [sɛrtɛnmã] *adv* bien sûr.

commerçant(e) [kɔmɛrsã, -ãt] **un(e)** *n* professionnel qui vend des produits dans un magasin.

consommateur(trice) [kõsɔmatœr, -tris] **un(e)** *n* personne qui achète et utilise des produits.

contacter [kõtakte] qqn *v* rentrer en relation avec.

depuis [dəpɥi] *prép et adv* à partir de.

désirer [dezire] qqch *v* souhaiter.

détaillant [detajã] **un** *n* professionnel qui vend à l'unité.

directement [dirɛktəmã] *adv* sans intermédiaire.

distribution [distribysjõ] **la** *n* mise à disposition de la clientèle et vente des biens de consommation.

employé(e) [ãplwaje] **un(e)** *n* salarié sans responsabilités importantes.

en gros [ã gro] *loc* en quantités importantes.

et Cie [e seiø] *loc abrèv* (et Compagnie) raison sociale désignant les associés.

et fils [e fis] *loc* raison sociale désignant une entreprise familiale.

fabricant [fabrikã] **un** *n* producteur.

fabriquer [fabrike] qqch *v* produire.

faire les courses [fɛr le kurs] *loc* acheter des produits d'usage quotidien.

grande surface [grãd syrfas] **une** *n* grand magasin qui vend des produits de consommation en libre service.

grossiste [grosist] **un** *n* vendeur de produits en grande quantité au détaillant.

hypermarché [ipɛrmarʃe] **un** *n* très grand magasin qui vend des produits de consommation en libre service.

je vous remercie [ʒə vu r(ə)mɛrsi] *loc* je vous exprime ma reconnaissance.

magasin de sport [magazɛ̃ də spɔr] **un** *n* lieu de vente de produits pour le sport.

marché [marʃe] **le** *n* lieu de vente de produits frais, souvent en plein air.

matériel de sport [materjɛl də spɔr] **le** *n* équipements pour le sport.

meubles [mœbl] **les** *n mpl* servent au rangement ou au confort d'une maison ou d'un bureau.

noter [nɔte] qqch *v* écrire.

nouveau [nuvo] (*msing* **nouvel** [nuvɛl] + mot qui commence par voyelle ou h muet, *fsing* **nouvelle** [nuvɛl], *mpl* **nouveaux** [nuvo], *fpl* **nouvelles** [nuvɛl]) *adj* récent, qui vient de sortir.

par courrier [par kurje] *loc* par lettre.

particuliers [partikylje] **les** *n mpl* individus, en opposition à une entreprise.

point de vente [pwɛ̃ də vãt] **un** *n* lieu où sont vendus les produits.

produits alimentaires [prɔdɥiz‿alimãtɛr] **les** *n mpl* marchandises que l'on mange.

proposer [prɔpoze] qqch à qqn *v* suggérer.

rayon [rɛjõ] **un** *n* partie d'un magasin affectée à un type de produit.

refuser [r(ə)fyze] qqch *v* rejeter, ne pas être d'accord avec.

secteur (d'activité) [sɛktœr (daktivite)] **un** *n* ensemble des entreprises qui vendent un même type de produits ou de services.

supermarché [sypɛrmarʃe] **un** *n* magasin en libre service de produits de consommation.

toutes sortes de [tut sɔrt də] *loc* plusieurs types de.

vélo [velo] **un** *n abrév fam* bicyclette.

vendre [vãdr(ə)] qqch à qqn *v* échanger un bien ou un service contre de l'argent.

vente [vãt] **la** *n* échange d'un bien ou d'un service contre de l'argent.

vêtements de sport [vɛtmã də spɔr] **les** *n mpl* habits pour pratiquer un sport.

VPC [vepese] **la** *n* vente sur catalogue et par livraison.

Mod. 1, Étape 5

(téléphone) mobile [(telefɔn) mɔbil] **le** *n* téléphone portable.
Afrique du Nord [afʀik dy nɔʀ] **l'** *n f* Algérie, Maroc, Tunisie.
Allemagne [almaɲ] **l'** *n f* pays européen.
Amérique du Nord [ameʀik dy nɔʀ] **l'** *n f* partie septentrionale du continent américain.
Asie [azi] **l'** *n f* continent.
au [o] *prép* à + le.
Australie [o(ɔ)staʀli] **l'** *n f* continent.
Belgique [bɛlʒik] **la** *n* pays européen.
Canada [kanada] **le** *n* pays d'Amérique du Nord.
chiffre d'affaires [ʃifʀ dafɛʀ] **le** *n* montant des ventes d'une entreprise.
commercialiser [kɔmɛʀsjalize] qqch *v* mettre en vente.
continent [kɔ̃tinã] **un** *n* grande étendue de terre (Europe, Asie, Afrique, Amérique, Océanie).
continuer à [kɔ̃tinɥe a] faire qqch *v* ne pas s'arrêter de.
divers(e) [divɛʀ, -ɛʀs] *adj* différent.
également [egalmã] *adv* pareillement.
en [ã] *prép* dans + le, dans + la.
Espagne [ɛspaɲ] **l'** *n f* pays européen.
Etats-Unis [etaz_yni] **les** *n mpl* pays d'Amérique du Nord.
Europe [øʀɔp] **l'** *n f* continent.
européen(ne) [øʀɔpeɛ̃, -ɛn] *adj* qui appartient à l'Europe.
exportateur [ɛkspɔʀtatœʀ] **un** *n* celui qui vend des marchandises à l'étranger.
exportations [ɛkspɔʀtasjɔ̃] **les** *n fpl* ventes à l'étranger.
exporter [ɛkspɔʀte] qqch *v* vendre à l'étranger.
faire un boum [fɛʀ ɛ̃ bum] *loc fam* augmenter beaucoup, avoir beaucoup de succès.
Finlande [fɛ̃lãd] **la** *n* pays scandinave d'Europe du Nord.
geste [ʒɛst] **un** *n* mouvement, action.
importer [ɛ̃pɔʀte] qqch *v* acheter à l'étranger.
import-export [ɛ̃pɔʀɛkspɔʀ] **l'** *n m* achat et vente de marchandises à l'étranger.
Italie [itali] **l'** *n f* pays du sud de l'Europe.
Japon [ʒapɔ̃] **le** *n* pays d'Asie.
ligne de produits [liɲ də pʀɔdɥi] **une** *n* ensemble de produits avec une caractéristique commune.
marché clé [maʀʃe kle] **un** *n* secteur de vente stratégique.
Maroc [maʀɔk] **le** *n* pays d'Afrique du Nord.
matériel [mateʀjɛl] **le** *n* équipement.
Mexique [mɛksik] **le** *n* pays d'Amérique centrale.
nordique [nɔʀdik] *adj* du nord.
Pays-Bas [pe(ɛ)iba] **les** *n mpl* pays d'Europe comprenant la Hollande.
porte-documents [pɔʀt dɔkymã] **un** *n inv* serviette (sac) pour ranger des dossiers.
présenter [pʀezãte] qqch à qqn *v* montrer, exposer, décrire.
quantité [kãtite] **la** *n* volume, nombre.
quelqu'un [kɛlkɛ̃] *pron* une personne.
répartition géographique [ʀepaʀtisjɔ̃ ʒeɔgʀafik] **la** *n* présence dans des lieux différents.
représenter [ʀ(ə)pʀezãte] qqch *v* faire, constituer.
résultats [ʀezylta] **les** *n mpl* bénéfices et pertes d'une entreprise.

Royaume-Uni [ʀwajom_yni] **le** *n* pays d'Europe comprenant Angleterre, pays de Galles, Ecosse et Irlande du Nord.
Russie [ʀysi] **la** *n* pays d'Europe et d'Asie.
sac (à main) [sak (a mɛ̃)] **un** *n* accessoire servant à ranger des effets personnels.
Suède [sɥɛd] **la** *n* pays scandinave d'Europe du Nord.
Suisse [sɥis] **la** *n* pays d'Europe.
surtout [syʀtu] *adv* principalement.
tic [tik] **un** *n* manie de langage ou de geste.
Tunisie [tynizi] **la** *n* pays d'Afrique du Nord.

PROFIL 1

agroalimentaire [agʀoalimãtɛʀ] **l'** *n m* secteur de production et de transformation de produits que l'on mange.
Alpes [alp] **les** *n fpl* chaîne de montagnes d'Europe.
au niveau économique [o nivo ekɔnɔmik] *loc* par rapport à l'économie.
automobile [ɔtɔmɔbil ; otomɔbil] **l'** *n m* secteur de production des véhicules de transports.
banque [bãk] **une** *n* organisme de collecte et de prêt d'argent.
Beaujolais [boʒɔlɛ] **le** *n* vin nouveau de la région du Beaujolais, en France.
betterave [bɛtʀav] **la** *n* légume rouge au goût sucré.
cadres [kadʀ] **les** *n mpl* personnel de direction.
capitale [kapital] **la** *n* ville où siège le gouvernement d'un Etat.
carte [kaʀt] **la** *n* plan pour s'orienter.
célèbre [selɛbʀ] *adj* connu.
céréale [seʀeal] **une** *n* plante dont on fait de la farine.
chimie [ʃimi] **la** *n* secteur de la transformation des produits pétroliers.
compagnie d'assurance [kɔ̃paɲi dasyʀãs] **une** *n* entreprise qui garantit contre les risques.
constitué(e) de [kɔ̃stitɥe də] *adj* composé de.
d'outre-mer [dutʀəmɛʀ] *loc* qui vient des département et territoires français non continentaux.
département [depaʀtmã] **un** *n* division administrative du territoire français.
électronique [elɛktʀɔnik] **l'** *n f* secteur utilisant la physique et la technique.
énergie hydroélectrique [enɛʀʒi idʀoelɛktʀik] **l'** *n f* électricité produite par les barrages.
en particulier [ã paʀtikylje] *loc* plus spécialement.
en tête [ã tɛt] *loc* en premier.
faire partie de [fɛʀ paʀti də] *loc* appartenir à.
Guadeloupe [gwad(ə)lup] **la** *n* département français d'outre-mer.
habitant(e) [abitã, -ãt] **un(e)** *n* personne vivant à un endroit.
hexagone [ɛgzagɔn] **un** *n* figure géométrique à six côtés.
Hexagone [ɛgzagɔn] **l'** *n m* la France.
Ile-de-France [ildəfʀãs] **l'** *n f* Paris et la région parisienne.
industrie [ɛ̃dystʀi] **une** *n* usine de transformation des matières premières.
informatique [ɛ̃fɔʀmatik] **l'** *n f* secteur spécialisé dans l'information par ordinateur.
laboratoire de recherche [labɔʀatwaʀ də ʀ(ə)ʃɛʀʃ] **un** *n* centre d'essais et d'expériences.
magasin [magazɛ̃] **un** *n* lieu de vente des marchandises.

maïs [mais] **le** *n* céréale utilisée pour l'alimentation animale et humaine.
Martinique [maʀtinik] **la** *n* département français d'outre-mer.
métropolitain(e) [metʀɔpɔlitɛ̃, -ɛn] *adj* qui appartient à la métropole (la France).
Nouvelle-Calédonie [nuvɛl kaledɔni] **la** *n* territoire français d'outre-mer.
point fort [pwɛ̃ fɔʀ] **un** *n* qualité principale.
producteur [pʀɔdyktœʀ] **un** *n* fabricant.
récolter [ʀekɔlte] qqch *v* obtenir.
région [ʀeʒjɔ̃] **une** *n* unité administrative d'un territoire.
responsable de projet [ʀɛspɔ̃sabl də pʀɔʒɛ] **un(e)** *n* chef d'équipe pour une mission.
Savoie [savwa] **la** *n* région du sud-est de la France.
société de service [sɔsjete də sɛʀvis] **une** *n* entreprise qui vend un travail plutôt que des produits.
sports d'hiver [spɔʀ divɛʀ] **les** *n mpl* ensemble des activités sportives liées à la neige.
station (de ski) [stasjɔ̃ (də ski)] **une** *n* village de montagne équipé d'installations de sports d'hiver.
terres australes [tɛʀz_ostʀal] **les** *n fpl* territoires situés au sud de l'équateur.
territoire [teʀitwaʀ] **le** *n* espace délimité.
tourisme [tuʀism] **le** *n* secteur du voyage.
vie culturelle [vi kyltyʀɛl] **la** *n* activités intellectuelles et artistiques.

MODULE 2

Mod. 2, Étape 1

à voix haute [a vwa 'ot] *loc* en parlant fort.
adresse électronique [adʀɛs_elɛktʀɔnik] **une** *n* adresse e-mail.
Allô [alo] *interj* terme utilisé pour commencer une conversation téléphonique.
appel [apɛl] **un** *n* coup de téléphone.
appeler [ap(ə)le] qqn *v* téléphoner
bien sûr [bjɛ̃ syʀ] *adv* assurément
clavier [klavje] **un** *n* touches d'un ordinateur.
comme [kɔm] *adv* pareil à, ressemblant à.
correspondant(e) (téléphonique) [kɔʀɛspɔ̃dã, -ãt (telefɔnik)] **un(e)** *n* interlocuteur au téléphone.
coup de fil [ku d(ə) fil] **un** *n fam* appel téléphonique.
dame [dam] **une** *n* femme d'âge mûr.
de la part de [də la paʀ də] *loc* qui vient de.
dictionnaire [diksjɔnɛʀ] **un** *n* livre présentant une liste de mots et leur définition.
écouter [ekute] *v* s'appliquer à entendre.
entendre [ãtãdʀ] qqch *v* percevoir par l'ouïe.
épeler [ep(ə)le] qqch *v* énoncer les lettres d'un mot.
euh... [ø] *interj* comment dire…
fixer un rendez-vous [fikse ɛ̃ ʀãdevu] *loc* choisir une date de rencontre.
hamburger ['ãbuʀgœʀ ; 'ãbœʀgœʀ] **un** *n* bifteck haché cuit, servi à l'intérieur d'un petit pain rond.
marque [maʀk] **une** *n* nom de commercialisation d'un produit.
ne quittez pas [nə kite pa] *v* ne raccrochez pas.
parler à [paʀle a] qqn *v* s'adresser à.
passer [pase] qqn/qqch (je vous le (la) passe [ʒ vu l(ə)/la pas]) *v* transmettre un appel téléphonique.
plusieurs [plyzjœʀ] *adj et pron inv* plus d'un.

répéter [Repete] qqch *v* redire.

transférer [tRãsfeRe] qqch *v* transmettre un appel sur un autre poste téléphonique.

urgent(e) [yRʒã, -ãt] *adj* qui doit être traité immédiatement.

Mod. 2, Étape 2

abonné(e) à [abɔne a] *adj* utilisateur(trice) d'un service.

agenda [aʒɛ̃da] un *n* carnet de rendez-vous.

avenue [av(ə)ny] une *n* grande rue.

boulevard [bulvaR] un *n* grande avenue.

ça s'écrit [sa sekRi] *loc* en voici l'orthographe.

célibataire [selibatɛR] un(e) *n et adj* pas marié.

code postal [kɔd pɔstal] un *n* dans une adresse, numéro identifiant une ville.

composer [kɔ̃poze] qqch *v* appuyer sur les touches d'un téléphone.

connexion [kɔnɛksjɔ̃] une *n* branchement sur le réseau téléphonique.

contexte professionnel [kɔ̃tɛkst pRɔfesjɔnɛl] un *n* situation de travail.

contrat d'abonnement [kɔ̃tRa dabɔnmã] un *n* document qui décrit les services que le fournisseur offre à son client.

coordonnées [kɔɔRdɔne] les *n fpl* nom, adresse et numéro de téléphone d'une personne.

courrier [kuRje] un *n* lettre.

date de naissance [dat də nɛsãs] la *n* premier jour d'existence d'une personne.

distributeur [distRibytœR] un *n* entreprise qui commercialise des produits.

document [dɔkymã] un *n* papier contenant des informations.

erreur [ɛRœR] une *n* faute.

état civil [eta sivil] l' *n m* renseignements administratifs (nom, date de naissance, situation familiale, etc.)

horloge parlante [ɔRlɔʒ paRlãt] une *n* service téléphonique qui donne l'heure.

indicatif (téléphonique) [ɛ̃dikatif (telefɔnik)] l' *n m* chiffre identifiant une zone géographique d'appel.

initial(e) [inisjal] (*mpl* initiaux [inisjo] *fpl* initiales [inisjal]) *adj* original, premier.

interrompre [ɛ̃teRɔ̃pR] qqn/qqch *v* couper la parole à/mettre fin à.

ligne directe [liɲ diRɛkt] une *n* numéro de téléphone permettant de joindre une personne sans passer par un standard téléphonique.

météo [meteo] la *n fam* bulletin d'information sur les conditions atmosphériques.

moyen de communication [mwajɛ̃ də kɔmynikasjɔ̃] un *n* mode de transmission d'une information.

numéro de poste [nymeRo d(ə) pɔst] un *n* numéro de ligne téléphonique directe.

personne [pɛRsɔn] une *n* individu.

poste [pɔst] un *n* appareil téléphonique.

prévisions (météorologiques) [pRewizjɔ̃ (meteɔRɔlɔʒik)] les *n fpl* annonce des conditions météorologiques pour les jours à venir.

province [pRɔvɛ̃s] la *n* toutes les régions en dehors de Paris et de la région parisienne.

rapidement [Rapidmã] *adv* vite.

renseignements [Rãsɛɲmã] les *n mpl* informations.

responsable des ventes [RespɔsabI de vãt] la (la) *n* chef du département vente.

sourire [suRiR] *v* relever le coin des lèvres en une expression de sympathie.

vérifier [veRifje] qqch *v* contrôler.

Mod. 2, Étape 3

absent(e) [apsã, -ãt] *adj* pas présent.

adressé(e) à [adRese a] *adj* envoyé à.

demain [d(ə)mɛ̃] *adv* le jour suivant.

désolé(e) [dezɔle] *adj* qui regrette.

en communication [ã kɔmyniksjɔ̃] *loc* au téléphone.

en congé [ã kɔ̃ʒe] *loc* en vacances.

en déplacement [ã deplasmã] *loc* en voyage.

en réunion [ã Reynjɔ̃] *loc* en groupe de travail.

en vacances [ã vakãs] *loc* en congé.

excuser [ekskyze] qqn *v* pardonner.

mercredi [mɛRkRədi] *n m* troisième jour de la semaine.

message [mesaʒ] un *n* information à l'attention de quelqu'un.

ne soyez pas [nə swaje pa] (*impér* du verbe **être**) veillez à ne pas.

plus tard [ply taR] *adv* ultérieurement.

prendre un message [pRãdR ɛ̃ mesaʒ] *loc* noter une communication pour quelqu'un d'absent.

prier [pRije] *v* demander.

raccrocher [RakRɔʃe] *v* couper la communication en reposant le combiné téléphonique.

rappeler [Rap(ə)le] qqn *v* téléphoner à nouveau.

rentrer de [Rãtre də] qqch *v* revenir de.

timide [timid] *adj* qui n'ose pas se faire remarquer.

Mod. 2, Étape 4

à l'attention de [a latãsjɔ̃ də] *loc* pour.

Armistice [aRmistis] l' *n f* date anniversaire de la fin de la guerre 1914-1918 en France (11 novembre).

Ascension [asãsjɔ̃] l' *n f* fête religieuse catholique.

Assomption [asɔ̃psjɔ̃] l' *n f* fête religieuse catholique.

bientôt [bjɛ̃to] *adv* dans peu de temps.

c'est entendu [set ãtãdy] *loc* d'accord.

confirmer [kɔ̃fiRme] qqch *v* s'engager sur une date de rendez-vous.

convenir à [kɔ̃vniR a] qqch/qqn *v* être bien adapté à/plaire à.

date [dat] la *n* indication du jour, du mois et de l'année.

disponible [dispɔnibI] *adj* libre.

e-mail [imɛl; imɛl] un *n* courrier électronique.

envoyer [ãvwaje] qqch à qqn *v* faire parvenir.

exactement [ɛgzaktəmã] *adv* précisément.

fax [faks] un *n* document transmis par téléphone, télécopie.

férié(e) [feRje] *adj* chômé.

Fête du travail [fɛt dy tRavaj] la *n* congé du premier mai.

ici [isi] *adv* à cet endroit.

je vous en prie [ʒə vuz ã pRi] *loc* il n'y a pas de quoi.

jeudi [ʒødi] *n m* quatrième jour de la semaine.

Jour de l'An [ʒuR də lã] le *n* premier jour de l'année.

jour férié [ʒuR feRje] un *n* journée chômée.

matin [matɛ̃] le *n* période de la journée avant midi.

Pâques [pak] *n fpl* fête religieuse.

par fax [paR faks] *loc* par télécopie.

partenaire [paRtənɛR] un(e) *n* associé.

Pentecôte [pãtkot] la *n* fête religieuse catholique.

possible [pɔsibI] *adj* envisageable.

préférer [pRefeRe] qqch *v* aimer davantage.

prochain(e) [pRɔʃɛ̃, -ɛn] *adj* (+ date) suivant.

remercier [R(ə)mɛRsje] qqn *v* dire merci à.

rendez-vous [Rãdevu] un *n* rencontre prévue.

salutations distinguées [salytasjɔ̃ distɛ̃ge] des *n fpl* formule de politesse terminant une lettre.

semaine [s(ə)mɛn] une *n* période de sept jours qui commence lundi et finit dimanche.

service commercial [sɛRvis kɔmɛRsjal] le *n* département chargé de la vente dans une entreprise.

suite à [sɥit a] *loc* en raison de.

télécopie [telekɔpi] une *n* document transmis par téléphone, fax.

Toussaint [tusɛ̃] la *n* fête religieuse catholique.

vers [vɛR] *prép* aux environs de.

Veuillez agréer [vœje agRee] (*impér* du verbe **vouloir**) *loc* formule de politesse terminant une lettre.

Mod. 2, Étape 5

à l'appareil [a lapaRɛj] *loc* au téléphone.

annonce [anɔ̃s] l' *n f* message d'accueil d'un répondeur téléphonique.

appuyer sur [apɥije syR] qqch *v* presser.

aucun(e) [okɛ̃, okyn] *adj et pron* pas un seul.

avis [avi] l' *n m* opinion.

besoin [bəswɛ̃] un *n* nécessité.

bip sonore [bip sɔnɔR] le *n* signal après lequel on peut laisser un message sur un répondeur téléphonique.

bref [bRɛf] (*f* brève [bRɛv]) *adj* court.

changer [ʃãʒe] *v* modifier.

clair(e) [klɛR] *adj* compréhensible.

court(e) [kuR, kuRt] *adj* pas long.

déplacer [deplase] qqch *v* changer.

désiré(e) [deziRe] *adj* souhaité.

enregistrer [ãR(ə)ʒistRe] qqch *v* inscrire sur une bande magnétique ou numérique.

envoi [ãvwa] l' *n m* expédition.

être surpris(e) [ɛtR(ə) syRpRi, -iz] *passif et pp* ne pas s'attendre à, être pris au dépourvu.

gamme [gam] une *n* série de produits ayant une caractéristique commune.

heures d'ouverture [œR duvɛRtyR] les *n fpl* horaires d'activité.

indispensable [ɛ̃dispãsabI] *adj* dont on ne peut pas se passer.

inutile [inytil] *adj* pas nécessaire.

laisser un message [lese ɛ̃ mesaʒ] *loc* parler sur un répondeur téléphonique.

logiciel [lɔʒisjɛl] un *n* programme informatique.

lundi [lɛ̃di] *n m* premier jour de la semaine.

numéro de téléphone [nymeRo də telefɔn] un *n* chiffres à composer pour joindre une personne au téléphone.

obtenir [ɔptəniR] qqch *v* réussir à avoir.

on [ɔ̃] *pron* nous.

ouvert(e) [uvɛR, -ɛRt] *pp* du verbe **ouvrir** pas fermé.

paniquer [panike] *v* perdre le contrôle de soi.

patienter [pasjãte] *v* attendre.

personne [pɛRsɔn] *pron* aucun individu.

personnellement [pɛRsɔnɛlmã] *adv* soi-même.

précis(e) [pResi, -iz] *adj* exact.

préparer [pRepaRe] qqch *v* rendre prêt.

prévoir [pRevwaR] qqch *v* anticiper.

réécouter [Reekute] qqch *v* entendre une nouvelle fois.

répondeur (téléphonique) [RepɔdœR (telefɔnik)] un *n* appareil permettant d'enregistrer des messages téléphoniques.

serveur vocal [sɛRvœR vɔkal] un *n* service téléphonique interactif.

service de presse [sɛʀvis də pʀɛs] le *n* département chargé des relations avec les médias.

site Internet [sit ɛ̃tɛʀnɛt] le *n* ensemble d'informations relatif à un organisme ou une entreprise, diffusé sur le réseau Internet.

standard [stɑ̃daʀ] le *n* central d'appels téléphoniques.

supplémentaire [syplemɑ̃tɛʀ] *adj* en plus.

taper sur [tape syʀ] qqch *v* appuyer sur.

tomber sur [tɔ̃be syʀ] qqch/qqn *v* trouver/rencontrer.

touche [tuʃ] une *n* bouton de clavier sur lequel est inscrit un chiffre ou une commande.

tout de suite [tutsɥit] *adv* immédiatement.

vendredi [vɑ̃dʀədi] *n m* cinquième jour de la semaine.

version [vɛʀsjɔ̃] la *n* variante.

PROFIL 2

à distance [a distɑ̃s] *loc* [achat] sur catalogue.

à l'origine [a lɔʀiʒin] *loc* au début.

à peine [a pɛn] *loc* un peu.

accessible à [aksesibl a] *adj* ouvert à.

annuaire [anɥɛʀ] un *n m* répertoire de noms, adresses et numéros de téléphones.

au total [o tɔtal] *loc* en tout.

audioconférence [odjokɔ̃feʀɑ̃s] une *n* conférence par téléphone entre plusieurs personnes.

augmentation [ɔgmɑ̃tasjɔ̃] une *n* croissance.

avoir l'habitude de [avwaʀ labityd də] faire qqch *loc* avoir déjà fait plusieurs fois.

Bourse [buʀs] la *n* marché où se font des opérations financières.

comprendre [kɔ̃pʀɑ̃dʀ] qqch *v* inclure.

compter [kɔ̃te] *v* rassembler.

concurrence [kɔ̃kyʀɑ̃s] la *n* rivalité entre les entreprises qui vendent sur le même marché.

connecté(e) [kɔnɛkte] *adj* relié au réseau Internet.

connexion [kɔnɛksjɔ̃] la *n* branchement sur le réseau Internet.

constant(e) [kɔ̃stɑ̃, -ɑ̃t] *adj* continu.

consultation [kɔ̃syltasjɔ̃] une *n* recherche d'informations.

courrier électronique [kuʀje elɛktʀɔnik] le *n* service informatique qui permet d'échanger des messages écrits (e-mail).

cours [kuʀ] les *n mpl* niveau de prix des valeurs boursières.

course [kuʀs] une *n* compétition de vitesse entre plusieurs chevaux.

créer [kʀee] qqch *v* concevoir, développer.

destiner à [dɛstine a] faire qqch *v* concevoir pour.

dominer [dɔmine] qqch *v* [un marché] être le principal fournisseur.

données [dɔne] les *n fpl* informations enregistrées sur ordinateur.

échange [eʃɑ̃ʒ] un *n* fait de recevoir quelque chose et de donner une autre chose.

écoute [ekut] l' *n f* attention portée à un message audio.

effectuer [efɛktɥe] qqch *v* accomplir.

élevé(e) [el(ə)ve] *adj* qui atteint un niveau important.

en ligne [ɑ̃ liɲ] *adj* connecté sur le réseau Internet.

en revanche [ɑ̃ ʀ(ə)vɑ̃ʃ] *adv* par contre.

environ [ɑ̃viʀɔ̃] *adv* à peu près.

équipement [ekipmɑ̃] l' *n m* matériel.

étendre [etɑ̃dʀ] qqch *v* agrandir.

exploitant [ɛksplwatɑ̃] un *n* [télécoms] entreprise qui gère un réseau de télécommunications.

filiale [filjal] une *n* société dont plus de la moitié du capital est contrôlé par une autre société appelée société mère.

flash d'informations [flaʃ dɛ̃fɔʀmasjɔ̃] un *n* résumé de l'actualité.

fournisseur d'accès [fuʀnisœʀ daksɛ] un *n* entreprise informatique de service permettant de se connecter à Internet.

fourniture [fuʀnityʀ] la *n* offre, vente.

gestion [ʒɛstjɔ̃] la *n* traitement, classement.

grâce à [gʀɑs a] *prép* à l'aide de.

info [ɛ̃fo] une *n fam* information.

information [ɛ̃fɔʀmasjɔ̃] une *n* renseignement.

informations [ɛ̃fɔʀmasjɔ̃] les *n fpl* nouvelles diffusées par les médias.

international [ɛ̃tɛʀnasjɔnal] l' *n m* pays étrangers.

internaute [ɛ̃tɛʀnot] un(e) *n* utilisateur d'Internet.

leader [lidœʀ] *adj et n angl* numéro un.

loisirs [lwaziʀ] les *n mpl* activités de jeu ou de détente.

messagerie vocale [mesaʒʀi vɔkal] une *n* service de répondeur enregistreur lié à un numéro de téléphone.

mondial(e) [mɔ̃djal] (*mpl* **mondiaux** [mɔ̃djo], *fpl* **mondiales** [mɔ̃djal]) *adj* qui s'étend au monde entier.

monopole [mɔnɔpɔl] le *n* exclusivité.

multimédia [myltimedja] *adj et n* qui utilise plusieurs formes de communication (son, image, texte…).

multiplier [myltiplije] qqch *v* accroître, développer.

nouvelle génération [nuvɛl ʒeneʀasjɔ̃] *loc* d'un nouveau type, qui utilise une nouvelle technologie.

offre [ɔfʀ] une *n* proposition.

offrir [ɔfʀiʀ] qqch *v* rendre possible.

opérateur [ɔpeʀatœʀ] un *n* entreprise propriétaire et gestionnaire de réseaux de télécommunication.

opération bancaire [ɔpeʀasjɔ̃ bɑ̃kɛʀ] une *n* transaction financière (encaissement, virement…).

outil de travail [uti də tʀavaj] un *n* appareil ou matériel avec lequel on travaille.

par rapport à [paʀ ʀapɔʀ a] *loc* en comparaison avec.

partiellement [paʀsjɛlmɑ̃] *adv* en partie, pas complètement.

perdre [pɛʀdʀ] qqch *v* ne plus retrouver, voir disparaître.

permettre [pɛʀmɛtʀ] qqch *v* autoriser.

posséder [pɔsede] qqch *v* être propriétaire de.

possibilité [pɔsibilite] la *n* capacité, choix.

prédominance [pʀedɔminɑ̃s] la *n* importance par rapport aux autres.

préfixe [pʀefiks] le *n* numéro qui précède un numéro de téléphone.

près de [pʀɛ də] *adv* environ.

présent(e) [pʀezɑ̃, -ɑ̃t] *adj* ici.

principal(e) [pʀɛ̃sipal] (*mpl* **principaux** [pʀɛ̃sipo], *fpl* **principales** [pʀɛ̃sipal]) *adj* le plus important, essentiel.

privatiser [pʀivatize] qqch *v* transférer une activité du secteur public au secteur privé.

public [pyblik] (*f* **publique**) *adj* d'État.

récemment [ʀesamɑ̃] *adv* il y a peu de temps.

rechercher [ʀ(ə)ʃɛʀʃe] qqch *v* essayer de trouver.

régulier(ère) [ʀegylje, -jɛʀ] *adj* qui se répète à un même intervalle de temps.

relier à [ʀəlje a] qqch *v* connecter.

remplacer [ʀɑ̃plase] qqch *v* mettre quelque chose à la place, substituer.

réseau [ʀezo] un *n* ensemble de lignes téléphoniques permettant de relier une zone géographique.

réussir à [ʀeysiʀ a] *v* arriver à.

s'imposer à [sɛ̃poze a] qqch *v* devenir nécessaire à.

s'ouvrir à [suvʀiʀ a] qqch *v* entrer dans, accepter.

santé financière [sɑ̃te finɑ̃sjɛʀ] la *n* réussite économique.

se partager [sə paʀtaʒe] qqch *v* [un marché] occuper une place avec d'autres concurrents.

sécurisé(e) [sekyʀize] *adj* qui garantit contre la fraude.

service télématique [sɛʀvis telematik] un *n* service qui associe la télécommunication et l'informatique pour permettre d'échanger des données.

spécifique [spesifik] *adj* propre à.

taper [tape] qqch *v* appuyer sur les touches d'un clavier.

taux de croissance [to də kʀwasɑ̃s] le *n* rythme d'augmentation en pourcentage.

technologie [tɛknɔlɔʒi] la *n* ensemble des techniques modernes.

télécommunications [telekɔmynikasjɔ̃] les *n fpl* ensemble des procédés permettant de communiquer à distance.

téléphonie fixe/mobile [telefɔni fiks/mɔbil] la *n* mode de communication téléphonique utilisant des appareils fixes/portables.

terminal [tɛʀminal] un (*mpl* **terminaux** [tɛʀmino]) *n* appareil qui permet d'entrer en contact avec un ordinateur central.

toile d'araignée mondiale [twal daʀɛɲe mɔ̃djal] la *n* réseau Internet .

trafic [tʀafik] le *n angl* circulation.

uniquement [ynikmɑ̃] *adv* seulement.

utilisateur(trice) [ytilizatœʀ, -tʀis] un(e) *n* personne qui se sert de quelque chose.

virement (bancaire) [viʀmɑ̃ (bɑ̃kɛʀ)] un *n* transfert d'argent d'un compte bancaire à un autre.

MODULE 3

Mod. 3, Étape 1

à l'heure [a lœʀ] *adv* avec ponctualité.

accueillir [akœjiʀ] qqn *v* recevoir.

adulte [adylt] un(e) *n* grande personne.

aéroport [aeʀopɔʀ] l' *n m* lieu de départ et d'arrivée des avions.

assis(e) [asi, -iz] *adj* sur une chaise.

assistant(e) [asistɑ̃, -ɑ̃t] un(e) *n* professionnel qui aide quelqu'un dans son travail, adjoint.

bien habillé(e) [bjɛ̃ abije] *loc* élégant.

bienvenue [bjɛ̃v(ə)ny] la *n* formule d'accueil quand on reçoit quelqu'un.

billet [bijɛ] le *n* ticket de transport.

ce n'est pas de chance [sə nɛ pa d(ə) ʃɑ̃s] *loc* malheureusement.

classe [klas] la *n* catégorie de confort dans le train ou l'avion.

conditions de travail [kɔ̃disjɔ̃ də tʀavaj] les *n fpl* environnement (horaires, lieu, mobilier…) professionnel.

de bonne heure [də bɔn œʀ] *loc* tôt.

demi-heure [d(ə)mijœʀ ; dəmjœʀ] une n trente minutes.

destination [dɛstinasjɔ̃] une n lieu d'arrivée.

détail [detaj] un n précision.

échangeable [eʃɑ̃ʒabl] adj que l'on peut remplacer par un autre.

être en retard [ɛtʀ ɑ̃ ʀ(ə)taʀ] loc avoir dépassé l'heure.

faire bon voyage [fɛʀ bɔ̃ vwajaʒ] loc voyager de façon agréable.

faire bonne impression [fɛʀ bɔn ɛ̃pʀesjɔ̃] loc donner une bonne image de soi à quelqu'un.

fenêtre [f(ə)nɛtʀ] la n vitre.

Genève [ʒənɛv] n ville de Suisse.

horaire [ɔʀɛʀ] un n heures de départ et d'arrivée.

humour [ymuʀ] l' n m sens de la plaisanterie.

informer [ɛ̃fɔʀme] qqn v renseigner.

non-fumeurs [nɔ̃fymœʀ] appos réservé aux personnes qui ne fument pas.

obligatoire [ɔbligatwaʀ] adj imposé.

Permettez ! [pɛʀmete] loc m'autorisez-vous ?

poli(e) [pɔli] adj courtois.

prévenir [pʀev(ə)niʀ] qqn v avertir.

réel(le) [ʀeɛl] adj vrai, véritable.

remboursable [ʀɑ̃buʀsabl] adj échangeable contre de l'argent.

réservation [ʀezɛʀvasjɔ̃] une n retenue d'une place.

s'accorder [sakɔʀde] qqch v respecter l'aspect grammatical d'un autre mot.

salaire [salɛʀ] un n argent payé par l'employeur à son employé.

situation familiale [situasjɔ̃ familjal] la n état civil (célibataire, marié, divorcé ou veuf).

taxi [taksi] un n voiture avec chauffeur, munie d'un compteur qui indique le prix de la course.

tôt [to] adv de bonne heure.

un instant [ɛ̃n ɛ̃stɑ̃] loc un moment.

visite [vizit] la n venue.

voiture [vwatyʀ] une n wagon.

voyage d'affaires [vwajaʒ dafɛʀ] le n déplacement à but professionnel.

voyageur [vwajaʒœʀ] le n personne qui voyage.

Mod. 3, Étape 2

accueil [akœj] un n réception d'une personne qui vient d'arriver.

aller [ale] faire qqch v faire quelque chose dans un futur proche.

atelier de fabrication [atəlje də fabʀikasjɔ̃] un n lieu où l'on fabrique les produits.

bilan [bilɑ̃] un n résumé.

chef des ventes [ʃɛf de vɑ̃t] un n responsable du département ventes.

collation [kɔlasjɔ̃] une n repas léger.

commercialisation [kɔmɛʀsjalizasjɔ̃] la n mise en vente des produits.

conception [kɔ̃sɛpsjɔ̃] la n création théorique d'un produit.

conduire [kɔ̃duiʀ] qqn v accompagner.

courrier [kuʀje] le n lettres.

déjeuner [deʒœne] v repas de midi.

documentation [dɔkymɑ̃tasjɔ̃] une n brochure de présentation.

dossier [dɔsje] un n ensemble des documents qui concernent un sujet.

durée [dyʀe] la n temps.

emmener [ɑ̃m(ə)ne] qqn/qqch v accompagner/emporter.

en présence de [ɑ̃ pʀesɑ̃s də] loc avec.

étape [etap] une n phase.

historique [istɔʀik] l' n m évolution depuis la création.

note [nɔt] une n message.

ordre du jour [ɔʀdʀ dy ʒuʀ] l' n m [d'une journée] programme, [d'une réunion] thèmes.

parler de [paʀle də] qqch v traiter de, discuter de.

participant(e) [paʀtisipɑ̃, -ɑ̃t] un(e) n personne présente.

pause [poz] une n interruption du travail pour se nourrir ou se détendre.

plaquette [plakɛt] une n brochure de présentation sur papier glacé.

programme [pʀɔgʀam] le n liste de ce qui est prévu.

réalisation [ʀealizasjɔ̃] la n fabrication.

repas [ʀ(ə)pa] un n déjeuner ou dîner.

responsable [ʀɛspɔ̃sabl] adj et n chargé de.

retrouver [ʀ(ə)tʀuve] qqn v revoir.

S.A.R.L. [ɛsaɛʀɛl] abrév (Société anonyme à responsabilité limitée) n forme juridique d'entreprise commerciale : société dont le capital est divisé en parts sociales non librement cessibles.

saluer [salɥe] qqn v dire bonjour à.

secrétaire de direction [s(ə)kʀetɛʀ də diʀɛksjɔ̃] la n assistant d'un directeur.

séminaire [seminɛʀ] un n réunion sur un ou plusieurs jours autour de certains sujets.

temps libre [tɑ̃ libʀ] le n période où l'on ne travaille pas.

type [tip] appos qui sert de modèle.

visiter [vizite] qqch v aller voir.

Mod. 3, Étape 3

atelier de coupe [atəlje də kup] un n lieu où l'on découpe les toiles.

atelier de couture [atəlje də kutyʀ] un n lieu où l'on coud les toiles matières textiles.

atelier de montage [atəlje də mɔ̃taʒ] un n lieu où l'on assemble les différents éléments d'un produit.

atelier de peinture [atəlje də pɛ̃tyʀ] un n lieu où l'on peint les produits.

bureau d'études [byʀo detyd] un n service chargé de la conception et du développement des produits.

C.E. [se ø] abrév comité d'entreprise.

certain(e)s [sɛʀtɛ̃, -ɛn] adj et pron pl quelques-un(e)s.

circuit de distribution [siʀkɥi də distʀibysjɔ̃] un n réseau de commercialisation d'un produit.

Comité d'entreprise [kɔmite dɑ̃tʀəpʀiz] le n groupe formé par les représentants du personnel qui, en plus de son rôle de consultation et de contrôle sur l'entreprise, offre des services aux salariés (réductions sur des places de spectacle, ticket de cantine, vidéothèque, bibliothèque, etc.).

concevoir [kɔ̃səvwaʀ] qqch v imaginer.

contrôle de gestion [kɔ̃tʀol də ʒɛstjɔ̃] le n service d'analyse financière des comptes et des budgets de l'entreprise.

coudre [kudʀ] qqch v assembler des matières textiles avec du fil et une aiguille.

couper [kupe] qqch v diviser avec un objet tranchant.

dessiner [desine] qqch v représenter les contours d'une chose à l'aide d'un papier et d'un crayon ou d'un logiciel.

endroit [ɑ̃dʀwa] un n lieu.

entrepôt [ɑ̃tʀəpo] un n lieu de stockage.

entretien mécanique [ɑ̃tʀətjɛ̃ mekanik] l' n m maintenance des machines.

être bien placé(e) [ɛtʀ bjɛ̃ plase] pp et passif occuper une position importante.

être présent(e) [ɛtʀ pʀezɑ̃, -ɑ̃t] pp et passif [sur un marché] exercer une pression commerciale.

expédier [ɛkspedje] qqch v envoyer.

marketing [maʀketiŋ] le n ensemble des techniques de ventes.

matières premières [matjɛʀ pʀəmjɛʀ] les n fpl matériaux bruts pas encore transformés par les machines.

monter [mɔ̃te] qqch v assembler.

on y va [ɔ̃n i va] loc allons-y.

peindre [pɛ̃dʀ] qqch v enduire de peinture.

petites surfaces [p(ə)tit syʀfas] les n fpl supermarchés de petite taille.

place [plas] la n rang, position.

plan [plɑ̃] le n carte.

prêt(e) [pʀɛ, -ɛt] adj terminé.

quelques-un(e)s [kɛlkəzɛ̃, kɛlkəzyn] pron pl un certain nombre.

réaliser [ʀealize] qqch v faire, accomplir.

réception [ʀesɛpsjɔ̃] la n accueil.

ressources humaines [ʀ(ə)suʀs ymɛn] les n fpl service du personnel.

restaurant d'entreprise [ʀɛstɔʀɑ̃ dɑ̃tʀəpʀiz] le n cantine, lieu de restauration réservé à une entreprise.

sac à dos [sak a do] un n sac à lanières que l'on porte sur ses épaules.

sac de sport [sak də spɔʀ] un n sac dans lequel on transporte des affaires de sport.

servir à [sɛʀviʀ a] qqch v être utile à.

simplifié(e) [sɛ̃plifje] adj rendu plus facile.

stock [stɔk] un n dépôt, réserves.

stocker [stɔke] qqch v ranger dans un entrepôt, constituer une réserve.

tente [tɑ̃t] une n abri en toile pour campeurs.

toile [twal] une n tissu.

tout d'abord [tu dabɔʀ] loc adv avant tout, en premier.

tracer [tʀase] qqch v dessiner.

tube [tyb] un n cylindre en métal.

visite guidée [vizit gide] une n parcours d'un lieu avec un guide qui donne des explications.

Mod. 3, Étape 4

à l'ouest [a lwɛst] loc un des quatre points cardinaux, opposé à l'est.

absolument [apsɔlymɑ̃] adv complètement, totalement.

Alaska [alzas] l' n f État du nord du continent américain.

Arc de Triomphe [aʀk də tʀiɔ̃f] l' n m monument parisien situé en haut des Champs-Élysées.

architecture [aʀʃitɛktyʀ] l' n f art de concevoir et de construire des bâtiments.

art moderne [aʀ mɔdɛʀn] l' n m création culturelle contemporaine dans les arts plastiques.

artistique [aʀtistik] adj créatif, en rapport avec l'art.

au cœur de [o kœʀ də] loc au centre de.

au nord [o nɔʀ] n m inv un des quatre points cardinaux, opposé au sud.

authentique [otɑ̃tik] adj véritable.

basé(e) à [baze a] adj établi à.

boutique [butik] la n magasin.

brasserie [bʀasʀi] **une** n restaurant où l'on mange des plats simples et où l'on boit de la bière.

brochure [bʀɔʃyʀ] **une** n [touristique] dépliant qui informe les touristes.

cadeau [kado] **un** (mpl **cadeaux** [kado]) n souvenir, objet à offrir.

cathédrale [katedʀal] **la** n grande église.

centre commercial [sɑ̃tʀ kɔmɛʀsjal] **un** n espace couvert qui rassemble plusieurs magasins.

céramique [seʀamik] **une** n objet en terre cuite.

charmant(e) [ʃaʀmɑ̃, -ɑ̃t] adj très agréable, séduisant.

chocolatier [ʃɔkɔlatje] **le** n fabricant de chocolats.

concerner [kɔsɛʀne] v se référer à.

Conseil de l'Europe [kɔ̃sɛj de løʀɔp] **le** n institution européenne basée à Strasbourg.

conseiller [kɔseje] qqch à qqn v recommander, indiquer ce qu'il faut faire ou ne pas faire.

déçu(e) [desy] adj mécontent de ne pas obtenir ce que l'on espérait.

économique [ekɔnɔmik] adj financier.

étranger(ère) [etʀɑ̃ʒe, -ɛʀ] adj et n qui vient d'un autre pays.

être à la disposition de [ɛtʀ a la dispozisjɔ̃ də] qqn loc être au service de.

excursion [ɛkskyʀsjɔ̃] **une** n visite, petit voyage.

faire du shopping [fɛʀ dy ʃopiŋ] loc aller de magasin en magasin pour regarder et acheter.

fluvial(e) [flyvjal] (mpl **fluviaux** [flyvjo], fpl **fluviales** [flyvjal]) adj relatif aux fleuves et aux rivières.

foie gras [fwa gʀɑ] **le** n sorte de pâté très fin d'oie ou de canard.

Forum des Halles [fɔʀɔm de 'al] **le** n centre commercial parisien.

galerie marchande [galʀi maʀʃɑ̃d] **une** n espace couvert qui rassemble de nombreux magasins.

gastronomie [gastʀɔnɔmi] **la** n art de la bonne cuisine.

gastronomique [gastʀɔnɔmik] adj en rapport avec la bonne cuisine.

genre [ʒɑ̃ʀ] **le** n [sorte] sorte, type.

grand magasin [gʀɑ̃ magazɛ̃] **un** n commerce sur plusieurs étages proposant une grande variété d'articles.

Hôtel de ville [hɔtɛl; hotɛl də vil] **l'** n m bâtiment où se trouvent les bureaux du maire et de l'administration d'une commune.

il faut [il fo] faire qqch v on doit.

il vaut mieux [il vo mjø] (**valoir** [valvaʀ]) loc il est préférable.

Ile Saint-Louis [il sɛ̃ lwi] **l'** n f île située à Paris, entre deux bras de la Seine.

jardin du Luxembourg [ʒaʀdɛ̃ dy lyksɑ̃buʀ] **le** n parc parisien où se trouve le Sénat.

loin de [lwɛ̃ də] loc prép à une grande distance de.

Marais [maʀɛ] **le** n vieux quartier de Paris.

matinée [matine] **la** n période de la journée avant midi.

monument [mɔnymɑ̃] **un** n sculpture ou bâtiment remarquable construit en souvenir de quelqu'un ou de quelque chose.

musée du Louvre [myze dy luvʀ(ə)] **le** n principal musée d'art ancien à Paris.

Office du tourisme [ɔfis dy tuʀism] **l'** n m centre d'information pour les touristes

Parlement européen [paʀləmɑ̃ øʀɔpeɛ̃] **le** n assemblée d'élus européens qui siège à Strasbourg et à Bruxelles.

passionné(e) de [pasjɔne də] adj très intéressé par.

place de l'Etoile [plas də letwal] **la** n place où se dresse l'Arc de Triomphe à Paris.

promenade [pʀɔm(ə)nad] **une** n balade, circuit.

quartier [kaʀtje] **un** n secteur d'une ville.

Quartier latin [kaʀtje latɛ̃] **le** n quartier parisien où se trouve la Sorbonne, il est connu pour être le quartier des étudiants et des artistes.

réputé(e) [ʀepyte] adj connu, célèbre.

richesse [ʀiʃɛs] **la** n prospérité.

Sacré-Cœur [sakʀe kœʀ] **le** n basilique parisienne située à Montmartre.

saison [sezɔ̃] **une** n une des quatre périodes de l'année (printemps, été, automne, hiver).

séjour [seʒuʀ] **un** n visite de plusieurs jours dans un lieu.

siège [sjɛʒ] **le** n lieu où sont installés les bureaux de la direction d'une société.

soldes [sɔld] **les** n mpl remises sur les prix.

sortir [sɔʀtiʀ] v aller hors de chez soi pour se distraire.

souvenirs [suv(ə)niʀ] **des** n mpl objets que l'on achète pour se rappeler un voyage.

spécialité [spesjalite] **une** n produit typique.

terroir [teʀwaʀ] **le** n habitudes et savoir-faire provincial.

tour Eiffel [tuʀ ɛfɛl] **la** n célèbre monument parisien situé sur le Champs de Mars.

typique [tipik] adj propre à, représentatif de.

vitrine [vitʀin] **une** n devanture de magasin.

vivant(e) [vivɑ̃, -ɑ̃t] adj animé.

PROFIL 3

à travers [a tʀavɛʀ] prép par.

acier [asje] **l'** n m métal dur obtenu après transformation.

acquisition [akizisjɔ̃] **une** n achat.

administratif(ve) [administʀatif, -iv] adj chargé de l'administration, de la gestion.

administration [administʀasjɔ̃] **une** n service public, ensemble des services où travaillent les fonctionnaires.

aéronautique [aeʀonotik] **l'** n f secteur de la construction des avions.

aluminium [alyminjɔm] **l'** n m métal léger obtenu après transformation.

appartenir à [apaʀtəniʀ a] qqch v être lié à, être le représentant de.

au sein de [o sɛ̃ də] loc à l'intérieur de.

avenir [av(ə)niʀ] **l'** n m futur.

balance commerciale [balɑ̃s kɔmɛʀsjal] **la** n solde des importations et des exportations d'un pays.

C.A. [sea] abrév chiffre d'affaires.

capital [kapital] **le** n montant des réserves financières d'une entreprise.

caractériser [kaʀakteʀize] qqch v définir, représenter.

chiffre d'affaires [ʃifʀ dafɛʀ] **le** n montant des ventes d'une entreprise entre deux bilans.

circuit intégré [siʀkɥit ɛ̃tegʀe] **un** n système de fonctionnement miniaturisé d'un ordinateur.

collaborateur(trice) [kɔ(l)labɔʀatœʀ, -tʀis] **un(e)** n collègue de travail.

commerce électronique [kɔmɛʀs elɛktʀɔnik] **le** n ventes et achats sur Internet.

conjoncture [kɔ̃ʒɔ̃ktyʀ] **la** n situation économique.

conquête [kɔ̃kɛt] **une** n acquisition.

création [kʀeasjɔ̃] **la** n fondation.

croissance [kʀwasɑ̃s] **la** n augmentation.

de premier plan [də pʀəmje plɑ̃] loc de la plus grande importance.

défense [defɑ̃s] **la** n secteur de l'armement.

dépasser [depɑse] qqch v aller plus loin que.

détenir [det(ə)niʀ] qqch v avoir, posséder.

diriger [diʀiʒe] qqch v administrer, gérer.

dynamisme [dinamism] **le** n énergie, vitalité, succès.

économie [ekɔnɔmi] **l'** n f ensemble des activités de production, de distribution et de consommation des richesses.

édition [edisjɔ̃] **l'** n f secteur de la publication des livres ou des journaux.

employer [ɑ̃plwaje] qqn v faire travailler.

en grande partie [ɑ̃ gʀɑ̃d paʀti] loc pour une bonne part, en majorité.

en vue [ɑ̃ vy] loc connu, célèbre.

enchères [ɑ̃ʃɛʀ] **les** n fpl séance de vente au plus offrant.

énergie [enɛʀʒi] **l'** n f secteur de la production d'électricité, de l'exploitation des hydrocarbures et autres sources d'énergie.

énumérer [enymeʀe] qqch v citer l'un après l'autre.

équipements automobiles [ekipmɑ̃ le] **les** n accessoires.

excédentaire [ɛksedɑ̃tɛʀ] adj qui dépasse les prévisions.

expansion [ɛkspɑ̃sjɔ̃] **une** n croissance.

favorable [favɔʀabl] adj positif.

fonder sur [fɔ̃de syʀ] v reposer sur.

fusée [fyze] **une** n engin conçu pour voyager dans l'espace.

gagnant(e) [gaɲɑ̃, -ɑ̃t] adj qui réussit, qui a du succès.

géant [ʒeɑ̃] **un** n fig entreprise très importante, qui domine le marché.

groupe [gʀup] **un** n ensemble des entreprises liées à une société mère.

hors ['ɔʀ] prép sauf.

industrie de pointe [ɛ̃dystʀi də pwɛ̃t] **une** n société du secteur de la haute technologie.

inférieur(e) à [ɛ̃feʀjœʀ a] adj plus petit que.

ingénierie informatique [ɛ̃ʒeniʀi ɛ̃fɔʀmatik] **l'** n f secteur de l'étude et de la conception dans le domaine des ordinateurs.

interactif(ve) [ɛ̃teʀaktif, -iv] adj conçu pour permettre à l'utilisateur d'intervenir.

jeu vidéo [ʒø video] **un** n jeu avec lequel on visualise des images et des commandes électroniques sur écran.

la plupart de [la plypaʀ də] (suivi d'un pl) loc la plus grande partie de, la majorité de.

légèrement [leʒɛʀmɑ̃] adv un peu.

licence [lisɑ̃s] **une** n autorisation d'exploitation d'un procédé, d'une marque.

majoritairement [maʒɔʀitɛʀmɑ̃] adv en grande partie.

mariage [maʀjaʒ] **un** n [d'entreprises] réunion de plusieurs entreprises par fusion ou prise de participation.

maroquinerie [maʀɔkinʀi] **la** n secteur de la fabrication de produits en cuir (chaussures, sacs, etc.).

métallurgie [metalyʀʒi] **la** n secteur de la fabrication des métaux.

missile [misil] **un** n engin militaire volant et téléguidé.

mode [mɔd] **la** n secteur de la confection des vêtements.

moyen(ne) [mwajɛ̃, -jɛn] *adj* qui se trouve au milieu, ni bon ni mauvais.

multinationale [myltinasjɔnal] **une** *n* groupe dont les capitaux et les activités se situent dans différents pays.

notamment [nɔtamã] *adv* entre autres.

obtention [ɔptãsjɔ̃] **une** *n* acquisition.

ouverture [uvɛrtyr] **l'** *f* création.

parfumerie [parfymri] **la** *n* secteur de la fabrication des parfums.

part [par] **la** *n* pourcentage.

particulier(ère) [partikylje, -jɛr] *adj* privé.

patron(ne) [patrɔ̃, -ɔn] **un(e)** *n* chef d'entreprise.

pétrole [petrɔl] **le** *n* huile minérale employée comme source d'énergie (essence).

population active [pɔpylasjɔ̃ aktiv] **la** *n* part de la population qui a un emploi ou qui est sur le marché du travail.

portail [pɔrtaj] **le** *n* site Internet qui permet d'accéder à d'autres sites.

président [prezidã] **le** *n* personne la plus haut placée pour diriger une entreprise.

prestigieux(se) [prestiʒjø, -jøz] *adj* renommé.

produit de beauté [prɔdɥi də bote] **un** *n* produit de soin corporel.

produit laitier [prɔdɥi letje] **un** *n* produit fabriqué à partir du lait.

puissance mondiale [pɥisãs mɔ̃djal] **une** *n* pays qui a un poids économique et/ou militaire considérable.

radar [radar] **un** *n* appareil de détection sensible aux ondes.

rassembler [rasãble] qqch *v* réunir, regrouper.

regroupement [rəgrupmã] **un** *n* rassemblement.

regrouper [rəgrupe] qqch *v* rassembler, réunir.

réussite [reysit] **la** *n* succès.

salarié(e) [salarje] **un(e)** *n* employé qui touche un salaire.

se lancer (dans) [sə lãse (dã)] qqch *v* investir dans.

se tourner vers [sə turne ver] *v* s'orienter vers.

secteur tertiaire [sɛktœr tɛrsjɛr] **le** *n* secteur des services.

sidérurgie [sideryrʒi] **la** *n* secteur de la production du métal.

sigle [sigl] **un** *n* abréviation d'un groupe de mots formée par la première lettre de chacun de ces mots.

spiritueux [spiritɥø] **les** *n mpl* ensemble des boissons fortement alcoolisées.

symboliser [sɛ̃bɔlize] qqch *v* représenter.

taille [taj] **la** *n* importance d'une entreprise révélée par le montant du chiffre d'affaires, le nombre d'employés, etc.

Télécoms [telekɔm] **les** *n fpl* secteur des télécommunications.

trentaine [trãtɛn] **une** *n* entre trente et quarante.

tripler [triple] *v* multiplier par trois.

visé(e) [vize] *adj* attendu, souhaité.

NET 1

accéder à [aksede a] qqch *v* atteindre, pouvoir disposer de.

activer [aktive] qqch *v* faire fonctionner.

actualiser [aktɥalize] *v* mettre à jour.

arrêter [arɛte] qqch *v* interrompre, ne pas continuer.

avoir rendez-vous [avwar rãdevu] *loc* avoir prévu de rencontrer quelqu'un.

bilan d'activité [bilã daktivite] **un** *n* résultats financiers d'une entreprise.

bouton [butɔ̃] **un** *n* icône permettant d'activer une opération sur un site Internet.

challenge [ʃalãʒ ; tʃalɛndʒ] **le** *n* défi.

champ [ʃã] **un** *n* blanc à remplir.

chauffeur [ʃofœr] **un** *n* conducteur de véhicule.

cliquer [klike] *v* appuyer sur le bouton de la souris.

compléter [kɔ̃plete] qqch *v* remplir.

comptes [kɔ̃t] **les** *n mpl* résultats financiers. ensemble des opérations de crédit et de débit d'une entreprise.

de professionnel à professionnel [də prɔfesjɔnɛl a prɔfesjɔnɛl] *loc* qui se déroule entre gens du métier, qui exclut le grand public.

démarrage [demaraʒ] **un** *n* commande permettant de mettre en route une opération.

dirigeant [diriʒã] **un** *n* chef d'entreprise.

domaine (d'activité) [dɔmɛn (daktivite)] **un** *n* secteur.

écran [ekrã] **un** *n* surface lumineuse sur laquelle sont affichés des textes ou images venant d'un ordinateur.

faire une recherche [fer yn r(ə)ʃɛrʃ] *loc* chercher des informations sur Internet.

favoris [favɔri] **les** *n mpl* raccourci permettant d'accéder plus rapidement aux sites les plus fréquemment consultés.

forme juridique [fɔrm ʒyridik] **la** *n* type de statut d'une entreprise.

gare [gar] **une** *n* lieu où arrivent et d'où partent les trains.

guide [gid] **un** *n* icône commandant la fonction d'aide.

implanté(e) [ɛ̃plãte] *pp* situé géographiquement.

jargon [ʒargɔ̃] **le** *n* vocabulaire technique.

lequel, laquelle, lesquels, lesquelles [ləkel, lakɛl, lekɛl, lekɛl] *pron* pronom relatif ou interrogatif remplaçant *qui*.

libre à vous [libr a vu] *loc* à vous de choisir.

lien [ljɛ̃] **un** *n* commande qui permet d'accéder à d'autres sites.

liste [list] **une** *n* suite de mots inscrits les uns en dessous des autres.

localité [lɔkalite] **une** *n* ville.

louer [lwe] qqch *v* emprunter quelque chose pour une certaine durée contre de l'argent.

mail (mél) [mɛl (mel)] **un** *n* courrier électronique.

métro [metro] *abrév fam* (métropolitain) *n* train souterrain permettant de se déplacer dans une ville.

moteur de recherche [mɔtœr də r(ə)ʃɛrʃ] **un** *n* site qui permet de trouver une information ou un site Internet particulier à partir d'un ou plusieurs mots clés.

Net [nɛt] **le** *abrév* Internet.

obligatoirement [ɔbligatwarmã] *adv* nécessairement.

page d'accueil [paʒ dakœj] **la** *n* première page d'un site.

page précédente [paʒ presedã t] **la** *n* avant-dernier affichage sur l'écran.

page suivante [paʒ sɥivãt] **la** *n* prochain affichage sur l'écran.

payant(e) [pɛjã, -ãt] *adj* pas gratuit.

plan d'accès [plã daksɛ] **un** *n* carte des voies de transport menant à un lieu.

poursuivre [pursɥivr] qqch *v* continuer.

précédente [presedã t] *adj* icône permettant de consulter la page Internet d'avant.

préférences [preferãs] **les** *n fpl* icône activant un choix de paramètres à configurer.

pro [pro] *abrév fam* professionnel.

proche [prɔʃ] *adj* peu éloigné.

protection des données [prɔtɛksjɔ̃ de dɔne] **la** *n* système de sécurité des informations.

raison sociale [rɛzɔ̃ sɔsjal] **la** *n* nom d'une entreprise.

remplir [rãplir] qqch *v* inscrire quelque chose dans l'espace prévu à cet effet.

repérer [rəpere] qqch *v fam* trouver, identifier.

retourner à [r(ə)turne a] qqch *v* consulter à nouveau, revenir sur.

rues commerçantes [ry kɔmɛrsãt] **les** *n fpl* dans une ville, artères où sont concentrés les magasins.

se connecter à [sə kɔnɛkte a] *v* se brancher sur Internet.

sélectionner [selɛksjɔne] qqch *v* choisir en cliquant.

service [sɛrvis] **un** *n* ce que vend le site.

station de métro [stasjɔ̃ də metro] **une** *n* point d'arrêt et de départ du métro.

suivante [sɥivãt] *adj* icône permettant de consulter la page Internet d'après.

valider [valide] qqch *v* confirmer un choix.

MODULE 4

Mod. 4, Étape 1

ainsi que [ɛ̃si kə] *conj* de même que.

aller à la ligne [ale a la liɲ] *loc* commencer un nouveau paragraphe.

avoir besoin de [avwar bəzwɛ̃ də] qqch *loc* avoir la nécessité de.

B.P. [bepe] *abrév* (boîte postale) adresse postale d'une société qui souhaite recevoir son courrier dans les locaux d'un bureau de poste.

ça dépend [sa depã] *loc* peut-être.

cedex (CEDEX) [sedɛks] *abrév* (courrier d'entreprise à distribution exceptionnelle) sigle utilisé sur le courrier adressé aux entreprises, ce qui leur permet de le recevoir tôt le matin.

ci-joint(e) [si ʒwɛ̃, -ɛt] *adv inv* ajouté à un courrier.

commande [kɔmãd] **une** *n* ordre d'achat une marchandise ou d'un service.

complémentaire [kɔ̃plemãter] *adj* en plus, qui complète.

confirmation [kɔ̃firmasjɔ̃] **la** *n f* certification.

contrat [kɔ̃tra] **un** *n* document qui décrit les conditions d'un échange commercial.

conversation téléphonique [kɔ̃versasjɔ̃ telefonik] **une** *n* discussion au téléphone.

demande [dəmãd] **une** *n* expression d'un besoin.

destinataire [dɛstinater] **un(e)** *n* personne à qui est adressé un courrier, un envoi.

dicter [dikte] qqch *v* dire un texte à haute voix pour que quelqu'un d'autre l'écrive.

discuter de [diskyte də] qqch *v* parler de.

document écrit [dɔkymã ekri] **un** *n* texte rédigé sur papier.

en-tête [ãtɛt] **l'** *n m* nom et adresse de l'expéditeur qui figure en haut d'une lettre.

établir [etablir] qqch *v* [un contrat] rédiger.

être pressé(e) [ɛtr prese] *pp et passif* ne pas avoir le temps.

expéditeur [ɛkspeditœʁ] l' *n m* personne qui envoie un courrier.

faire parvenir [fɛʁ paʁvəniʁ] qqch *v* expédier.

ferme [fɛʁm] *adj* qui ne peut être modifié.

formule de politesse [fɔʁmyl də pɔlitɛs] une *n* mots de courtoisie utilisés pour terminer une lettre.

hésiter à [ezite a] faire qqch *v* ne pas être décidé à.

il s'agit de [il saʒi də] *loc impers* cela concerne.

inscrire [ɛ̃skʁiʁ] qqch *v* écrire.

intitulé [ɛ̃tityle] l' *n m* titre.

intracommunautaire [ɛ̃tʁakɔmynɔtɛʁ] *adj* entre les pays de la Communauté européenne.

lettre commerciale [lɛtʁ kɔmɛʁsjal] une *n* courrier dont le contenu se rapporte au domaine commercial.

nous vous prions d'agréer [nu vu pʁijɔ̃ dagʁee] *loc* (veuillez accepter…), formule de politesse pour terminer une lettre.

nouveautés [nuvote] des *n fpl* produits nouveaux sur le marché.

numéro d'identification [nymeʁo didɛ̃tifikasjɔ̃] le *n* code qui permet de reconnaître.

objet [ɔbʒɛ] l' *n m* sujet de la lettre.

paragraphe [paʁagʁaf] un *n* partie d'un texte qui commence et qui finit par un passage à la ligne.

pôle industriel [pol ɛ̃dystʁijɛl] le *n* lieu où se concentrent les activités industrielles d'une région, d'un pays.

ponctuation [pɔ̃ktɥasjɔ̃] la *n* signes qui séparent les mots et phrases d'un texte comme la virgule et le point.

proposition [pʁɔpozisjɔ̃] une *n* offre.

réception [ʁesɛpsjɔ̃] la *n* [d'une lettre] moment où l'on reçoit un courrier.

rédiger [ʁediʒe] qqch *v* écrire.

redonner [ʁ(ə)dɔne] qqch *v* donner à nouveau.

rendre service à [ʁɑ̃dʁ sɛʁvis a] qqn *v* aider.

S.A. [ɛsa] *abrév* (Société Anonyme) forme juridique d'entreprise commerciale : société dont le capital est divisé en actions négociables.

s'adresser à [sadʁese a] qqn *v* demander à.

service clientèle [sɛʁvis klijɑ̃tɛl] le *n* département chargé des relations avec les clients.

signaler [siɲale] qqch *v* indiquer.

signer [siɲe] qqch *v* mettre son nom sous forme de signature sur un document.

sinon [sinɔ̃] *conj* si ce n'est pas possible.

SIRET [siʁɛt] *abrév* (Système informatique du répertoire des entreprises et établissements) numéro national servant à identifier une entreprise.

souhaiter [swete] qqch *v* espérer, désirer.

tarif [taʁif] un *n* prix.

tarifaire [taʁifɛʁ] *adj* relatif au prix.

terminer [tɛʁmine] qqch *v* finir.

TVA [tevea] la *abrév* (Taxe à la valeur ajoutée) impôt payé par l'utilisateur final sur les biens ou les services achetés.

utiliser [ytilize] qqch *v* employer.

Mod. 4, Étape 2

à l'unité [a lynite] *loc* à la pièce.

à la commande [a la kɔmɑ̃d] *loc* au moment où l'on passe la commande c'est-à-dire où l'on s'engage à acheter.

à partir de [a paʁtiʁ də] *prép* dès l'instant où.

à votre service [a vɔtʁ sɛʁvis] *loc* à votre disposition (formule de politesse employée par un vendeur pour terminer une conversation avec un client).

boîte [bwat] une *n* emballage.

budget [bydʒɛ] un *n* somme d'argent consacrée à quelque chose.

CD [sede] un *abrév* (disque compact) disque.

chaussures de ski [ʃosuʁ də ski] les *n fpl* souliers spéciaux pour faire du ski.

commander [kɔmɑ̃de] qqch *v* s'engager à acheter quelque chose.

concurrent(e) [kɔ̃kyʁɑ̃, -ɑ̃t] un(e) *n* entreprise rivale qui vend les mêmes produits sur un même marché.

consentir [kɔ̃sɑ̃tiʁ] qqch à qqn *v* accorder.

dans l'ordre [dɑ̃ lɔʁdʁ] *loc* classé de manière logique.

dans la limite de [dɑ̃ la limit də] *loc* jusqu'à.

enregistrable [ɑ̃ʁ(ə)ʒistʁabl] *adj* qui peut servir de support à du son ou de l'image.

enveloppe [ɑ̃v(ə)lɔp] une *n* pochette de papier pliée dans laquelle on glisse une lettre.

être prêt(e) à [ɛtʁ pʁɛ, -ɛt̮ a] *loc* être d'accord pour.

exceptionnel(le) [ɛksɛpsjɔnɛl] *adj* spécial.

extrait [ɛkstʁɛ] un *n* petite partie.

FHT [ɛfaʃte] *abrév* (Francs hors taxes) s'utilise pour donner un prix en francs avant d'appliquer la TVA.

fin de saison [fɛ̃ də sɛzɔ̃] *loc* de la fin de la période pendant laquelle on achète habituellement ces produits.

gratuit(e) [gʁatɥi, -ɥit] *adj* non payant.

hors taxes ['ɔʁ taks] *adj* qui n'inclut pas la TVA.

jusqu'à [ʒyska] *prép* qui atteint un maximum de.

livraison [livʁɛzɔ̃] la *n* expédition de la marchandise au client.

meilleur(e) [mejœʁ] *adj* qui dépasse les autres en qualité.

moins de [mwɛ̃ də] *adv* une plus petite quantité de.

négocier [negɔsje] qqch *v* marchander.

offre spéciale [ɔfʁ spesjal] une *n* promotion.

pièce [pjɛs] (la) *n* unité.

plus de [ply(s) də] *adv* davantage.

publicité [pyblisite] une *n* annonce présentant un produit.

qualité supérieure [kalite sypeʁjœʁ] une *n* très bonne qualité.

réduction [ʁedyksjɔ̃] une *n* baisse.

Réf. [ʁef] *abrév* (référence) abréviation utilisée pour donner un numéro ou un code qui permet d'identifier un produit.

référence [ʁefeʁɑ̃s] la *n* code d'identification d'un produit.

réfléchir [ʁefleʃiʁ] *v* penser.

régler [ʁegle] qqch *v* payer.

remise [ʁəmiz] une *n* réduction.

s'élever à [sel(ə)ve a] *v* atteindre.

s'équiper en [sekipe ɑ̃] *v* acquérir, se fournir en.

se renseigner sur [sə ʁɑ̃seɲe syʁ] qqch *v* chercher des informations sur.

skis [ski] les *n mpl* longues lames munies de fixations permettant de glisser sur la neige.

taille [taj] la *n* dimensions.

transport [tʁɑ̃spɔʁ] le *n* acheminement d'un lieu à un autre.

TTC [tetese] *abrév* (Toutes taxes comprises) s'utilise pour donner un prix incluant la TVA.

valable [valabl] *adj* utilisable.

Mod. 4, Étape 3

article [aʁtikl] un *n* produit.

bac à courrier [bak̮a kuʁje] un *n* casier de rangement pour les lettres.

base de données [baz də dɔne] la *n* répertoire informatique dans lequel sonr classées des informations.

bon de livraison [bɔ̃ də livʁezɔ̃] un *n* papier qui certifie l'expédition d'une marchandise.

caisson [kɛsɔ̃] un *n* petit meuble de rangement à tiroirs, en général placé sous le bureau.

cartouche [kaʁtuʃ] une *n* réserve d'encre.

consulter [kɔ̃sylte] qqch *v* regarder pour trouver un renseignement.

corbeille à papier [kɔʁbej a papje] une *n* petite poubelle de bureau.

dans quinze jours [dɑ̃ kɛ̃z ʒuʁ] *loc* dans deux semaines.

délai (de livraison) [delɛ də livʁezɔ̃] un *n* temps nécessaire au fabricant pour livrer une marchandise.

dernier(ière) [dɛʁnje, -jɛʁ] *adj* récent, nouveau.

désignation [desiɲasjɔ̃] la *n* description du produit.

disponible [dispɔnibl] *adj* [un produit] en stock, que l'on peut acheter tout de suite.

du coin [dy kwɛ̃] *loc* du voisinage.

en rupture de stock [ɑ̃ ʁyptuʁ də stɔk] *loc* sans réserves, sans stock.

en stock [ɑ̃ stɔk] *loc* en réserve, disponible.

enregistrer [ɑ̃ʁ(ə)ʒistʁe] qqch *v* inscrire dans un registre.

épuisé(e) [epɥize] *adj* [stock] vide, non réapprovisionné.

état [eta] l' *n m* niveau.

garagiste [gaʁaʒist] un *n* réparateur ou vendeur de voitures.

groupe [gʁup] un *n* [de musiciens] formation de musiciens qui jouent ensemble.

impatient(e) [ɛ̃pasjɑ̃, -ɑ̃t] *adj* pressé.

imprimante [ɛ̃pʁimɑ̃t] une *n* appareil qui imprime un texte tapé sur ordinateur sur du papier.

introuvable [ɛ̃tʁuvabl] *adj* difficile à obtenir.

jupe [ʒyp] une *n* vêtement de femme qui recouvre les jambes.

livrer [livʁe] qqch à qqn *v* expédier.

mettre à jour [mɛtʁ a ʒuʁ] *loc* actualiser.

parmi [paʁmi] *prép* entre.

passer une commande [pase yn kɔmɑ̃d] *loc* s'engager à acheter.

patient(e) [pasjɑ̃, -ɑ̃t] *adj* pas pressé.

pot à crayons [po a kʁɛjɔ̃] un *n* récipient dans lequel on range crayons et stylos.

préféré(e) [pʁefeʁe] *adj* favori.

qté [kɑ̃tite] *abrév* (quantité) s'utilise pour indiquer le nombre d'articles.

Quizz [kwiz] un *n angl* questionnaire.

rapide [ʁapid] *adj* qui va vite.

recevoir [ʁ(ə)səvwaʁ] qqch *v* être livré.

représenter [ʁ(ə)pʁezɑ̃te] qqch *v* travailler pour.

réserver [ʁezɛʁve] qqch *v* faire mettre de côté.

reste [ʁɛst] le *n* partie de la commande qui manque.

sondage [sɔ̃daʒ] un *n* enquête d'opinion.

sous quarante-huit heures [su kaʁɑ̃tɥit̮œʁ] *loc* dans deux jours au plus.

sous vingt-quatre heures [su vɛ̃katʁ̮œʁ] *loc* dans une journée au plus.

stylo bille [stilo bij] un *n* stylo à encre sans plume.

tiroir [tiʀwaʀ] **un** n casier des rangement coulissant intégré à un meuble.

vingt-quatre heures sur vingt-quatre [vɛ̃tkatʀ œʀ syʀ vɛ̃tkatʀ] loc jour et nuit.

Mod. 4, Étape 4

à jet d'encre [a ʒɛdɑ̃kʀ] loc qui projette de l'encre sur le papier (système d'impression informatique).

accès à Internet [aksɛ a ɛ̃tɛʀnɛt] **un** n possibilité de se connecter à Internet.

achats [aʃa] **les** n mpl acquisitions.

air conditionné [ɛʀ kɔ̃disjɔne] **l'** n m climatisation.

bleu(e) clair(e) [blø klɛʀ] adj de la couleur d'un ciel dégagé.

compris(e) [kɔ̃pʀi, -iz] adj inclus.

compter un mois de délai [kɔ̃te ɛ̃ mwa də delɛ] loc prévoir que la marchandise sera livrée dans environ un mois.

concessionnaire [kɔ̃sesjɔnɛʀ] **un** n vendeur d'une marque de voitures.

consenti(e) [kɔ̃sɑ̃ti] pp du verbe **consentir** [kɔ̃sɑ̃tiʀ] accordé.

entièrement [ɑ̃tjɛʀmɑ̃] adv totalement.

essentiel(le) [esɑ̃sjɛl] adj indispensable.

être à l'écoute [ɛtʀ a lekut] loc être attentif.

exister [ɛgziste] v être.

expliquer [ɛksplike] qqch à qqn v faire comprendre.

faux [fo] (f **fausse** [fos]) adj pas vrai.

garage [gaʀaʒ] **un** n local où l'on répare ou vend des voitures.

Grenoble [gʀənɔbl] n ville du sud-est de la France.

gris(e) [gʀi, -iz] adj mélange de noir et de blanc.

guider [gide] qqn v montrer le chemin à.

hôtesse [otɛs] **une** n femme chargée d'accueillir les clients.

initier à [inisje a] faire qqch v aider qqn à débuter dans.

intéressé(e) par [ɛ̃teʀese paʀ] adj attiré par, qui souhaite acheter.

mardi [maʀdi] n m deuxième jour de la semaine.

métallisé(e) [metalize] adj dont l'aspect rappelle le métal.

méthode [metɔd] **une** n procédé.

modem [mɔdɛm] **un** n appareil permettant d'échanger des informations entre ordinateurs par le réseau téléphonique.

monospace [mɔnospas] **un** n voiture de tourisme familiale surélevée.

montant (total) [mɔ̃tɑ̃ (tɔtal)] **le** n somme totale, total.

nécessaire [nesesɛʀ] adj indispensable.

nombre [nɔ̃bʀ] **le** n quantité.

numéro de client [nymeʀo də klijɑ̃] **un** n code chiffré permettant d'identifier un client.

numéro de commande [nymeʀo də kɔmɑ̃d] **un** n code chiffré permettant d'identifier une commande.

option [ɔpsjɔ̃] **une** n accessoire ajouté au produit de base.

oublier [ublije] qqch v ne pas se souvenir de.

paiement [pɛmɑ̃] **le** n règlement financier.

par Internet [paʀ ɛ̃tɛʀnɛt] loc en passant par le réseau Internet.

peinture [pɛ̃tyʀ] **la** n matière colorée dont on enduit les objets, les murs, etc.

pot de peinture [po d(ə) pɛ̃tyʀ] **un** n récipient qui contient de la peinture.

préciser [pʀesize] qqch v expliquer en détail.

prendre des notes [pʀɑ̃dʀ de nɔt] loc inscrire sur papier l'essentiel d'une information orale.

prendre une commande [pʀɑ̃dʀ yn kɔmɑ̃d] loc enregistrer la commande d'un client.

prise de la commande [pʀiz də la kɔmɑ̃d] **la** n enregistrement de la commande d'un client.

produit électroménager [pʀɔdɥi elɛktʀomenaʒe] **un** n appareil électrique servant aux tâches ménagères.

remettre [ʀ(ə)mɛtʀ] qqch v [dans l'ordre] ranger.

renseigner [ʀɑ̃seɲe] qqn v donner des informations à.

satisfaire [satisfɛʀ] qqn v répondre aux exigences de.

scanner [skanɛʀ] **un** n appareil permettant de numériser un texte ou une image.

sept jours sur sept [sɛt ʒuʀ syʀ sɛt] loc tous les jours de la semaine.

série [seʀi] **la** n ensemble d'objets identiques fabriqués à la chaîne.

simplement [sɛ̃pləmɑ̃] adv facilement.

suffire [syfiʀ] v être assez.

suivant(e) [sɥivɑ̃, -ɑ̃t] adj prochain, d'après.

système audio CD [sistɛm odjo sede] **le** n chaîne permettant d'écouter des disques compact dans la voiture.

téléphone à touches [telefɔn a tuʃ] **un** n appareil téléphonique muni de boutons pour composer un numéro.

téléphone fax [telefɔn faks] **un** n appareil avec lequel on peut à la fois téléphoner et envoyer des fax.

toit ouvrant [twa uvʀɑ̃] **un** n plafond d'une automobile qui peut s'ouvrir.

transaction [tʀɑ̃saksjɔ̃] **une** n mouvement d'argent entre comptes bancaires.

venir de [v(ə)niʀ də] faire qqch v avoir fait très récemment.

PROFIL 4

(avoir) la bosse du commerce [(avwaʀ) la bɔs dy kɔmɛʀs] loc être doué pour les affaires.

à l'aide de [a lɛd də] loc avec, grâce à.

afin de [afɛ̃ də] loc prép pour.

analyser [analize] qqch v examiner tous les aspects d'un sujet.

aspects juridiques [aspɛ ʒyʀidik] **les** n mpl questions relevant du droit.

assurances [asyʀɑ̃s] **les** n f secteur des entreprises spécialisées dans la garantie contre les risques.

attaché(e) commercial(e) [ataʃe kɔmɛʀsjal] **un(e)** n professionnel employé au service commercial.

autant que [otɑ̃ kə] adv au même niveau que.

banque [bɑ̃k] **la** n secteur des organismes prêteurs et collecteurs de fonds.

bureautique [byʀotik] **la** n secteur de l'informatisation des tâches de bureau.

carrière [kaʀjɛʀ] **la** n parcours professionnel.

centrale d'achats [sɑ̃tʀal daʃa] **une** n organisme commercial gérant les commandes d'approvisionnement des magasins qui lui sont affiliés, [magasin] magasin offrant des prix réduits à un ensemble de clients ayant un même statut (fonctionnaires, étudiants, etc.).

chargé(e) de clientèle [ʃaʀʒe də klijɑ̃tɛl] **un(e)** n responsable d'un portefeuille de clients.

chargé(e) de mission [ʃaʀʒe də misjɔ̃] **un(e)** n responsable d'un projet particulier.

chef de rayon [ʃef də ʀɛjɔ̃] **un** n responsable d'une ligne de produits dans un supermarché ou un grand magasin.

climat de confiance [klima də kɔ̃fjɑ̃s] **un** n atmosphère de bonne entente.

commercial-export [kɔmɛʀsjalɛkspɔʀ] **un** n employé chargé de la vente à l'exportation.

commission [kɔmisjɔ̃] **une** n pourcentage que reçoit un intermédiaire pour son travail.

comparable [kɔ̃paʀabl] adj semblable.

compétence [kɔ̃petɑ̃s] **la** n qualités professionnelles.

connaissances [kɔnesɑ̃s] **des** n mpl savoir.

conseiller(ère) [kɔ̃seje, -jɛʀ] **un(e)** n professionnel qui guide les clients dans leurs choix.

consister en [kɔ̃siste ɑ̃] qqch v correspondre à.

culture d'entreprise [kyltyʀ dɑ̃tʀəpʀiz] **la** n ensemble des traditions, du savoir-faire et des comportements propres aux employés d'une entreprise.

de moins en moins [də mwɛ̃zɑ̃mwɛ̃] adv qui va en diminuant.

débutant(e) [debytɑ̃, -ɑ̃t] **un(e)** n personne qui commence et n'a pas encore d'expérience dans un métier.

démarcheur [demaʀʃœʀ] **un** n vendeur qui sollicite ses clients à domicile (porte-à-porte ou démarchage par téléphone).

désigner [deziɲe] qqch v nommer.

développer [dev(ə)lɔpe] qqch v augmenter, faire progresser.

distribution [distʀibysjɔ̃] **la** n secteur de la vente aux consommateurs dans les grandes surfaces.

effectifs [efɛktif] **les** n mpl nombre d'employés.

en début de [ɑ̃ deby də] loc au commencement de.

en même temps [ɑ̃ mɛm tɑ̃] loc au même moment.

en permanence [ɑ̃ pɛʀmanɑ̃s] loc tout le temps.

en pratique [ɑ̃ pʀatik] loc dans la réalité.

établir [etabliʀ] qqch n créer.

être convaincu(e) [ɛtʀ kɔ̃vɛ̃ky] par / de qqch passif et pp être persuadé.

être payé(e) à la commission [ɛtʀ peje a la kɔmisjɔ̃] passif et pp toucher un pourcentage sur les ventes.

être rémunéré(e) [ɛtʀ ʀemyneʀe] passif et pp être payé.

être sur la route [ɛtʀ syʀ la ʀut] loc être en déplacement.

évaluer [evalɥe] qqch v calculer.

exclusif(ve) [ɛksklyzif, -iv] adj qui a le monopole.

exercice [ɛgzɛʀsis] **un** n pratique, habitude.

fidéliser [fidelize] qqn v avoir des relations étroites avec ses clients.

fixe [fiks] adj qui ne varie pas.

force de vente [fɔʀs də vɑ̃t] **la** n ensemble des commerciaux de l'entreprise.

gagner [gaɲe] v conquérir.

gérer [ʒeʀe] qqch v s'occuper de.

idéal(e) [ideal] (mpl **idéaux** [ideo], fpl **idéales** [ideal]) adj parfait.

indépendant(e) [ɛ̃depɑ̃dɑ̃, -ɑ̃t] adj qui n'est pas salarié.

instaurer [ɛ̃stɔʀe] qqch v établir.

interlocuteur [ɛ̃tɛʀlɔkytœʀ] **un** n personne à qui on s'adresse.

langage technique [lɑ̃gaʒ tɛknik] **le** n vocabulaire lié à un métier.

liens [ljɛ̃] **les** *n mpl* relations.
maintenir [mɛ̃t(ə)niʀ] qqch *v* garder, entretenir.
maîtriser [mɛtʀize] qqch *v* connaître.
métier [metje] **un** *n* profession.
mobilité [mɔbilite] **la** *n* facilité à se déplacer géographiquement.
multicarte [myltikaʀt] *adj* représentant plusieurs marques.
par l'intermédiaire de [par lɛ̃tɛʀmedjɛʀ də] *loc* avec l'aide de, en passant par.
parfaitement [paʀfɛtmɑ̃] *adv* totalement.
patience [pasjɑ̃s] **la** *n* capacité à attendre.
performant(e) [pɛʀfɔʀmɑ̃, -ɑ̃t] *adj* efficace.
persuasion [pɛʀsɥazjɔ̃] **la** *n* capacité à convaincre.
persuasif(ve) [pɛʀsɥazif, -iv] *adj* convaincant.
placer [plase] qqch *v* vendre auprès d'un distributeur.
porte à porte [pɔʀt a pɔʀt] *loc* vente au domicile des particuliers.
portefeuille de clients [pɔʀtəfœj də klijɑ̃] **un** *n* ensemble des clients dont un commercial s'occupe.
pratique [pʀatik] **la** *n* métier.
prime [pʀim] **une** *n* rémunération supplémentaire.
privilégié(e) [pʀivileʒje] *adj* exceptionnel.
profil [pʀɔfil] **un** *n* qualités et expérience professionnelle.
prospecter [pʀɔspɛkte] qqch *v* recherche des clients.
qualité [kalite] **une** *n* compétence.
quel(le) que soit [kɛl kə swa] *loc* n'importe lequel ou laquelle.
recherché(e) [ʀ(ə)ʃɛʀʃe] *adj* très demandé.
recommandation [ʀəkɔmɑ̃dasjɔ̃] **une** *n* conseil.
représentant(e) [ʀəpʀezɑ̃tɑ̃, -ɑ̃t] **un(e)** *n* professionnel qui rend visite aux clients pour une société commerciale.
restauration collective [ʀɛstɔʀasjɔ̃ kɔlɛktiv] **la** *n* secteur de la restauration pour les collectivités dont les entreprises.
rôle [ʀol] **un** *n* fonction.
s'adapter à [sadapte a] qqch *v* tenir compte de.
s'ajouter à [saʒute a] qqch *v* s'additionner à, être en plus.
santé [sɑ̃te] **la** *n* secteur médical.
se décourager [sə dekuʀaʒe] *v* perdre espoir.
se familiariser avec [sə familjaʀize avɛk] qqch *v* prendre l'habitude de.
se spécialiser [sə spesjalize] *v* devenir très compétent dans un domaine.
sens du contact [sɑ̃s dy kɔ̃takt] **le** *n* qualités à se lier avec les autres.
souplesse [suplɛs] **la** *n fig* capacité à s'adapter.
sur le long terme [syʀ l(ə) lɔ̃ tɛʀm] *loc* sur une longue période.
technico-commercial(e) [tɛknikokɔmɛʀsjal] **un(e)** *n* vendeur ayant des connaissances techniques.
toucher [tuʃe] qqch *v* recevoir de l'argent.
varié(e) [vaʀje] *adj* multiple, différent.
vendeur(euse) [vɑ̃dœʀ, -øz] **un(e)** *n* employé spécialisé dans la vente.
vital(e) [vital] (*mpl* **vitaux** [vito], *fpl* **vitales** [vital]) *adj* indispensable.
VRP [veɛʀpe] **un** *n* (Voyageur, Représentant, Placier) voyageur de commerce indépendant.

MODULE 5

Mod. 5, Étape 1

antichoc [ɑ̃tiʃɔk] *adj* qui protège des chocs extérieurs.
bouteille [butɛj] **une** *n* récipient qui contient un liquide.
cageot [kaʒo] **un** *n* caisse pour les fruits.
caisse bois [kɛs bwa] **une** *n* contenant en bois pour le transport des objets fragiles.
calage [kalaʒ] **le** *n* disposition d'un objet dans un emballage de façon à ce qu'il ne bouge pas lors du transport.
caler [kale] qqch *v* bloquer.
caractéristique [kaʀakteʀistik] **une** *n* particularité.
carton [kaʀtɔ̃] **un** *n* emballage.
collecte [kɔlɛkt] **la** *n* rassemblement.
collecter [kɔlɛkte] qqch *v* rassembler.
conditionnement [kɔ̃disjɔnmɑ̃] **le** *n* emballage.
contribution [kɔ̃tʀibysjɔ̃] **une** *n* participation financière.
déchets [deʃɛ] **les** *n mpl* ce que l'on jette.
destiné(e) à [dɛstine a] *adj* pour.
directive [diʀɛktiv] **une** *f* obligation légale.
écologique [ekɔlɔʒik] *adj* qui respecte l'environnement.
élimination [eliminasjɔ̃] **l'** *n f* destruction.
emballage [ɑ̃balaʒ] **l'** *n m* boîte ou étui qui protège un produit.
en plus [ɑ̃ plys] *adv* supplémentaire.
environnement [ɑ̃viʀɔnmɑ̃] **l'** *n* nature.
État [eta] **l'** *n m* pays.
faire l'affaire [fɛʀ lafɛʀ] *loc fam* convenir.
film à bulles antichoc !film a byl RtiSCk? **un** *n* emballage protecteur constitué de petites poches d'air.
film rétractable [film ʀetʀaktabl] **un** *n* matière plastique transparente que l'on étire autour des produits pour les emballer.
flacon de parfum [flakɔ̃ də paʀfɛ̃] **un** *n* bouteille qui contient du parfum.
grouper [gʀupe] qqch *v* [une commande] réunir différents colis ayant la même destination.
il me faut [il m(ə) fo] qqch *v* j'ai besoin de.
importateur [ɛ̃pɔʀtatœʀ] **un** *n* celui qui achète des marchandises à l'étranger.
matelassé(e) [mat(ə)lase] *adj* [enveloppe] avec une épaisseur de protection en mousse.
ménage [menaʒ] **un** *n* unité de population vivant dans la même maison et considérée d'un point de vue économique comme consommatrice.
ménager(ère) [menaʒe, -ɛʀ] *adj* d'un usage domestique.
miroir [miʀwaʀ] **un** *n* surface réfléchissante dans laquelle on se voit.
organisme [ɔʀganism] **un** *n* ensemble des services et des bureaux où des personnes travaillent dans un but commun.
papier Kraft [papje kʀaft] **le** *n* papier d'emballage marron, très résistant.
passer un contrat [pase ɛ̃ kɔ̃tʀa] *loc* se mettre d'accord entre deux parties pour fixer les droits et les devoirs de chacun dans un contrat.
pêche [pɛʃ] **une** *n* fruit à la peau veloutée.
pile [pil] **une** *n* petite batterie qui donne de l'électricité.
polystyrène [pɔlistiʀɛn] **le** *n* matériau d'isolation léger.
préaffranchi(e) [pʀeafʀɑ̃ʃi] *adj* dont les frais d'expédition sont déjà payés.

preuve [pʀœv] **la** *n* démonstration de la vérité.
protection de l'environnement [pʀɔtɛksjɔ̃ də lɑ̃viʀɔnmɑ̃] **la** *n* respect de l'équilibre écologique.
protéger [pʀɔteʒe] qqch *v* veiller sur, faire attention à.
recyclable [ʀ(ə)siklabl] *adj* réutilisable.
recyclage [ʀ(ə)siklaʒ] **le** *n* réutilisation de matériaux usagés.
recycler [ʀ(ə)sikle] qqch *v* réutiliser des matériaux usagés.
savonnette [savɔnɛt] **une** *n* produit cosmétique pour se laver les mains.
sécurité [sekyʀite] **la** *n* solidité.
solidité [sɔlidite] **la** *n* résistance.
traitement [tʀɛtmɑ̃] **le** *n* tri.
type [tip] **le** *n* sorte, catégorie.
verser [vɛʀse] qqch *v* payer.

Mod. 5, Étape 2

acheminement [aʃ(ə)minmɑ̃] **l'** *n m* transport.
acquitter [akite] qqch *v* payer.
aérien(ne) [aeʀjɛ̃, -jɛn] *adj* par avion.
affaires personnelles [afɛʀ pɛʀsɔnɛl] **les** *n fpl* objets qui appartiennent à un individu.
Antilles [ɑ̃tij] **les** *n fpl* groupe d'îles des Caraïbes, comprenant, pour sa partie française, la Martinique et la Guadeloupe.
armoire [aʀmwaʀ] **une** *n* meuble de rangement de grande taille.
assumer [asyme] qqch *v* être responsable financièrement.
assurance [asyʀɑ̃s] **une** *n* contrat qui protège financièrement d'un risque.
autoroute [otoʀut] **l'** *n f* voie rapide de circulation automobile reliant des villes.
bateau [bato] **un** (*pl* **bateaux**) *n* moyen de transport sur l'eau.
CAF [kaf] *abrév* coût, assurance, fret.
camion [kamjɔ̃] **un** *n* véhicule de grande taille transportant des marchandises.
CFR [seefɛʀ] *abrév* coût et fret.
chemin [ʃ(ə)mɛ̃] **le** *n* route.
circulation [siʀkylasjɔ̃] **la** *n* trafic automobile.
commerce extérieur [kɔmɛʀs ɛksteʀjœʀ] **le** *n* importations et exportations d'un pays.
conditions de livraison [kɔ̃disjɔ̃ də livʀezɔ̃] **les** *n fpl* délais et prix d'expédition des marchandises.
conducteur(trice) [kɔ̃dyktœʀ, -tʀis] **un(e)** *n* personne qui conduit un véhicule.
Côte-d'Ivoire [kotdivwaʀ] **la** *n* pays d'Afrique noire.
définir [definiʀ] qqch *v* expliquer.
déménager [demenaʒe] *v* changer de lieu de vie.
diagramme [djagʀam] **un** *n* dessin technique.
dont [dɔ̃] *pron* parmi lequel, laquelle, lesquels, lesquelles.
échanges [eʃɑ̃ʒ] **des** *n mpl* relations commerciales.
en direction de [ɑ̃ diʀɛksjɔ̃ də] *loc adv* vers.
être redevable de [ɛtʀ ʀədəvabl] qqch *loc* être dans l'obligation de payer.
être responsable de [ɛtʀ ʀɛspɔ̃sabl də] qqch *loc* avoir la charge de.
FAB [ɛfabe ; fab] *abrév* franco à bord.
ferroviaire [feʀɔvjɛʀ] *adj* par train.
frais de livraison [fʀɛ də livʀezɔ̃] **les** *n mpl* coût du transport.
fret [fʀɛt] **le** *n* [somme] rémunération du transport due par l'affréteur ou l'expéditeur des marchandises, [cargaison] les marchandises transportées.

INCOTERMS [ɛ̃kotɛʀm] *abrév angl* (International Commercial Terms) sigles précisant les conditions qui régissent le commerce international.

indiquer [ɛ̃dike] qqch *v* montrer.

jusque [ʒysk(ə)] *prép* dans la limite de.

maritime [maʀitim] *adj* par bateau.

mode de transport [mɔd də tʀɑ̃spɔʀ] un *n* moyen d'acheminement des marchandises.

nationale [nasjɔnal] la *n* route principale.

par avion [paʀ avjɔ̃] *loc* par voie aérienne.

par mer [paʀ mɛʀ] *loc* par bateau.

par rail [paʀ ʀɑj] *loc* par train.

par route [paʀ ʀut] *loc* par camion.

par voies navigables [paʀ vwa navigabl] *loc* par le réseau maritime ou fluvial.

partie [paʀti] une *n* fraction.

pouvez-vous [puvevu] faire qqch *v* avez-vous la possibilité de.

prendre la direction de [pʀɑ̃dʀ la diʀɛksjɔ̃ də] *loc* aller vers.

quitter [kite] qqch *v* sortir de.

redevable [ʀədəvabl] *adj* qui a une dette envers quelqu'un.

remettre [ʀ(ə)mɛtʀ] qqch à qqn *v* donner, confier.

risque [ʀisk] un *n* possibilité d'accident.

rond-point [ʀɔ̃pwɛ̃] un *n* carrefour disposé en cercle.

routier(ère) [ʀutje, -jɛʀ] *adj* qui se rapporte aux routes.

sachez [saʃe] (*impér du verbe* **savoir**) apprenez.

se trouver [sə tʀuve] *v* se situer.

sortie [sɔʀti] la *n* voie permettant de quitter l'autoroute.

termes [tɛʀm] les *n mpl* conditions établies par un contrat.

tonne [tɔn] une *n* mille kilogrammes.

train [tʀɛ̃] un *n* véhicule de transport circulant sur des rails.

transporteur [tʀɑ̃spɔʀtœʀ] un *n* entreprise de transport.

Union européenne [ynjɔ̃ øʀɔpeɛn] l' *n f* association économique et politique de certains Etats d'Europe.

voie [vwa] une *n* route.

zone industrielle [zon ɛ̃dystʀijɛl] une *n* partie d'une agglomération où se concentrent des entreprises.

Mod. 5, Étape 3

assuré(e) [asyʀe] *adj* garanti.

Boston [bɔstɔ̃] *n* ville du nord-est des États-Unis.

c'est trop long [sɛ tʀo lɔ̃] *loc* ça prend trop de temps.

colis [kɔli] un *n* paquet que l'on envoie par la poste.

conséquence [kɔ̃sekɑ̃s] la *n* résultat.

couvrir [kuvʀiʀ] qqch *v* être présent dans une zone géographique.

d'urgence [dyʀʒɑ̃s] *adv* le plus vite possible.

dans la journée [dɑ̃ la ʒuʀne] *loc* entre le matin et le soir.

destination [dɛstinsjɔ̃] la *n* lieu d'expédition.

en express [ɑ̃nɛkspʀɛs] *loc* par courrier rapide.

en fonction de [ɑ̃ fɔ̃ksjɔ̃ də] *loc* selon.

expédition [ɛkspedisjɔ̃] l' *n f* envoi.

exprimer [ɛkspʀime] qqch *v* dire, énoncer.

Indonésie [ɛ̃dɔnezi] l' *n f* État de l'Asie du Sud-Est.

le jour même [lə ʒuʀ mɛm] *loc adv* dans la même journée.

lendemain [lɑ̃dmɛ̃] le *n* la journée suivante.

Lille [lil] *n* ville du nord de la France.

Londres [lɔ̃dʀ] *n* capitale du Royaume-Uni.

Lyon [ljɔ̃] *n* ville du sud-est de la France.

Manille [manij] *n* capitale des Philippines.

Marseille [maʀsɛj] *n* ville portuaire du sud de la France.

New York [njujɔʀk] *n* ville portuaire de l'est des États-Unis.

Nice [nis] *n* ville méditerranéenne du sud-est de la France

occidental(e) [ɔksidɑ̃tal] (*mpl* occidentaux [ɔksidɑ̃to], *fpl* occidentales [ɔksidɑ̃tal]) *adj* des pays de l'ouest, de la civilisation européenne.

pièce de rechange [pjɛs də ʀ(ə)ʃɑ̃ʒ] une *n* élément remplaçable d'une machine.

Rome [ʀɔm] *n* capitale de l'Italie.

si [si] *conj* [de condition] au cas où.

Singapour [sɛ̃gapuʀ] *n* capitale de l'Etat d'Asie du Sud-Est du même nom.

sous un jour [suz ɛ̃ ʒuʀ] *loc* en moins de 24 heures.

Tokyo [tokjo] *n* capitale du Japon.

totalité [tɔtalite] la *n* tout, l'ensemble.

Washington [wɔʃiŋtɔn] capitale des Etats-Unis.

Mod. 5, Étape 4

à trois reprises [a tʀwa ʀ(ə)pʀiz] *loc* trois fois.

au plus tard [o ply taʀ] *adv* dans un délai maximum de.

au sujet de [o syʒe də] *loc* à propos de.

bouton [butɔ̃] un *n* pièce qui sert à fermer un vêtement.

c'est le comble [sɛ l(ə) kɔ̃bl] *loc* c'est incroyable, c'est inacceptable.

c'est normal [sɛ nɔʀmal] *loc impers* c'est habituel.

ça fait une semaine [sa fɛ yn s(ə)mɛn] *loc* cela dure depuis sept jours.

ces jours-ci [se ʒuʀsi] *loc* dernièrement.

changer [ʃɑ̃ʒe] *v* échanger un article contre un autre.

classeur [klasœʀ] un *n* [meuble] meuble de rangement à tiroirs dans lequel on classe des dossiers, [dossier] dossier à anneaux dans lequel on classe des documents.

compter faire [kɔ̃te fɛʀ] qqch *v* avoir l'intention de faire.

compter sur [kɔ̃te syʀ] qqn *v* avoir confiance en, s'attendre à.

confection [kɔ̃fɛksjɔ̃] la *n* secteur de la fabrication des vêtements.

dès [dɛ] *prép* à partir de.

dès que [dɛ kə] *conj* aussitôt que.

doucement [dusmɑ̃] *adv* calmement.

effectivement [efɛktivmɑ̃] *adv* en effet.

en fait [ɑ̃ fɛt] *adv* en réalité.

être autorisé(e) à [ɛtʀ ɔtɔʀize a] faire qqch *loc* avoir la permission de.

être en mesure de [ɛtʀ ɑ̃ m(ə)zyʀ də] *loc* avoir la possibilité de.

foulard en soie [fulaʀ ɑ̃ swa] un *n* pièce de tissu précieux que l'on porte autour du cou.

gestion des stocks [ʒɛstjɔ̃ də stɔk] la *n* contrôle des quantités de marchandises disponibles.

honorer [ɔnɔʀe] qqch *v* [des commandes] satisfaire la demande, livrer dans les délais.

juste [ʒyst] *adj* en ce moment.

manquer [mɑ̃ke] *v* faire défaut.

mécontent(e) [mekɔ̃tɑ̃, -ɑ̃t] *adj* pas satisfait.

moitié [mwatje] la *n* cinquante pour cent.

nature [natyʀ] la *n* [d'un problème] raisons profondes.

ne ... jamais [ne ... ʒamɛ] *adv* ne ... à aucun moment.

ne ... que [nə ... kə] *adv* ne... seulement.

parvenir [paʀvəniʀ] *v* atteindre, réussir à.

pièces détachées [pjɛs detaʃe] des *n fpl* éléments remplaçables d'une machine.

prêt-à-porter [pʀɛtapɔʀte] le *n* vêtements destinés au grand public.

probablement [pʀɔbabləmɑ̃] *adv* peut-être, sans doute.

promettre [pʀɔmɛtʀ] qqch à qqn *v* garantir.

rappeler [ʀap(ə)le] qqn *v* dire à nouveau.

réclamation [ʀeklamasjɔ̃] une *n* expression d'une insatisfaction.

renouveler [ʀ(ə)nuv(ə)le] qqch *v* [les stocks] réapprovisionner.

résoudre [ʀezudʀ] qqch *v* trouver la solution de.

retard [ʀ(ə)taʀ] un *n* [de livraison] dépassement des délais convenus.

rose [ʀoz] *adj* rouge pâle.

sans faute [sɑ̃ fot] *loc adv* assurément.

se mettre en colère [sə mɛtʀ ɑ̃ kɔlɛʀ] *loc* se fâcher.

se passer [sə pase] *v* avoir lieu.

signaler [siɲale] qqch *v* annoncer.

sincère [sɛ̃sɛʀ] *adj* honnête.

solution [sɔlysjɔ̃] une *n* réponse à un problème.

stylo [stilo] un *n* objet pour écrire muni d'un réservoir d'encre.

âgé(e) de [aʒe də] *adj* dont le nombre d'années est de.

annuler [anyle] qqch *v* supprimer.

antenne locale [ɑ̃tɛn lɔkal] une *n* annexe régionale d'une entreprise.

anticiper [ɑ̃tisipe] qqch *v* prévoir.

article de cuisine [aʀtikl də kɥizin] un *n* objet servant à cuisiner.

au contraire [o kɔ̃tʀɛʀ] *loc adv* à l'inverse.

au meilleur prix [o mɛjœʀ pʀi] *loc* le moins cher.

avantage [avɑ̃taʒ] un *n* privilège.

avantageux(euse) [avɑ̃tagø, -øz] *adj* plus intéressant financièrement.

avoir recours à [avwaʀ ʀ(ə)kuʀ a] qqch *v* utiliser.

carte bancaire [kaʀt bɑ̃kɛʀ] une *n* rectangle de plastique muni d'un microprocesseur et servant de mode de paiement.

catégorie socio-professionnelle [kategɔʀi sɔsjopʀɔfesjɔnɛl] une *n* groupe de personnes classé selon son niveau de vie et sa profession (les employés, les cadres, etc.).

cependant [s(ə)pɑ̃dɑ̃] *adv* mais.

chaîne [ʃɛn] une *n* émetteur de télévision diffusant un programme.

classe d'âge [klas dɑʒ] une *n* groupe formé de personnes de la même génération.

clientèle [klijɑ̃tɛl] la *n* acheteurs.

code [kɔd] un *n* règles définissant un système.

concept [kɔ̃sɛpt] un *n* idée.

confondre [kɔ̃fɔ̃dʀ] qqch (*pp* confondu(e) [kɔ̃fɔ̃dy]) *v* mélanger, se tromper.

contact [kɔ̃takt] un *n* relation.

cybervendeur(euse) [sibɛʀvɑ̃dœʀ, -øz] un(e) *n* vendeur spécialisé dans la vente sur Internet.

d'ailleurs [dajœʀ] *loc adv* à vrai dire, en fait.

de plus en plus [də plyzɑ̃ply] *adv* en nombre croissant.

décrire [dekʀiʀ] qqch expliquer en détail.

dépliant [deplijɑ̃] un n prospectus.

direct(e) [diʀɛkt] adj sans intermédiaire.

disposer de [dispoze də] qqch v pouvoir faire ce que l'on veut de.

droit [dʀwa] un n ensemble des lois qui protègent l'individu.

e-commerce [əkɔmɛʀs] le n ventes sur Internet.

élevé(e) [el(ə)ve] adj important.

émission [emisjɔ̃] une n programme.

en général [ɑ̃ ʒeneral] loc adv le plus souvent.

en images [ɑ̃nimaʒ] loc avec des photos ou un film.

équipements de bureau [ekipmɑ̃ də byʀo] les n mpl objets, meubles et machines permettant de travailler.

essayer [eseje] qqch v [un vêtement] le mettre avant de décider de l'acheter.

être en progression [ɛtʀ ɑ̃ pʀɔgʀesjɔ̃] loc s'améliorer, augmenter.

être membre de [ɛtʀ mɑ̃bʀ də] qqch loc appartenir à.

être satisfait(e) de [ɛtʀ satisfɛ, -ɛt də] qqch passif et pp être content de.

étude [etyd] une n analyse.

faire des affaires [fɛʀ dezafɛʀ] loc vendre.

FEVAD [fewad] abrév Fédération des entreprises de vente à distance.

fixer des règles [fikse de ʀɛgl] loc établir le mode de fonctionnement.

frais d'envoi [fʀɛ dɑ̃vwa] les n mpl coût d'expédition.

gain de temps [gɛ̃ də tɑ̃] un n réduction des délais.

général(e) [ʒeneral] (mpl **généraux** [ʒeneʀo], fpl **générales** [ʒeneral]) adj partagé par la majorité.

inconvénient [ɛ̃kɔ̃venjɑ̃] un n désavantage.

jeune [ʒœn] adj pas vieux.

large [laʀʒ] adj important dans le sens perpendiculaire à la longueur.

livrer à domicile [livre a dɔmisil] loc expédier chez les particuliers.

lorsque [lɔʀsk(ə)] conj quand.

mannequin [mankɛ̃] un n personne qui porte des vêtements de démonstration.

munir de [myniʀ də] qqch v équiper.

nuire à [nɥiʀ a] qqn/qqch v faire du tort à.

opinion [ɔpinjɔ̃] une n avis.

par correspondance [paʀ kɔʀɛspɔ̃dɑ̃s] loc par courrier.

Parisien(ne) [paʀizjɛ̃, -jɛn] un(e) n personne qui vit à Paris.

personnes âgées [pɛʀsɔnz ɑʒe] les n fpl vieilles personnes.

pionnier(ère) [pjɔnje, -jɛʀ] un(e) n fig premier à s'intéresser à quelque chose.

piratage [piʀataʒ] le n détournement.

presque [pʀɛsk] adv pas totalement.

produits textiles [pʀɔdɥi tɛkstil] des n mpl articles en tissu.

profiter à [pʀɔfite a] qqn/qqch v bénéficier de.

provincial(e) [pʀɔvɛ̃sjal] (mpl **provinciaux** [pʀɔvɛ̃sjo], fpl **provinciales** [pʀɔvɛ̃sjal]) adj qui vit en province, qui n'habite pas Paris.

public [pyblik] le n téléspectateurs.

publication technique [pyblikasjɔ̃ tɛknik] une n document décrivant le fonctionnement d'un objet.

publicité [pyblisite] un(e) n annonce qui vente les qualités d'un produit.

rapidité [ʀapidite] la n vitesse.

rassurer [ʀasyʀe] qqn v inspirer confiance à.

relais de réception [ʀ(ə)lɛ də ʀesɛpsjɔ̃] un n boutique où l'on ne vend rien mais où l'on reçoit ses commandes faites sur catalogue.

remboursement [ʀɑ̃buʀsəmɑ̃] un n échange d'une marchandise déjà achetée contre de l'argent.

rentable [ʀɑ̃tabl] adj qui rapporte de l'argent.

renvoyer [ʀɑ̃vwaje] qqch v refuser, réexpédier au vendeur.

respecter [ʀɛspɛkte] qqch v être d'accord avec.

réticent(e) [ʀetisɑ̃, -ɑ̃t] adj peu convaincu, qui a des doutes.

revenu annuel [ʀəv(ə)ny anɥɛl] le n gains en une année.

rollers [ʀɔlœʀ] les n mpl angl patins à roulettes en ligne.

sans [sɑ̃] prép moins.

satisfait ou remboursé [satisfɛ u ʀɑ̃buʀse] loc formule permettant de récupérer son argent si l'on n'est pas content de son achat.

se faire [sə fɛʀ] v se permettre.

se mettre à [sə mɛtʀ a] qqch v commencer à se servir de.

se montrer [sə mɔ̃tʀe] v se présenter.

se multiplier [sə myltiplije] v se développer.

séduire [sedɥiʀ] qqn v exercer une impression favorable sur, gagner la confiance de.

selon [s(ə)lɔ̃] prép en fonction de.

simplicité [sɛ̃plisite] la n facilité.

site marchand [sit maʀʃɑ̃] un n site Internet sur lequel une entreprise commerciale vend des produits.

spécialisé(e) [spesjalize] adj compétent dans un domaine précis.

suivre [sɥivʀ] qqch v surveiller.

télé [tele] la n abrév télévision.

téléachat [teleaʃa] le n vente de produits à la télévision.

téléconseiller(ère) [telekɔ̃seje, -ɛʀ] un(e) n professionnel qui fournit une aide par téléphone.

textile [tɛkstil] le n secteur de la fabrication des tissus et des vêtements.

un(e) ... sur deux [ɛ̃, yn ... syʀ dø] loc cinquante pour cent.

VAD [veade] abrév vente à distance.

vente à domicile [vɑ̃t a dɔmisil] la n proposition de produits chez les particuliers.

vente en ligne [vɑ̃t ɑ̃ liɲ] la n proposition de produits sur Internet.

vépéciste [vepesist] un n entreprise de vente par correspondance.

virtuel(le) [viʀtɥɛl] adj simulé sur un écran.

viser [vize] qqch v toucher, s'adresser à.

webcamer [wɛbkamœʀ] un n angl télévendeur muni d'une caméra pour présenter des produits sur Internet.

MODULE 6

Mod. 6, Étape 1

à réception [a ʀesɛpsjɔ̃] loc lorsque le client reçoit la livraison.

appliqué(e) [aplike] pp et adj qui se rapporte à.

c'est ça [sɛ sa] loc c'est juste.

c'est-à-dire [sɛtadiʀ] loc plus précisément.

calcul [kalkyl] un n opération.

calculer [kalkyle] v faire une opération, compter.

car [kaʀ] conj parce que

conditions de paiement [kɔ̃disjɔ̃ də pɛmɑ̃] les n pl moyen et délai autorisés pour payer une marchandise ou un service.

correspondre à [kɔʀɛspɔ̃dʀ a] qqch v être l'équivalent de.

décimale [desimal] une n pour un nombre, premier chiffre après la virgule.

dépannage [depanaʒ] le n réparation.

description [dɛskʀipsjɔ̃] la n définition des caractéristiques d'un produit.

devise [dəviz] une n monnaie étrangère.

divisé(e) par [divize paʀ] pp fractionné en.

échéance [eʃeɑ̃s] une n [financière] date limite de paiement.

en effet [ɑ̃nefɛ] loc adv c'est vrai.

entier(ère) [ɑ̃tje, -jɛʀ] adj [nombre] qui n'est pas composé d'unités après la virgule.

éventuel(le) [evɑ̃tɥɛl] adj possible.

facturation [faktyʀasjɔ̃] la n établissement d'une facture.

facture [faktyʀ] une n note détaillée d'une somme à payer pour un bien ou un service acheté.

facturer [faktyʀe] v établir une facture.

figurer [figyʀe] v apparaître, être lisible.

fois [fwa] adv multiplié par.

habituel(le) [abitɥɛl] adj toujours le même.

HT [aʃ te] abrév hors taxes.

je crois que [ʒə kʀwa kə] loc je pense que.

librairie [libʀeʀi] une n magasin où l'on vend des livres.

location [lɔkasjɔ̃] la n emprunt d'un objet pour une durée déterminée contre de l'argent.

marchandise [maʀʃɑ̃diz] une n produit que l'on peut acheter ou vendre.

moins [mwɛ̃] adv en soustrayant, en déduisant.

net (à payer) [nɛt (a peje)] loc après déduction des taxes.

opération [ɔpeʀasjɔ̃] une n calcul.

plus [plys] adv en ajoutant.

présentoir [pʀezɑ̃twaʀ] un n support sur lequel sont présentés des produits à vendre.

prix unitaire [pʀi(z_)ynitɛʀ] le n prix pour un article.

rallonge [ʀalɔ̃ʒ] une n fil électrique qui sert à en prolonger un autre.

RCS [ɛʀsees] abrév Registre du commerce et des sociétés.

rectifier [ʀɛktifje] qqch v corriger, changer.

règlement [ʀɛgləmɑ̃] un n paiement.

relever [ʀəl(ə)ve] qqch v [une erreur] découvrir, remarquer.

se tromper (de) [sə tʀɔ̃pe (də)] (qqch) v faire une erreur de.

stagiaire [staʒjɛʀ] un(e) n personne, en général qui fait encore des études, employée pour une courte période dans une entreprise pour se former ou se perfectionner.

téléviseur [televizœʀ] un n appareil de télévision.

total [tɔtal] le n [dans une facture] somme de tous les montants à payer.

Mod. 6, Étape 2

à 30 jours [a tʀɑ̃t ʒuʀ] loc dans un délai d'un mois (pour payer un fournisseur).

agence [aʒɑ̃s] une n [bancaire] établissement local d'une banque.

billet (de banque) [bijɛ (də bɑ̃k)] un n morceau de papier ayant une certaine valeur financière.

Carte Bleue [kaʀt blø] la n carte bancaire électronique qui permet de payer ses achats et de retirer de l'argent.

carte de crédit [kaʀt də kʀedi] une n carte bancaire électronique qui permet de payer ses achats à crédit.

causer [koze] v être la cause de, provoquer.

chèque [ʃɛk] un n morceau de papier pré-imprimé où l'on inscrit le nom du bénéficiaire et la valeur à lui payer.

Coface [kɔfas] abrév (Compagnie française d'assurance pour le commerce extérieur) organisme d'État qui assure les entreprises contre l'insolvabilité d'un client étranger.

comptant [kɔ̃tɑ̃] adj et adv en une fois, sans crédit.

compte (en banque) [kɔ̃t (ɑ̃ bɑ̃k)] un n dépôt d'une somme d'argent dans un établissement financier.

dépense [depɑ̃s] une n emploi d'une somme d'argent en vue d'un achat, d'un paiement.

devoir [d(ə)vwaʀ] qqch à qqn v avoir l'obligation de payer quelqu'un, avoir une dette envers quelqu'un.

domiciliation [dɔmisiljasjɔ̃] la n [bancaire] adresse de la banque où se trouve un compte.

émettre [emɛtʀ] qqch v [un ordre de paiement] donner, faire.

en dessous de [ɑ̃ d(ə)su də] loc prép [montant] inférieur.

en espèces [ɑ̃ ɛspɛs] loc adv en argent liquide.

en liquide [ɑ̃ likid] loc adv en pièces et billets de banque.

entité [ɑ̃tite] une n organisme qui à une existence juridique.

essence [esɑ̃s] l' n m carburant pour véhicules à moteur.

être crédité(e) [ɛtʀ kʀedite] passif et pp recevoir de l'argent sur son compte.

être débité(e) [ɛtʀ debite] passif et pp avoir de l'argent retiré de son compte.

explication [ɛksplikasjɔ̃] une n ce qui permet de comprendre quelque chose.

faire un chèque [fɛʀ ɛ̃ ʃɛk] loc remplir un papier pré-imprimé pour payer quelqu'un.

fin de mois [fɛ̃ də mwa] loc le 30 ou le 31 du mois courant (pour payer un fournisseur).

garantie [gaʀɑ̃ti] une n assurance.

irrévocable [iʀevɔkabl] adj définitif, qui ne peut être annulé.

LCR [ɛlseɛʀ] abrév lettre de crédit.

lettre de crédit [lɛtʀ də kʀedi] une n reconnaissance de dette.

liquide [likid] le n argent sous forme de pièces et de billets.

même si [mɛm si] loc prép quand bien même.

modalité [mɔdalite] une n type, mode.

par chèque [paʀ ʃɛk] loc adv en remplissant un papier pré-imprimé qui va servir à payer quelqu'un.

pièce (de monnaie) [pjɛs (də mɔnɛ)] une n jeton métallique ayant une certaine valeur financière.

prélèvement automatique [pʀelɛvmɑ̃ ɔtɔmatik] un n système autorisant la banque à régler directement les factures en retirant de l'argent d'un compte pour le transférer sur le compte du fournisseur (système souvent utilisé par les particuliers pour payer les factures régulières (électricité, abonnements, etc.).

professionnels [pʀɔfɛsjɔnɛl] les nmpl personnes qui travaillent.

réservé(e) à [ʀezɛʀve a] pp et adj consacré exclusivement à.

RIB [ʀib] abrév (Relevé d'identité bancaire) coordonnées bancaires chiffrées.

selon que [s(ə)lɔ̃ kə] conj en fonction de.

titulaire [titylɛʀ] un(e) n détenteur, possesseur.

traite [tʀɛt] une n lettre de change (moyen de paiement utilisé entre professionnels daté et transmissible).

transaction [tʀɑ̃saksjɔ̃] une n opération financière.

Mod. 6, Étape 3

accorder [akɔʀde] qqch v autoriser.

actuellement [aktɥɛlmɑ̃] adv en ce moment, à notre époque.

chacun(e) [ʃakɛ̃, -kyn] pron tous, toutes pris individuellement.

changer de [ʃɑ̃ʒe də] qqch v remplacer.

concernant [kɔ̃sɛʀnɑ̃] prép en ce qui concerne, pour ce qui est de.

du mois courant [dy mwa kuʀɑ̃] loc du mois actuel.

duplicata [dyplikata] un n copie officielle.

en ce moment [ɑ̃ sə mɔmɑ̃] loc actuellement.

en congé maladie [ɑ̃ kɔ̃ʒe maladi] loc absent pour des raisons de santé.

excuse [ɛkskyz] une n justification.

faire son possible [fɛʀ sɔ̃ pɔsibl] pour faire qqch loc essayer de faire tout ce que l'on peut.

impayé [ɛ̃peje] un n facture ou somme qui n'a pas été payée par le client.

je vous assure que [ʒə vuz asuʀ kə] loc je vous certifie que.

laisser passer [lese pase] qqch v [une échéance] ne pas payer dans les délais.

merci de votre compréhension [mɛʀsi də vɔtʀ kɔ̃pʀeɑ̃sjɔ̃] loc formule de politesse servant à solliciter la bienveillance de son interlocuteur.

prendre du retard [pʀɑ̃dʀ dy ʀ(ə)taʀ] v ne pas faire les choses dans les délais.

rattraper [ʀatʀape] qqch v [un retard] se mettre à jour.

regretter [ʀəgʀete] qqch v être désolé de.

relance [ʀəlɑ̃s] une n lettre de réclamation pour un paiement non effectué.

s'excuser [sɛkskyze] v demander pardon.

système informatique [sistɛm ɛ̃fɔʀmatik] un n installation informatique.

trésorerie [tʀezɔʀʀi] la n argent disponible à court terme dans une entreprise.

Mod. 6, Étape 4

ancienneté [ɑ̃sjɛnte] l' n f [d'une créance] date d'émission ancienne.

ci-dessous [sidəsu] prép plus bas.

clairement [klɛʀmɑ̃] adv de façon claire, sans ambiguïtés.

compte tenu de [kɔ̃t təny də] loc en raison de.

constater [kɔ̃state] qqch v se rendre compte de.

créance [kʀeɑ̃s] une n reconnaissance de dette par le débiteur.

dans cette attente [dɑ̃ sɛt atɑ̃t] loc en attendant, (formule de conclusion dans une lettre).

dans les meilleurs délais [dɑ̃ le mɛjœʀ delɛ] loc le plus rapidement possible.

de niveau 2 [də nivo dø] loc deuxième notification d'un retard de paiement.

détaillé(e) [detaje] pp et adj expliqué dans le détail.

dû(e) [dy] pp (du verbe devoir) à payer.

ensuite [ɑ̃sɥit] adv après.

être au regret de [ɛtʀ o ʀəgʀe də] faire qqch loc être dans l'obligation de.

être gêné(e) [ɛtʀ ʒene] loc être embarrassé.

être sûr(e) de [ɛtʀ syʀ də] qqch loc être certain de.

influencer [ɛ̃flyɑ̃se] qqch / qqn v exercer une action sur quelque chose, faire adopter son point de vue par quelqu'un.

laisser traîner [lese tʀene] qqch v ne pas remplir immédiatement ses obligations.

lettre de rappel [lɛtʀ də ʀapɛl] une n notification écrite d'un retard de paiement.

malgré [malgʀe] prép bien que.

par retour du courrier [paʀ ʀətuʀ dy kuʀje] loc en répondant par voie postale dès que vous recevrez cette lettre.

prêter [pʀete] qqch à qqn v mettre quelque chose à la disposition d'une personne pour une durée déterminée.

relancer [ʀəlɑ̃se] qqn v réclamer à nouveau quelque chose à quelqu'un.

rendre [ʀɑ̃dʀ] qqch à qqn v redonner ce que l'on a emprunté.

s'aider de [sede də] qqch v se servir de.

s'assurer de [sasyʀe də] qqch v vérifier.

sauf erreur ou omission [sof eʀœʀ u ɔmisjɔ̃] loc à l'exception d'une information fausse ou d'un oubli.

service contentieux [sɛʀvis kɔ̃tɑ̃sjø] le n département d'une entreprise chargé de recouvrir les créances et de régler les litiges juridiques.

solde [sɔld] un n [à payer] somme restante.

solvable [sɔlvabl] adj qui à les moyens de payer.

tard [taʀ] adv après un long moment.

transmettre [tʀɑ̃smɛtʀ] qqch v [un dossier] faire suivre, passer.

adapter [adapte] qqch à v transformer en vue de.

admis(e) [admi, -iz] pp du verbe **admettre** accepté.

adopter [adɔpte] qqch v accepter l'usage de.

assurer [asyʀe] qqch v affirmer.

au comptoir [o kɔ̃twaʀ] loc au bar.

avoir tort [avwaʀ tɔʀ] loc ne pas avoir raison, se tromper.

baguette [bagɛt] une n pain blanc de forme allongée.

BCE [beseø] la abrév Banque centrale européenne.

bien-être [bjɛ̃nɛtʀ] le n inv confort, prospérité.

budgétaire [bydʒetɛʀ] adj relatif au budget.

bulletin de salaire [byltɛ̃ də salɛʀ] un n feuille de paye.

calendrier [kalɑ̃dʀije] un n agenda, planning.

chômage [ʃomaʒ] le n situation d'une personne ou d'une population privée d'emploi.

citoyen(ne) [sitwajɛ̃, -ɛn] un(e) n personne qui a la nationalité d'un pays.

coexistence [kɔɛgzistɑ̃s] la n présence simultanée.

compter [kɔ̃te] v calculer.

concurrentiel(le) [kɔ̃kyʀɑ̃sjɛl] adj compétitif.

construction [kɔ̃stʀyksjɔ̃] la n mise en place.

côté [kote] (+ nom sans article) loc prép fam concernant.

critère de convergence [kʀitɛʀ də kɔ̃vɛʀʒɑ̃s] un n indicateur économique commun.

critère de sélection [kʀitɛʀ də selɛksjɔ̃] un n paramètre d'évaluation.

déficit budgétaire [defisit bydʒetɛʀ] le n écart négatif entre les recettes et les dépenses d'un budget.

définitif(ve) [definitif, -iv] adj sans modification possible.

définitivement [definitivmɑ̃] adv pour toujours.

dette extérieure [dɛt_ɛksteʁjœʁ] **la** *n* emprunts d'un pays contractés à l'étranger.

deux tiers [dø tjɛʁ] **les** *n* deux sur trois, soixante-six pour cent.

doper [dɔpe] *qqch v* stimuler.

double affichage [dubl_afiʃaʒ] **le** *n* [des prix] etiquetage en deux monnaies sur les produits.

du point de vue [dy pwɛ̃ d(ə) vy] *loc* selon.

échéance [eʃeɑ̃s] **l'** *n f* date limite.

en premier [ɑ̃ pʁəmje] *loc adv* pour commencer.

ensemble [ɑ̃sɑ̃bl] **l'** *n m* totalité.

entrepreneur [ɑ̃tʁəpʁənœʁ] **un** *n* chef d'entreprise.

entrer dans [ɑ̃tʁe dɑ̃] *qqch v fig* faire partie de.

escudo [ɛskydo ; ɛskudo] **l'** *n m* monnaie du Portugal.

État membre [eta mɑ̃bʁ] **un** *n* pays faisant partie d'une union.

être composé(e) de [ɛtʁ kɔ̃poze də] *qqch v* être formé de.

EUR [øʁo] *abrév* (euro) abrévation internationale de la monnaie euro.

euro [øʁo] **l'** *n m* monnaie européenne.

euro-conquis(e) [øʁokɔ̃ki, -iz] **un(e)** *n* personne favorable à la construction européenne.

euro-sceptique [øʁosɛptik] **un(e)** *n* personne opposée à la construction européenne.

faciliter [fasilite] *qqch v* rendre plus facile.

fixation [fiksasjɔ̃] **la** *n* détermination, établissement.

fixer [fikse] *qqch v* établir, déterminer.

florin [flɔʁɛ̃] **le** *n* monnaie des Pays-Bas.

fondamental(e) [fɔ̃damɑ̃tal] (*mpl* **fondamentaux** [fɔ̃damɑ̃to], *fpl* **fondamentales** [fɔ̃damɑ̃tal]) *adj* essentiel.

franc (français) [fʁɑ̃ (fʁɑ̃sɛ)] **le** *n* monnaie de la France.

franc belge [fʁɑ̃ bɛlʒ] **le** *n* monnaie de la Belgique.

franc luxembourgeois [fʁɑ̃ lyksɑ̃buʁʒwa] **le** *n* monnaie du Luxembourg.

gage [gaʒ] **un** *n* garantie.

gagner du temps [gaɲe dy tɑ̃] *loc* prendre de l'avance.

gouverneur [guvɛʁnœʁ] **le** *n* dirigeant.

il est probable que [il_ɛ pʁobabl kə] *loc* il est possible que.

IME [iɛmø] **l'** *abrév* Institut monétaire européen.

inflation [ɛ̃flasjɔ̃] **l'** *n f* hausse des prix.

installé(e) [ɛ̃stale] **à / en** *pp* établi.

interdiction [ɛ̃tɛʁdiksjɔ̃] **une** *n* défense.

introduction [ɛ̃tʁɔdyksjɔ̃] **l'** *nf* mise en circulation.

kilo [kilo] **un** *n* unité de poids correspondant à 1000 grammes.

libeller [libele] *qqch v* remplir.

lié(e) par [lje paʁ] *qqch pp et passif* engagé envers.

limitation [limitasjɔ̃] **la** *n* plafond.

lire [liʁ] **la** *n* monnaie de l'Italie.

litre [litʁ] **un** *n* unité de volume.

livre [livʁ] **la** *n* monnaie du Royaume-Uni.

logo [logo ; logo] **un** *n* enseigne d'une marque.

markka [maʁka] **le** *n* monnaie de la Finlande.

mark [maʁk] **le** *n* monnaie de l'Allemagne.

mise en circulation [miz_ɑ̃ siʁkylasjɔ̃] **la** *n* introduction.

monnaie [mɔnɛ] **la** *n* moyen d'échange.

monnaie unique [mɔnɛ ynik] **la** *n* monnaie commune.

moyen de paiement [mwajɛ̃ də pɛmɑ̃] **un** *n* mode de règlement des achats.

ni... ni [ni... ni] *adv* pas... et pas non plus.

obligation [ɔbligasjɔ̃] **une** *n* contrainte.

officiel(le) [ɔfisjɛl] *adj* légal.

ouvrir [uvʁiʁ] *qqch v* créer.

pacte [pakt] **un** *n* accord, entente.

paie [pɛ] **la** *n* salaire.

parité [paʁite] **la** *n* taux de change.

passage (à) [pɑsaʒ (a)] **le** *n* adoption de.

passer à [pɑse a] *qqch v* adopter.

période transitoire [peʁjɔd tʁɑ̃sitwaʁ] **une** *n* temps d'adaptation.

peseta [peseta ; pezeta] **la** *n* monnaie de l'Espagne.

peu [pø] *adv* pas beaucoup.

PME [peɛmø] **une** *abrév* (petites et moyennes entreprises) entreprise de moins de 50 salariés.

PNB [peɛnbe] *abrév* produit national brut.

progressivement [pʁɔgʁesivmɑ̃] *adv* peu à peu.

raisonner [ʁɛzɔne] *v* penser.

retirer [ʁətiʁe] *qqch de v* supprimer.

retrait [ʁətʁɛ] **un** *n* suppression.

saisir une chance [sɛziʁ yn ʃɑ̃s] *loc* profiter d'une opportunité.

schilling [ʃiliɲ] **le** *n* monnaie de l'Autriche.

se convertir à [sə kɔ̃vɛʁtiʁ a] *qqch v* adopter.

stabilité [stabilite] **la** *n* équilibre.

supprimer [sypʁime] *qqch v* éliminer.

tarder [taʁde] *v* attendre.

taux [to] **un** *n* pourcentage.

taux d'intérêt [to dɛ̃teʁɛ] **un** *n* coût de l'argent.

taux de change [to də ʃɑ̃ʒ] **le** *n* rapport de conversion entre les monnaies.

traité de Maastricht [tʁete də mastʁiʃt] **le** *n* accord global entre les pays européens sur l'orientation économique et politique de l'Union.

UE [yø] **l'** Union européenne.

UEM [yøɛm] **l'** *abrév* Union économique et monétaire.

zone euro [zon øʁo] **la** *n* ensemble des pays qui ont choisi l'euro comme monnaie unique.

NET 2

à gauche [a goʃ] *loc adv* [de l'écran] à l'opposé de droite.

achat [aʃa] **un** *n* acquisition contre de l'argent.

Aide [ɛd] *n* [dans un menu] icône sur laquelle on clique pour obtenir des explications en cas de problème.

autorisé(e) [ɔtɔʁize] *adj* admis, permis.

Bénélux [benelyks] **le** *n* Belgique, Pays-Bas, Luxembourg.

bien (de consommation) [bjɛ̃ (də kɔ̃sɔmasjɔ̃)] **un** *n* [opposé à un service] produit.

cadeau d'affaires [kado dafɛʁ] **un** *n* présent qu'une entreprise offre à ses clients.

cibler [sible] *qqch v* [une recherche] définir de manière précise.

Contact [kɔ̃takt] *n* lien avec une adresse e-mail.

critère [kʁitɛʁ] **un** *n* particularité qui permet de choisir.

crypté(e) [kʁipte] *adj* [numéro de carte de crédit] codé.

en haut [ɑ̃ 'o] *loc adv* [de l'écran] dans la partie supérieure.

francophone [fʁɑ̃kofɔn] *adj* qui s'exprime en français.

jusqu'au bout [ʒysko bu] *loc* jusqu'à la fin.

lancer la recherche [lɑ̃se la ʁ(ə)ʃɛʁʃ] *v* faire fonctionner le moteur de recherche pour trouver des sites se rapportant à ce que l'on cherche.

menu [məny] **un** *n* liste des opérations possibles affichées sur un écran.

mode de livraison [mod də livʁɛzɔ̃] **un** *n* type de transport.

mode de paiement [mod də pɛmɑ̃] **un** *n* type de paiement autorisé (chèque, carte, etc.).

mot clé [mo kle] **un** *n* indication qui sert à orienter une recherche .

paiement sécurisé [pɛmɑ̃ sekyʁize] **un** *n* transaction financière codée.

par défaut [paʁ defo] *loc* choisi automatiquement en l'absence d'une indication particulière.

plateau repas [plato ʁəpa] **un** *n* repas composé de plats préparés à l'avance et qui se consomment rapidement.

Remplissez votre panier [ʁɑ̃plise votʁ panje] *loc* commande propre aux sites marchands pour mettre ses achats en ligne dans un panier virtuel.

répertorier [ʁepɛʁtɔʁje] *qqch v* faire l'inventaire de, faire une lsite de.

résumé [ʁezyme] **un** *n* texte qui dit l'essentiel en peu de mots.

service [sɛʁvis] **un** *n* [opposé à un produit] prestation.

télécharger [teleʃaʁʒe] *qqch v* enregistrer sur un ordinateur des informations trouvées sur Internet.

transaction sécurisée [tʁɑ̃saksjɔ̃ sekyʁize] **une** *n* opération financière codée.

trouver [tʁuve] *qqch v* découvrir.

MODULE 7

Mod. 7, Étape 1

à la recherche de [a la ʁ(ə)ʃɛʁʃ də] *loc* en quête de.

à pourvoir [a puʁvwaʁ] *loc* à occuper.

agence pour l'emploi [aʒɑ̃s puʁ lɑ̃plwa] **une** *n* bureau qui propose des offres d'emploi aux chômeurs.

allemand [almɑ̃] **l'** *n* langue parlée en Allemagne.

anglais [ɑ̃glɛ] **l'** *n* langue parlée au Royaume-Uni et aux États-Unis.

appel d'offres [apɛl dɔfʁ] **un** *n* procédure de recherche de fournisseurs pour un contrat particulier.

association [asɔsjasjɔ̃] **une** *n* groupement à but non lucratif de personnes qui se réunissent avec un objectif commun.

assurer [asyʁe] *qqch v* [un travail] faire.

attention [atɑ̃sjɔ̃] **l'** *nf* intérêt.

bac [bak] **le** *abrév* (baccalauréat) en France, examen de fin d'études secondaires.

Bât. [bɑt] *abrév* (bâtiment) immeuble dans une adresse.

bilingue [bilɛ̃g] *adj* personne qui connaît parfaitement deux langues.

brièvement [bʁijɛvmɑ̃] *adv* rapidement.

candidature [kɑ̃didatyʁ] **une** *n* présentation de ses compétences à une entreprise offrant un emploi.

candidature spontanée [kɑ̃didatyʁ spɔ̃tane] **une** *n* présentation de ses compétences à une entreprise à l'initiative du candidat.

CDI [sedei] *abrév* (Contrat à durée indéterminée) contrat de travail en vigueur jusqu'à ce que l'employé ou le salarié le rompe.

centre d'appels [sɑ̃tʀ dapɛl] **un** *n* service qui centralise les appels téléphoniques des clients qui cherchent des renseignements sur les produits d'un entreprise.

convoquer [kɔ̃vɔke] qqn *v* demander à quelqu'un de se présenter à un rendez-vous.

couramment [kuʀamɑ̃] *adv* sans difficultés. avec aisance.

courant(e) [kuʀɑ̃, -ɑ̃t] *adj* parlé sans difficultés.

cursus universitaire [kyʀsys ynivɛʀsitɛʀ] **le** *n* formation universitaire.

CV [seve] **un** *abrév* Curriculum vitæ.

détailler [detaje] qqch *v* expliquer dans le détail, exposer tous les éléments.

développement [dev(ə)lɔpmɑ̃] **le** *n* [d'une entreprise] expansion.

divorcé(e) [divɔʀse] *adj et n* marié mais séparé juridiquement de son conjoint.

dossier de candidature [dɔsje də kɑ̃didatyʀ] **un** *n* documents informatifs sur une personne qui postule pour un travail.

DRH [deɛʀaʃ] **la** *abrév* (Direction des ressources humaines) direction du département du personnel.

école de commerce [ekɔl də kɔmɛʀs] **une** *n* centre de formation supérieure aux métiers de la vente et de la gestion.

élargir [elaʀʒiʀ] qqch *v* [son expérience] approfondir.

emploi [ɑ̃plwa] **un** *n* travail, poste.

en liaison avec [ɑ̃ ljɛzɔ̃ avɛk] *loc* en relation avec.

en vrac [ɑ̃ vʀak] *loc adv* [information] non sélectionné, brut.

entretien [ɑ̃tʀətjɛ̃] **un** *n* discussion entre un employeur et un candidat pour examiner sa candidature.

équivalence [ekivalɑ̃s] **une** *n* diplôme de même niveau dans un pays étranger.

espagnol [ɛspaɲɔl] **l'** *n* langue parlée en Espagne et en Amérique latine.

établissement [etablismɑ̃] **un** *n* école, lycée.

études secondaires [etyd səgɔ̃dɛʀ] **les** *n fpl* années d'études précédant l'entrée à l'université.

études supérieures [etyd sypeʀjœʀ] **les** *n fpl* études universitaires.

étudiant(e) [etydjɑ̃, -jɑ̃t] **un(e)** *n* personne qui suit une formation dans le cycle d'enseignement supérieur.

éviter [evite] qqch / de faire qqch *v* essayer de ne pas.

exercer [ɛgzɛʀse] qqch *v* [un métier] faire, pratiquer.

expérience [ɛkspeʀjɑ̃s] **une** *n* [professionnelle] parcours, connaissances.

export [ɛkspɔʀ] **l'** *n m fam* exportation.

faire des études de [fɛʀ dez etyd də] *loc* suivre une formation supérieure en.

faire face à [fɛʀ fas a] *loc* [un problème] trouver des solutions à, résoudre.

formation [fɔʀmasjɔ̃] **la** *n* parcours scolaire et universitaire.

fortement [fɔʀtəmɑ̃] *adv* très.

H/F [aʃ/ɛf] *abrév* homme/femme.

hobby ['ɔbi] **un** *n angl* activité de loisir, passion.

immédiatement [imedjatmɑ̃] *adv* tout de suite.

insister sur [ɛ̃siste syʀ] qqch *v* mettre l'accent sur, donner de l'importance à.

japonais [ʒapɔnɛ] **le** *n* langue parlée au Japon.

journal [ʒuʀnal] **un** (*pl journaux*) *n* publication quotidienne d'informations.

lancement [lɑ̃smɑ̃] **un** *n* mise sur le marché.

langue étrangère [lɑ̃g etʀɑ̃ʒɛʀ] **une** *n* langue parlée à l'étranger.

langue maternelle [lɑ̃g matɛʀnɛl] **la** *n* première langue que l'on apprend.

lettre de motivation [lɛtʀ də mɔtivasjɔ̃] **une** *n* lettre accompagnant un CV, dans laquelle le candidat expose son intérêt pour un poste.

lister [liste] qqch *v* faire la liste de.

littéraire [liteʀɛʀ] *adj et n* qui a fait des études de lettres.

lu, écrit, parlé [ly, ekʀi, paʀle] *loc* niveau de connaissance d'une langue étrangère.

lycée [lise] **le** *n* établissement d'études secondaires qui mène jusqu'au bac.

manuscrit(e) [manyskʀi, -it] *adj* écrit à la main.

marié(e) [maʀje] *adj et n* uni par les liens du mariage.

mémoire [memwaʀ] **un** *n* dossier rédigé par l'étudiant à la fin d'un cycle d'enseignement supérieur.

mission [misjɔ̃] **une** *n* travail, tâche.

motivation [mɔtivasjɔ̃] **la** *n* intérêt.

motivé(e) [mɔtive] *pp et adj* intéressé.

né(e) [ne] *pp du verbe* **naître** qui a vu le jour.

niveau [nivo] **le** *n* capacités, connaissances.

notions [nɔsjɔ̃] **des** *n fpl* connaissances partielles.

offre d'emploi [ɔfʀ dɑ̃plwa] **une** *n* annonce proposant un poste de travail.

outil informatique [uti ɛ̃fɔʀmatik] **l'** *n m* ordinateur.

panneau d'affichage [pano dafiʃaʒ] **un** *n* espace mural où sont accrochées des annonces.

participer à [paʀtisipe a] qqch *v* contribuer à, collaborer à.

permis de conduire [pɛʀmis də kɔ̃dɥiʀ] **le** *n* papier officiel qui autorise quelqu'un à conduire un véhicule.

plein(e) [plɛ̃, plɛn] *adj* rempli.

plus [plys] **un** *n* un élément appréciable.

poser sa candidature [poze sa kɑ̃didatyʀ] *loc* envoyer une lettre pour proposer ses services à un employeur.

poursuivre [puʀsɥivʀ] qqch *v* faire.

prétentions [pʀetɑ̃sjɔ̃] **les** *n fpl* salaire souhaité par le candidat.

professionnel(le) [pʀɔfesjɔnɛl] *adj* en rapport avec le travail.

récent(e) [ʀesɑ̃, -ɑ̃t] *adj* nouveau.

réception d'appels [ʀesɛpsjɔ̃ dapɛl] **la** *n* travail qui consiste à répondre au téléphone.

recrue [ʀəkʀy] **une** *n* nouvel(lle) employé(e), personne qui vient d'être recrutée.

recruter [ʀəkʀyte] qqn *v* embaucher.

rejoindre [ʀəʒwɛ̃dʀ] qqn *v* travailler avec, intégrer.

retenir l'attention [ʀətəniʀ/ʀət(ə)niʀ latɑ̃sjɔ̃] de qqn *loc* intéresser.

scientifique [sjɑ̃tifik] *adj* en rapport avec les sciences.

scolaire [skɔlɛʀ] *adj* relatif à l'enseignement.

scolarité [skɔlaʀite] **la** *n* études.

se mettre d'accord [sə mɛtʀ dakɔʀ] (sur qqch) avec qqn *loc* trouver un terrain d'entente.

se perfectionner dans [sə pɛʀfɛksjɔne dɑ̃] qqch *v* acquérir plus de connaissances dans.

se servir de [sə sɛʀviʀ də] qqch *v* utiliser.

se tenir à la disposition de [sə təniʀ a la dispozisjɔ̃ də] qqn *loc* être prêt à.

signature [siɲatyʀ] **la** *n* écriture manuscrite de son nom au bas d'un document.

stage [staʒ] **un** *n* [cours] formation intensive, [en entreprise] période de formation dans une entreprise.

suivi [sɥivi] **le** *n* contrôle.

Sup de Co [syp də ko] *abrév* (Ecole supérieure de commerce) école de troisième cycle enseignant la gestion.

tableur [tablœʀ] **un** *n* logiciel permettant de faire des tableaux chiffrés.

traitement de texte [tʀɛtmɑ̃ də tɛkst] **un** *n* logiciel permettant de mettre en pages des documents écrits.

Mod. 7, Étape 2

aborder [abɔʀde] qqch *v* traiter.

actualité [aktɥalite] **l'** *n f* ensemble des événements récents.

adresser [adʀese] qqch à qqn *v* envoyer.

archivage [aʀʃivaʒ] **un** *n* classement.

atout [atu] **un** *n* qualité.

auparavant [opaʀavɑ̃] *adv* précédemment, avant.

autonome [ɔtɔnɔm ; otonom] *adj* qui sait travailler seul, qui sait prendre des initiatives.

autrement [otʀəmɑ̃] *adv* différemment.

avoir des bases en [avwaʀ de baz ɑ̃] qqch *loc* avoir quelques connaissances en.

avoir l'esprit d'équipe [avwaʀ lɛspʀi dekip] *loc* aimer travailler en groupe.

avoir le sens de [avwaʀ lə sɑ̃s də] qqch *loc* être doué pour.

bloc [blɔk] **un** *n* feuilles de papier attachées par le haut servant à prendre des notes.

BTS [beteɛs] *abrév* (Brevet de technicien supérieur) diplôme universitaire de fin d'études techniques.

calme [kalm] *adj* tranquille.

candidat(e) [kɑ̃dida, -at] **un(e)** *n* personne qui se présente à un poste de travail ou à un examen.

carrière [kaʀjɛʀ] **la** *n* parcours professionnel.

CDD [sedede] *abrév* (Contrat à durée déterminée) contrat de travail limité dans le temps.

cerner [sɛʀne] qqch *v* comprendre.

classement [klasmɑ̃] **le** *n* rangement, organisation.

commis [kɔmi] **un** *n* [dans un restaurant] employé de cuisine.

communication [kɔmynikasjɔ̃] **la** *n* secteur des médias et des relations publiques.

compte rendu [kɔ̃t ʀɑ̃dy] **un** *n* rapport.

consultant(e) [kɔ̃syltɑ̃, -ɑ̃t] **un(e)** *n* professionnel extérieur à l'entreprise qui joue un rôle de conseiller.

cuisinier(ère) [kɥizinje, -jɛʀ] **un(e)** *n* professionnel qui prépare les repas dans un restaurant.

département [depaʀtəmɑ̃] **un** *n* service d'une entreprise.

dossier de presse [dɔsje də pʀɛs] **un** *n* ensemble des articles de presse concernant une personne ou un sujet.

dynamique [dinamik] *adj* enthousiaste, qui a de l'énergie.

embaucher [ɑ̃boʃe] qqn *v* engager, recruter.

en avance [ɑ̃ avɑ̃s] *loc adv* avant le moment prévu.

en équipe [ɑ̃ ekip] *loc adv* en groupe.

facilement [fasilmɑ̃] *adv* aisément, sans difficultés.

faire le service [fɛʀ lə sɛʀvis] *loc* servir les plats dans un restaurant.
faire part de [fɛʀ paʀ də] qqch à qqn *loc* annoncer.
filtrage téléphonique [filtʀaʒ telefɔnik] **le** *n* sélection des appels.
fourchette [fuʀʃɛt] **une** *n* [de salaire] écart entre deux valeurs.
fumer [fyme] *v* consommer du tabac.
histoire [istwaʀ] **l'** *n f* matière des sciences humaines qui s'intéresse à l'étude du passé.
immobilier(ère) [imɔbilje, -jɛʀ] *adj* [presse] qui diffuse des annonces d'offre et de demande de logement.
intérêt [ɛ̃teʀɛ] **un** *n* attention, considération.
interroger [ɛ̃teʀɔʒe] qqn *v* poser des questions à.
journalisme [ʒuʀnalism] **le** *n* secteur des métiers de l'information.
lettres [lɛtʀ] **les** *n* littérature.
licence [lisɑ̃s] **une** *n* diplôme universitaire après 3 à 5 ans d'études.
maître d'hôtel [mɛtʀ dɔtɛl/ dotɛl] **un** *n* dans un grand restaurant, chef du service de la table.
management [manadʒmɛnt] **le** *n angl* gestion, direction.
occuper [ɔkype] qqch *v* [un poste] remplir une fonction.
organisé(e) [ɔʀganize] *adj* qui gère bien son temps et son travail.
parcours [paʀkuʀ] **un** *n* carrière.
planning [planiŋ] **un** *n angl* programme de travail, emploi du temps.
positif(ve) [pɔzitif, -iv] *adj* enthousiaste, qui voit les choses du bon côté.
présentation [pʀezɑ̃tasjɔ̃] **la** *n* apparence, aspect.
presse [pʀɛs] **la** *n* journaux et magazines.
raison [ʀɛzɔ̃] **une** *n* motif.
rapide [ʀapid] *adj* qui va vite.
rédaction [ʀedaksjɔ̃] **la** *n* écriture et mise en forme d'un texte.
références [ʀefeʀɑ̃s] **des** *fpl n* recommandations.
Relais et Châteaux [ʀ(ə)lɛz‿e ʃato] **un** *n* hôtel de luxe installé dans une demeure ancienne.
rémunération [ʀemyneʀasjɔ̃] **la** *n* salaire.
rémunéré(e) [ʀemyneʀe] *pp et adj* payé.
requis(e) [ʀəki, -iz] *pp du verbe* **requérir** exigé.
responsabilités [ʀɛspɔ̃sabilite] **les** *fpl* travail, mission.
restaurateur(trice) [ʀɛstɔʀatœʀ, -tʀis] **un(e)** *n* professionnel qui tient un restaurant.
restauration [ʀɛstɔʀasjɔ̃] **la** *n* domaine professionnel lié aux restaurants.
rubrique [ʀybʀik] **une** *n* paragraphe regroupant des informations du même type.
s'informer sur [sɛ̃fɔʀme syʀ] qqch *v* prendre des renseignements sur.
salle [sal] **la** *n* [d'un restaurant] pièce principale où l'on sert les repas.
Sciences Po [sjɑ̃s po] *abrév* (Institut d'études politiques) grande école de sciences politiques.
se juger [sə ʒuʒe] *v* s'évaluer soi-même.
serveur(euse) [sɛʀvœʀ, -øz] **un(e)** *n* professionnel qui fait le service dans un restaurant.
soigner [swaɲe] qqch *v* [sa présentation] faire attention à.
start-up [staʀtœp] **une** *n angl* jeune entreprise dont l'activité est souvent liée à Internet ou aux nouvelles technologies.
supérieur(e) [sypeʀjœʀ] *adj* [formation] de haut niveau.
sur le tas [syʀ lə ta] *loc fam* en travaillant, sans formation théorique.
tâche [taʃ] **une** *n* travail.
titulaire [titylɛʀ] **un(e)** *n* détenteur d'un diplôme.

Mod. 7, Étape 3

à mi-temps [a mitɑ̃] *loc adv* la moitié du temps de travail légal.
à plein temps [a plɛ̃ tɑ̃] *loc adv* la totalité du temps de travail légal.
à temps complet [a tɑ̃ kɔ̃plɛ] *loc adv* la totalité du temps de travail légal (opposé à temps partiel).
à temps partiel [a tɑ̃ paʀsjɛl] *loc adv* une partie du temps de travail légal.
agence de publicité [aʒɑ̃s də pyblisite] **une** *n* entreprise dont l'activité est de faire connaître les produits pour mieux les vendre.
après-midi [apʀɛmidi] **un(e)** *n* deuxième partie d'une journée.
avoir droit à [avwaʀ dʀwa a] qqch *loc* pouvoir obtenir de façon légale.
cantine [kɑ̃tin] **une** *n* restaurant d'entreprise.
chef de pub [ʃɛf də pyb] **le(la)** *n fam* responsable de la publicité.
circonstances [siʀkɔ̃stɑ̃s] **les** *n fpl* situations.
conditions de travail [kɔ̃disjɔ̃ də tʀavaj] **les** *n fpl* horaires, salaire et lieu de travail.
contremaître [kɔ̃tʀəmɛtʀ] **un** *n* chef d'une équipe d'ouvriers.
déroulement [deʀulmɑ̃] **le** *n* programme, organisation.
diplômé(e) [diplome] **un(e)** *n et adj* qui a fait des études supérieures et a obtenu un diplôme.
en détail [ɑ̃ detaj] *loc* avec précision.
et ainsi de suite [et‿ɛ̃si də sɥit] *loc* etc.
faire les trois-huit [fɛʀ le tʀwa ɥit] *loc* travailler par rotation en trois équipes pour maintenir la production de jour comme de nuit.
fermer [fɛʀme] qqch *v* [entreprise] cesser le travail.
fermeture [fɛʀmətyʀ] **la** *n* clôture des portes.
fonctionnement [fɔ̃ksjɔnmɑ̃] **le** *n* organisation.
heures supplémentaires [œʀ syplemɑ̃tɛʀ] **les** *n fpl* heures de travail en plus des heures légales.
hiérarchique ['jeʀaʀʃik] *adj* dans la hiérarchie, dans le classement des pouvoirs.
journée de travail [ʒuʀne də tʀavaj] **une** *n* journée passée à travailler.
manutentionnaire [manytɑ̃sjɔnɛʀ] **un(e)** *n* ouvrier dont le travail consiste à déplacer et à stocker les produits.
mentionner [mɑ̃sjɔne] qqch *v* dire.
ouvrier(ère) [uvʀije, -ijɛʀ] *adj* [stage] relatif au travail en usine ou au travail manuel.
ouvrir [uvʀiʀ] qqch *v* [entreprise] commencer le travail.
par rotation [paʀ ʀɔtasjɔ̃] *loc* en alternance, chacun son tour.
pause déjeuner [poz deʒœne] **la** *n* temps pris pour le repas de midi.
qualifié(e) [kalifje] *adj* qui a suivi une formation spécifique.
rythme de travail [ʀitm də tʀavaj] **le** *n* horaires.
s'arrêter [saʀɛtɛ] *v* [usine] ne plus produire.
samedi [samdi] **le** *n* jour de la semaine précédant le dimanche.
ticket restaurant [tikɛ ʀɛstɔʀɑ̃] **un** *n* bon pour un repas au restaurant financé en partie par l'employeur.
tout à l'heure [tut‿a lœʀ] *loc* dans un moment.
une semaine sur trois [yn səmɛn syʀ tʀwa] *loc* une semaine toutes les trois semaines.
variable [vaʀjabl] *adj* [horaire] modulable, qui change.

Mod. 7, Étape 4

accompagner [akɔ̃paɲe] qqn *v* aller avec.
adorer [adɔʀe] qqch *v* aimer beaucoup.
affaires [afɛʀ] **des** *n fpl* vêtements et accessoires.
amener [am(ə)ne] qqn *v* conduire, accompagner.
au début [o deby] *loc adv* au commencement.
avec plaisir [avɛk pleziʀ] *loc* avec joie.
avoir envie de [avwaʀ ɑ̃vi də] qqch / faire qqch *loc* désirer, souhaiter.
avoir le cafard [avwaʀ lə kafaʀ] *loc* être triste, avoir le mal du pays.
avoir le droit de [avwaʀ lə dʀwa də] faire qqch *loc* avoir la possibilité de, être autorisé à.
bénévolat [benevɔla] **le** *n* travail non rémunéré.
bricoler [bʀikɔle] *v* faire des travaux d'aménagement chez soi.
bus [bys] **un** *n fam* autobus.
ça te dit [sa tə di] de faire qqch *loc fam* aimerais-tu ?
capacité d'intégration [kapasite dɛ̃tegʀasjɔ̃] **la** *n* faciliter à se faire accepter dans un groupe.
centre d'intérêt [sɑ̃tʀ dɛ̃teʀɛ] **un** *n* domaine que l'on aime particulièrement.
club de gym [klœb də ʒim] **un** *n fam* club de gymnastique, centre de remise en forme.
commun(e) [kɔmɛ̃, -yn] *adj* partagé.
cours du soir [kuʀ dy swaʀ] **un** *n* formation proposée après les heures de bureaux.
d'après [dapʀɛ] *loc prép* selon.
de temps en temps [də tɑ̃z‿ɑ̃ tɑ̃] *loc adv* quelquefois.
demander son avis [d(ə)mɑ̃de sɔ̃n‿avi] à qqn *loc* interroger, s'enquérir de l'opinion de.
donner rendez-vous [dɔne ʀɑ̃devu] à qqn *loc* décider d'un lieu et d'une heure de rencontre avec.
en bas [ɑ̃ ba] *loc prép* au rez-de-chaussée, devant l'entrée.
équipe [ekip] **une** *n* [de travail] groupe de personnes qui travaillent ensemble.
être libre [ɛtʀ libʀ] *loc* ne pas être occupé.
faculté d'adaptation [fakylte dadaptasjɔ̃] **la** *n* capacité à s'habituer.
gens [ʒɑ̃] **les** *mpl* personnes.
gros(se) [gʀo, -os] *adj fig* important.
il y a [ilja] *loc imper* voici.
indiscret(ète) [ɛ̃diskʀɛ, -ɛt] *adj* [question] qui concerne la vie privée.
initiative [inisjativ] **une** *n* action entreprise sans que l'on en ait reçu l'ordre.
inscription [ɛ̃skʀipsjɔ̃] **une** *n* abonnement.
inscrit(e) [ɛ̃skʀi, -it] *pp du verbe* **inscrire** abonné.
invité(e) [ɛ̃vite] **un(e)** *n* personne que l'on reçoit.
inviter [ɛ̃vite] qqn *v* recevoir.
machine à café [maʃin‿a kafe] **la** *n* appareil qui distribue des boissons chaudes.
manquer [mɑ̃ke] à qqn *v* voir qqn déplorer son absence.

match de foot [matʃ də fut] un n fam partie de football.

militer [milite] v participer activement à la défense d'une cause, faire de la politique.

natation [natasjɔ̃] la n sport qui consiste à nager.

nouer des relations [nwe de ʀ(ə)lasjɔ̃] loc établir des liens avec des gens.

nouveau (nouvelle) [nuvo (nuvɛl)] un(e) n qui vient d'être engagé dans l'entreprise.

partout [paʀtu] adv dans tous les endroits.

passer prendre [pase pʀɑ̃dʀ] qqn v fam venir chercher.

piscine municipale [pisin mynisipal] une n bassin de natation de la commune.

plaire [plɛʀ] v séduire.

politique [pɔlitik] la n conduite des affaires publiques.

prendre [pʀɑ̃dʀ] qqch v [un bus] monter dans, [des places] réserver.

près [pʀɛ] adv à proximité.

profiter de [pʀɔfite də] qqch v bénéficier de.

provoquer [pʀɔvɔke] qqch v causer, favoriser.

raccompagner [ʀakɔ̃paɲe] qqn v faire la route avec.

ramener [ʀam(ə)ne] qqn v raccompagner.

rendre compte de [ʀɑ̃dʀ kɔ̃t də] qqch à qqn loc rapporter, dire.

rêver de [ʀɛve də] qqch v souhaiter vivement.

s'intégrer à [sɛ̃tegre a] qqch v [une équipe] se faire accepter dans.

se faire des amis [sə fɛʀ dez ami] loc rencontrer des personnes sympathiques.

se rendre à [sə ʀɑ̃dʀ a] qqch v aller.

spectacle [spɛktakl] un n œuvre mise en scène pour distraire un public.

sportif(ve) [spɔʀtif, -iv] adj qui l'habitude de faire du sport.

supérieur(e) [sypeʀjœʀ] un(e) n [hiérarchique] chef, responsable.

surfer [sœʀfe] v passer d'un site à un autre sur Internet.

sympa [sɛ̃pa] adj fam sympathique.

syndicalisme [sɛ̃dikalism] le n activité des mouvements de travailleurs pour la défense de leurs droits.

tarif [taʀif] un n prix.

tarif réduit [taʀif ʀedɥi] un n prix préférentiel.

tête-à-tête [tɛtatɛt] un n inv dialogue entre deux personnes.

ticket de cantine [tikɛ də kɑ̃tin] un n bon permettant de manger au restaurant d'entreprise.

vidéo [video] une n caméra.

volontiers [vɔlɔ̃tje] adv avec plaisir.

Mod. 7, Étape 5

à côté de [a kote də] loc près de.

à l'extérieur [a lɛksteʀjœʀ] loc [numéro de téléphone] hors de l'entreprise.

à part [a paʀ] loc séparément.

archiver [aʀʃive] qqch v classer, ranger.

au maximum [o maksimɔm] loc adv au plus.

bon de commande [bɔ̃ də kɔmɑ̃d] un n papier qui certifie la commande d'une marchandise.

cadre de travail [kadʀ də tʀavaj] le n environnement professionnel.

casse [kas] la n dégât.

code-barres [kɔdbaʀ] un n série de barres horizontales imprimées sur un produit pour permettre d'identifier sa nature et son prix.

confier [kɔ̃fje] qqch à qqn v donner, laisser.

courses [kuʀs] les fpl shopping.

décrypter [dekʀipte] qqch v [un code] déchiffrer.

derrière [dɛʀjɛʀ] adv à l'arrière de.

donner un coup de main [dɔne ɛ̃ ku d(e) mɛ̃] à qqn loc aider.

emballer [ɑ̃bale] qqch v envelopper.

en cas de [ɑ̃ ka də] loc dans l'hypothèse de.

étage [etaʒ] un n niveau.

façon [fasɔ̃] une n manière.

filet [filɛ] un n sac à provisions en corde.

identifier [idɑ̃tifje] qqch v reconnaître.

imprimer [ɛ̃pʀime] qqch v faire inscrire un texte sur papier par une machine.

instruction [ɛ̃stʀyksjɔ̃] une n directive.

ligne extérieure [liɲ ɛksteʀjœʀ] une n [téléphonique] numéro à l'extérieur de l'entreprise.

machine à photocopier [maʃin a fɔtɔkɔpje] une n machine à reproduire des documents papier.

opération [ɔpeʀasjɔ̃] une n acte, travail.

original [ɔʀiʒinal] un n (pl originaux [ɔʀiʒino]) document qui sert de modèle.

photocopie [fɔtɔkɔpi] une n document papier reproduisant un original.

photocopieuse [fɔtɔkɔpjøz] une n machine à reproduire des documents papier.

pistolet à radiofréquences [pistɔlɛ a ʀadjofʀekɑ̃s] un n outil qui permet de décrypter les codes-barres des produits.

préparateur(trice) [pʀepaʀatœʀ, -tʀis] un(e) n personne qui s'occupe de préparer la commande d'un client.

préparation [pʀepaʀasjɔ̃] la n [d'une commande] identification, déstockage et mise à disposition d'un produit pour le client.

ranger [ʀɑ̃ʒe] qqch v placer.

s'installer [sɛ̃stale] v investir des lieux.

saisir [seziʀ] qqch v taper sur ordinateur.

se débrouiller [sə debʀuje] v fam résoudre un problème sans aide.

sous forme de [su fɔʀm də] loc prép ayant l'aspect de.

suivre [sɥivʀ] qqch v fig [des instructions] respecter.

traiter [tʀete] qqch v s'occuper de.

trieuse [tʀijøz] une n accessoire de photocopieuse qui permet de photocopier plusieurs pages à la fois en les classant.

PROFIL 7

à distance [a distɑ̃s] loc [travailler] à domicile.

à domicile [a dɔmisil] loc chez soi.

acquis sociaux [aki sɔsjo] les n mpl ensemble des droits et des avantages dont bénéficient les salariés.

apparaître [apaʀɛtʀ] v voir le jour, exister.

automatisé(e) [ɔtɔmatize] pp et adj fait par les machines.

baisse [bɛs] la n diminution.

bénéficier de [benefisje də] qqch v profiter de.

c'est pourquoi [sɛ puʀkwa] loc c'est la raison pour laquelle.

CFDT [seɛfdete] la abrév (Confédération française démocratique du travail) syndicat français.

CFE-CGC [seɛfø-seʒese] la abrév (Confédération française de l'encadrement - Confédération générale des cadres) syndicat français pour les cadres.

CGT [seʒete] la abrév (Confédération générale du travail) syndicat français.

complètement [kɔ̃plɛtmɑ̃] adv entièrement.

conduire à [kɔ̃dɥiʀ a] qqch v mener à, aboutir à.

congés payés [kɔ̃ʒe peje] les n mpl vacances légales payées par l'employeur.

contrat de travail [kɔ̃tʀa də tʀavaj] un n document légal qui énonce les obligations de l'employeur et de l'employé.

crise (économique) [kʀiz (ekɔnɔmik)] la n période difficile pour l'économie.

croissance (économique) [kʀwasɑ̃s (ekɔnɔmik)] la n développement, prospérité.

davantage [davɑ̃taʒ] adv plus.

depuis [dəpɥi] prép [un endroit] à partir de.

désavantage [dezavɑ̃taʒ] un n inconvénient.

emploi [ɑ̃plwa] l' n travail.

en moyenne [ɑ̃ mwajɛn] loc plus ou moins, en faisant une moyenne.

en plein essor [ɑ̃ plɛn esɔʀ] loc en augmentation.

en pleine mutation [ɑ̃ plɛn mytasjɔ̃] loc en complète transformation.

en réalité [ɑ̃ ʀealite] loc en vérité.

être à la baisse/à la hausse [ɛtʀ a la bɛs/a la 'os] loc diminuer/augmenter.

être en régression [ɛtʀ ɑ̃ ʀegʀesjɔ̃] loc baisser, diminuer.

financier(ère) [finɑ̃sje, -jɛʀ] un(e) n professionnel du secteur de la banque ou autre domaine financier.

flexibilité [flɛksibilite] la n souplesse.

FO [ɛfo] abrév (Force ouvrière) syndicat français.

forme [fɔʀm] une n type, sorte.

gestion de l'agenda [ʒɛstjɔ̃ də laʒɑda] la n organisation des rendez-vous et autres engagements.

gouvernement [guvɛʀnəmɑ̃] le n équipe dirigeante d'un pays.

graphique [gʀafik] un n schéma.

hebdomadaire [ɛbdɔmadɛʀ] adj par semaine.

informatisation [ɛ̃fɔʀmatizasjɔ̃] l' n f adoption de l'informatique.

intérimaire [ɛ̃teʀimɛʀ] adj et n employé envoyé par une agence d'intérim dans une entreprise pour une période limitée, en remplacement d'un salarié.

journaliste [ʒuʀnalist] un(e) n professionnel exerçant un travail d'enquête pour un média (journal, radio, etc.).

la majorité des [la maʒɔʀite de] loc la plus grande partie de.

la moyenne des [la mwajɛn de] loc la plupart des.

légal(e) [legal] adj (mpl légaux [lego], fpl légales [legal]) conforme à la loi.

lié(e) à [lje a] pp et adj en relation avec.

local [lɔkal] un n (pl locaux [lɔko]) bâtiment.

loi [lwa] la n ensemble des règles établies par la société et qui s'appliquent à tous.

MEDEF [medɛf] le abrév (Mouvement des entreprises de France) organisation patronale française.

mesure [m(ə)zyʀ] une n décision.

minima sociaux [minima sɔsjo] les n mpl rémunérations et traitements minimums établis par la loi.

ministre de l'Emploi et de la Solidarité [ministʀ də lɑ̃plwa e də la sɔlidaʀite] le n mf responsable qui, dans le gouvernement, s'occupe des affaires sociales et du travail.

monde du travail [mɔ̃d dy tʀavaj] le n domaine de la vie professionnelle.

organisation patronale [ɔʀɡanizasjɔ̃ patʀɔnal] une n syndicat de chefs d'entreprise.

par an [paʀ‿ɑ̃] loc dans une année.

partenaires sociaux [paʀtənɛʀ sɔsjo] les n mpl patrons et syndicats.

plus démunis [ply demyni] les n mpl les plus pauvres.

pour soi [puʀ swa] loc personnellement.

prendre en charge [pʀɑ̃dʀ ɑ̃ ʃaʀʒ] loc [faire] s'occuper de.

profession libérale [pʀɔfesjɔ̃ libeʀal] une n activité professionnelle indépendante, non salariée.

profond(e) [pʀɔfɔ̃, -ɔ̃d] adj [crise] grave.

quant à [kɑ̃ta] loc prép en ce qui concerne.

réduction [ʀedyksjɔ̃] la n baisse.

reprise [ʀəpʀiz] la n redémarrage de l'activité économique.

révolutionner [ʀevɔlysjɔne] qqch v transformer en profondeur.

risquer de [ʀiske də] faire qqch v s'exposer à.

RMI [ɛʀɛmi] le abrév (Revenu minimum d'insertion) subvention accordée par l'Etat aux plus démunis pour faciliter l'insertion sociale.

salaire minimum [salɛʀ minimɔm] le n niveau de rémunération légal en dessous duquel un employeur ne peut rémunérer un employé.

se regrouper [sə ʀ(ə)ɡʀupe] v se mettre à plusieurs.

se retrouver [sə ʀ(ə)tʀuve] v [dans une situation] être confronté à quelque chose sans qu'on l'ait voulu.

secrétariat [səkʀetaʀja] le n [travail] tâches administratives.

sécurité [sekyʀite] la n garantie.

sécurité sociale [sekyʀite sɔsjal] la n organisme d'Etat qui rembourse une partie des dépenses de santé.

sembler [sɑ̃ble] faire qqch v paraître.

slogan [slɔɡɑ̃] un n devise.

SMIC [smik] le abrév (Salaire minimum interprofessionnel de croissance) niveau de rémunération légal en dessous duquel un employeur ne peut rémunérer un employé.

sous-emploi [suzɑ̃plwa] le n faible utilisation de la capacité de travail de la main-d'œuvre.

stable [stabl] adj [emploi] durable.

syndicat [sɛ̃dika] un n organisation de défense des travailleurs.

système de retraites [sistɛm də ʀ(ə)tʀɛt] le n organisation du financement des retraites.

tableau [tablo] un n graphique.

tandis que [tɑ̃dik(ə)] loc conj alors que.

TD [tede] un abrév (travailleur à domicile) salarié qui travaille à la maison.

télécentre [telesɑ̃tʀ] un n lieu où sont concentrés des moyens de communication informatiques.

télétravail [teletʀavaj] le n travail à distance à l'aide d'un ordinateur.

temporaire [tɑ̃pɔʀɛʀ] adj pour une durée limitée.

tendance [tɑ̃dɑ̃s] la n évolution.

traditionnel(le) [tʀadisjɔnɛl] adj habituel.

traducteur(trice) [tʀadyktœʀ, -tʀis] un(e) n professionnel qui réécrit des textes dans une langue étrangère.

MODULE 8

Mod. 8, Étape 1

avoir le choix [avwaʀ lə ʃwa] loc avoir plusieurs possibilités.

balcon [balkɔ̃] un n petite terrasse.

cloison (de séparation) [klwazɔ̃ (də sepaʀasjɔ̃)] une n mur léger.

cloisonnement [klwazɔnmɑ̃] le n séparation.

côté [kote] un n face.

de base [də baz] loc adv standard.

de haut [də 'o] loc adv en hauteur.

de large [də laʀʒ] loc adv en largeur.

de long [də lɔ̃] loc adv en longueur.

de luxe [də lyks] loc de catégorie supérieure.

différence (de prix) [difeʀɑ̃s (də pʀi)] une n écart.

dossier d'inscription [dɔsje dɛ̃skʀipsjɔ̃] un n feuilles de renseignements à remplir pour participer.

éclairage [ekleʀaʒ] l' n lumières électriques.

enseigne [ɑ̃sɛɲ] une n panneau portant le logo ou le nom de l'entreprise.

ensemble [ɑ̃sɑ̃bl] un n groupe d'éléments assortis.

étagère [etaʒɛʀ] une n planche horizontale fixée à un mur, sur laquelle on dispose des objets.

exact(e) [ɛɡza(kt), ɛɡzakt] adj précis.

exposant(e) [ɛkspozɑ̃, -ɑ̃t] un(e) n professionnel qui dispose d'un stand pour présenter ses produits dans un salon.

faire une liste [fɛʀ yn list] loc énumérer une série d'éléments ayant un rapport entre eux.

fauteuil [fotœj] un n siège confortable.

fermer à clef [fɛʀme a kle] loc verrouiller.

fiche (technique) [fiʃ (tɛknik)] une n descriptif précis d'un produit.

formule [fɔʀmyl] une n type de prestations pour un prix donné.

hauteur ['otœʀ] la n mesure verticale.

il (ne) reste (que) [il (nə) ʀɛst (kə)] loc impers il y a seulement.

largeur [laʀʒœʀ] la n mesure horizontale.

luxeux(se) [lyksɥø, -øz] adj de grand standing.

m² [mɛtʀ kaʀe] un abrév mètre carré.

mesures [məzyʀ] les n f dimensions.

mètre carré [mɛtʀ kaʀe] un n surface d'un mètre par un mètre.

minimum [minimɔm] le n limite inférieure.

moquette [mɔkɛt] une n revêtement de sol à l'aspect laineux.

nettoyage [netwajaʒ] le n ménage.

ordre de réservation [ɔʀdʀ də ʀezɛʀvasjɔ̃] un n bon de confirmation de location.

pièce [pjɛs] une n salle.

prestations [pʀɛstasjɔ̃] les n fpl équipements ou services proposés.

prise de courant [pʀiz də kuʀɑ̃] une n point de branchement électrique.

profondeur [pʀɔfɔ̃dœʀ] la n mesure du fond à la surface.

quotidien(ne) [kɔtidjɛ̃, -jɛn] adj tous les jours.

recto verso [ʀɛkto vɛʀso] loc des deux côtés.

renvoyer [ʀɑ̃vwaje] qqch v réexpédier.

salon [salɔ̃] un n [professionnel] foire d'exposition.

se dépêcher [sə depeʃe] v aller vite.

spot [spɔt] un n lampe à faisceau étroit.

stand [stɑ̃d] un n emplacement réservé à un exposant dans un salon.

superficie [sypɛʀfisi] la n dimension au sol.

Mod. 8, Étape 2

animation [animasjɔ̃] une n événement organisé sur un salon.

annuaire [anɥɛʀ] un n [des exposants] guide répertoriant les participants et donnant les coordonnées de leur entreprise.

associé(e) [asɔsje] un(e) n partenaire.

boîte aux lettres électronique [bwat‿o lɛtʀ elɛktʀɔnik] une n e-mail.

carton d'invitation [kaʀtɔ̃ dɛ̃vitasjɔ̃] un n carte annonçant un événement et permettant au destinataire de s'y rendre.

cérémonie religieuse [seʀemɔni ʀ(ə)liʒjøz] la n office célébré dans un lieu de culte.

ciné [sine] le abrév fam cinéma.

citer [site] qqch v indiquer.

cocktail [kɔktɛl] un n réception.

conquérir [kɔ̃keʀiʀ] qqch v parvenir à contrôler.

constamment [kɔ̃stamɑ̃] adv en permanence, tout le temps.

contenir [kɔ̃t(ə)niʀ] qqch v renfermer.

créateurs d'entreprise [kʀeatœʀ dɑ̃tʀəpʀiz] les n mpl entrepreneurs qui viennent de monter une affaire.

décideurs [desidœʀ] les n mpl responsables.

donner son avis [dɔne sɔ̃‿avi] loc exprimer son opinion.

électronique industrielle [elɛktʀɔnik‿ɛ̃dystʀijɛl] l' n f secteur de l'électronique à l'usage des professionnels.

estimer [ɛstime] qqch v évaluer.

événement [evɛnmɑ̃] un n manifestation commerciale, culturelle, etc.

évolution [evɔlysjɔ̃] une n changement, transformation.

exemplaire [ɛɡzɑ̃plɛʀ] un n unité d'une série, copie.

faire connaître [fɛʀ kɔnɛtʀ] qqch loc faire la promotion de.

futur(e) [fytyʀ] adj prochain.

guide [ɡid] un n livre aidant à découvrir un lieu.

il est intéressant de [il ɛt‿ɛ̃teʀesɑ̃ də] (suivi d'un infinitif) loc cela vaut la peine de.

invitation [ɛ̃vitasjɔ̃] une n carton permettant de participer gratuitement à une manifestation professionnelle ou privée.

kit (de communication) [kit (də kɔmynikasjɔ̃)] un n ensemble d'outils de communication fournis à un exposant (annuaire, plan, badge, etc.).

ligne [liɲ] une n [de chemin de fer] trajet.

mallette [malɛt] une n porte-document.

mariage [maʀjaʒ] un n union légale d'un couple.

obliger [ɔbliʒe] qqn à faire qqch v forcer.

oralement [ɔʀalmɑ̃] adv par la voix.

organisateur(trice) [ɔʀɡanizatœʀ, -tʀis] un(e) n professionnel qui met en place et gère un événement.

outil de communication [uti də kɔmynikasjɔ̃] un n ce qui permet d'obtenir et d'échanger des informations.

passage obligé [pasaʒ ɔbliʒe] le loc rendez-vous assuré.

promotion [pʀɔmɔsjɔ̃] la n publicité.

prospection [pʀɔspɛksjɔ̃] la n recherche de nouveaux clients ou fournisseurs.

quai [ke] un n [de gare] plate-forme qui longe une voie ferrée.

recevoir [ʀəsəvwaʀ] qqn v inviter.

relations presse [ʀəlasjɔ̃ pʀɛs] **les** *n fpl* communications faites aux organes qui diffusent des informations comme les journaux, la télévision.

relations publiques [ʀəlasjɔ̃ pyblik] **les** *n fpl* méthodes et techniques d'information du public, pour promouvoir une marque, des produits, etc.

renforcer les liens [ʀɑ̃fɔʀse le ljɛ̃] avec *loc* nouer des relations plus étroites.

réponse souhaitée [ʀepɔs swete] *loc* formule signalant au destinataire d'une invitation qu'il doit donner une réponse.

retombées presse [ʀətɔ̃be pʀɛs] **les** *n fpl* résultats médiatiques d'une campagne de promotion.

savoir-faire [savwaʀfɛʀ] **le** *n inv* connaissances techniques, professionnalisme.

sélectionner [selɛksjɔne] *qqch v* choisir.

services [sɛʀvis] **les** *n mpl* secteur tertiaire de production de biens immatériels.

SNCF [ɛsɛnseɛf] **la** *abrév* (Société nationale des chemins de fer français) entreprise publique qui gère l'ensemble des transports férroviaires français.

soirée [swaʀe] **une** *n* fête.

sous-traitance [sutʀetɑ̃s] **la** *n* action de déléguer une tâche à une autre entreprise.

supplément [syplemɑ̃] **un** *n* service en plus.

teuf [tœf] **une** *n fam* fête en verlan (manière de parler qui consiste à prononcer les mots en inversant les syllabes).

TGV [teʒeve] **le** *abrév* (Train à grande vitesse) type de train développé par la SNCF dont la vitesse dépasse 300 km/heure.

visiteur [vizitœʀ] **un** *n* personne se rendant à un salon.

Mod. 8, Étape 3

à cause de [a koz də] *loc prép* en raison de.

à jour [a ʒuʀ] *loc* actualisé.

à l'avance [a lavɑ̃s] *loc adv* avant le moment prévu.

à propos [a pʀopo] *loc* au fait, justement.

agence de voyages [aʒɑ̃s də vwajaʒ] **une** *n* entreprise de service qui vend des voyages à ses clients.

aller (simple) [ale (sɛ̃pl)] **un** *n* billet de transport valable pour se rendre quelque part.

aller-retour [aleʀ(ə)tuʀ] **un** *n* billet de transport valable pour se rendre quelque part et revenir.

apporter [apɔʀte] *qqch v* venir avec.

arrivée [aʀive] **l'** *n* fait de parvenir quelque part.

bagages [bagaʒ] **les** *n mpl* valises, sacs.

Bruxelles [bʀysɛl] *n* capitale de la Belgique.

ça fait [sa fɛ] *loc fam* ça coûte.

classe affaires [klɑs afɛʀ] **la** *n* catégorie de voyage supérieure en avion.

classe économique [klɑs ekɔnɔmik] **la** *n* catégorie de voyage standard en avion.

composter [kɔ̃pɔste] *qqch v* [un billet] valider, poinçonner.

consigne [kɔ̃siɲ] **une** *n* dépôt où l'on peut laisser ses bagages dans une gare ou un aéroport.

contrôleur aérien [kɔ̃tʀolœʀ aeʀjɛ̃] **un** *n* professionnel chargé de suivre la circulation des avions, notamment au décollage et à l'atterrissage.

cumuler [kymyle] *qqch v* additionner.

Danemark [danmaʀk] **le** *n* pays scandinave d'Europe du Nord.

dédommager [dedɔmaʒe] *qqn v* indemniser.

départ [depaʀ] **le** *n* fait de quitter un lieu.

distributeur (automatique) [distʀibytœʀ (ɔtɔmatik)] **un** *n* machine qui délivre des billets de transport.

en fin de [ɑ̃ fɛ̃ də] *loc adv* au bout de.

faire une réservation [fɛʀ yn ʀezɛʀvasjɔ̃] *loc* commander un billet à l'avance.

grève [gʀɛv] **une** *n* arrêt de travail volontaire par les employés pour obtenir quelque chose de la direction.

guichet [giʃɛ] **un** *n* endroit où l'on achète les billets.

habitué(e) [abitɥe] **un(e)** *n* personne qui fréquente souvent un lieu.

il suffit de [il syfi də] *loc impers* il n'y a qu'à.

Irlande [iʀlɑ̃d] **l'** *n f* pays de l'Union européenne situé à l'ouest du Royaume-Uni.

longue distance [lɔ̃g distɑ̃s] **une** *n* voyage lointain.

Madagascar [madagaskaʀ] *n* île située au sud-est de l'Afrique.

moyen de transport [mwajɛ̃ də tʀɑ̃spɔʀ] **un** *n* véhicule permettant de se déplacer.

n'importe quel(le) [nɛ̃pɔʀt kɛl] *loc pron indéf* tous, toutes.

papiers d'identité [papje didɑ̃tite] **les** *n mpl* document officiel prouvant son identité (passeport, carte d'identité).

point [pwɛ̃] **un** *n* [à cumuler] preuve de fidélité.

reconfirmer [ʀəkɔ̃fiʀme] *qqch v* renouveler la réservation d'un billet avant le départ.

retirer [ʀətiʀe] *qqch v* aller chercher.

retour [ʀətuʀ] **le** *n* trajet inverse de l'aller.

retourner [ʀətuʀne] *qqch v* renvoyer.

signal sonore [siɲal sɔnɔʀ] *(pl* signaux*)* **un** *n* [au téléphone] bip.

sur place [syʀ plas] *prép* sur le lieu où l'on se trouve.

taxe d'aéroport [taks daeʀopɔʀ] **la** *n* impôt à payer en plus du prix du billet d'avion.

télévendeur(se) [televɑ̃dœʀ, -øz] **un(e)** *n* vendeur par téléphone.

transférer [tʀɑ̃sfeʀe] *qqn v* [sur un autre vol] faire changer d'avion.

visa [viza] **un** *n* cachet mis sur le passeport pour être autorisé à entrer dans certains pays.

vol [vɔl] **un** *n* trajet aérien.

Mod. 8, Étape 4

à pied [a pje] *loc* en marchant.

agent de voyages [aʒɑ̃ də vwajaʒ] **un** *n* professionnel de la vente de voyages.

baignoire [bɛɲwaʀ] **une** *n* grande cuve dans laquelle on prend des bains pour se laver.

bar [baʀ] **un** *n* endroit où l'on peut consommer des boissons.

catégorie [kategɔʀi] **une** *n* niveau de confort.

centre-ville [sɑ̃tʀvil] **le** *n* quartier le plus animé ou le plus ancien d'une ville.

chambre d'hôtel [ʃɑ̃bʀ dotɛl] **une** *n* pièce où dort un client dans un hôtel.

chambre double [ʃɑ̃bʀ dubl] **une** *n* chambre pour deux personne.

chambre simple / individuelle [ʃɑ̃bʀ sɛ̃pl/ɛ̃dividɥɛl] **une** *n* chambre pour une personne.

climatisé(e) [klimatize] *adj* équipé de l'air conditionné.

comparer [kɔ̃paʀe] *qqch v* évaluer deux choses l'une par rapport à l'autre.

complet(ète) [kɔ̃plɛ, -ɛt] *adj* plein.

conférence [kɔ̃feʀɑ̃s] **une** *n* assemblée, réunion autour d'un sujet.

convenable [kɔ̃vnabl] *adj* acceptable.

demi-pension [d(ə)mipɑ̃sjɔ̃] *loc* dans un hôtel, tarif comprenant l'hébergement, le petit-déjeuner et un seul repas.

deux / trois / quatre / cinq étoiles [dø/tʀwa/katʀ/sɛ̃k etwal] *loc* catégories d'hôtel, du moins au plus luxueux.

différent(e) [difeʀɑ̃, -ɑ̃t] *adj* qui n'est pas pareil.

douche [duʃ] **une** *n* installation permettant de se laver à l'aide d'un jet d'eau.

emplacement [ɑ̃plasmɑ̃] **un** *n* situation.

garage [gaʀaʒ] **un** *n* parking couvert.

handicapé(e) ['ɑ̃dikape] **un(e)** *n* personne qui souffre d'une incapacité physique ou mentale.

inclus(e) [ɛ̃kly, -yz] *adj et pp du verbe* **inclure** compris.

interprétariat [ɛ̃tɛʀpʀetaʀja] **l'** *n m* traduction orale.

je n'y manquerai pas [ʒə ni mɑ̃k(ə)ʀe pa] *loc* je n'oublierai pas.

ni l'un ni l'autre [ni lɛ̃ ni lotʀ] *loc* aucun des deux.

nuit [nɥi] **une** *n* [d'hôtel] tarif de midi un jour à midi le lendemain.

par personne [paʀ pɛʀsɔn] *loc* pour un individu.

par téléphone [paʀ telefɔn] *loc* en utilisant le téléphone.

Parc des expositions [paʀk dez ɛkspozisjɔ̃] **un** *n* grand espace regroupant des halls dans lesquels se tiennent des salons.

parking [paʀkiɲ] **un** *n* garage.

pension complète [pɑ̃sjɔ̃ kɔ̃plɛt] *loc* dans un hôtel, tarif comprenant l'hébergement et les trois repas de la journée.

petit-déjeuner [p(ə)tideʒœne] **le** *n* premier repas du matin, pris après le réveil.

précision [pʀesizjɔ̃] **une** *n* détail.

recopier [ʀəkɔpje] *qqch v* reproduire un document.

salle de bain [sal də bɛ̃] **une** *n* pièce où se trouvent les installations de toilette.

salon [salɔ̃] **un** *n* [d'un hôtel] pièce de détente.

seulement [sœlmɑ̃] *adv* uniquement.

simple [sɛ̃pl] *adj* [hôtel] modeste.

situé(e) [sitɥe] *adj et pp* localisé.

suite [sɥit] **une** *n* [dans un hôtel] petit appartement de plusieurs pièces.

télévision par satellite [televizjɔ̃ paʀ satelit] **la** *n* réception des chaînes de télévision par satellite.

tout [tu] *adv* la totalité de.

traduction [tʀadyksjɔ̃] **la** *n* transcription écrite d'une langue dans une autre langue.

week-end [wikɛnd] **un** *n* samedi et dimanche.

PROFIL 8

à l'exception de [a lɛksɛpsjɔ̃ də] *loc prép* sauf, excepté.

à la suite de [a la sɥit də] *loc* après.

Allemand(e) [almɑ̃, -ɑ̃d] **un(e)** *n* personne de nationalité allemande.

Américain(e) [ameʀikɛ̃, -ɛn] **un(e)** *n* personne de nationalité américaine.

Anglais(e) [ɑ̃glɛ, -ɛz] **un(e)** *n* personne de nationalité anglaise.

apprécié(e) [apʀesje] *pp et adj* aimé, reconnu.

Belge [bɛlʒ] **un(e)** *n* personne de nationalité belge.

benchmarketing [bɛnʃmaʀketiŋ] le n angl observation de la concurrence.

bien que [bjɛ̃ kə] loc conj malgré.

but [by(t)] un n objectif.

campagne de stimulation [kɑ̃paɲ də stimylasjɔ̃] une n entraînement à la combativité et à l'esprit d'équipe.

centre de loisirs [sɑ̃tʀ də lwaziʀ] un n lieu ouvert à tous, où se déroulent différentes activités sportives ou ludiques.

charger [ʃaʀʒe] qqn de faire qqch v donner une mission.

climat tempéré [klima tɑ̃peʀe] un n niveau de température et de pluviométrie moyen.

combativité [kɔ̃bativite] la n résistance, sens de la lutte.

concours [kɔ̃kuʀ] un n jeu permettant à des candidats de se mesurer.

constituer [kɔ̃stitɥe] qqch v représenter.

côte [kot] la n littoral, bord de mer.

culturel(elle) [kyltyʀɛl] adj qui permet de se cultiver, d'apprendre.

de transit [də tʀɑ̃zit] loc de passage.

diversité [divɛʀsite] la n multiplicité.

domaine skiable [dɔmɛn skjabl] un n ensemble des pistes de ski d'un lieu, d'une région.

échanger [eʃɑ̃ʒe] qqch v dialoguer.

être au premier rang [ɛtʀ o pʀəmje ʀɑ̃] loc occuper la première place.

exposé(e) [ɛkspoze] pp et adj montré.

extraordinaire [ɛkstʀaɔʀdinɛʀ] adj important.

favoriser [favɔʀize] qqch v encourager.

force [fɔʀs] la n succès.

itinéraire [itineʀɛʀ] un n circuit.

Japonais(e) [ʒapɔnɛ, -ɛz] un(e) n personne de nationalité japonaise.

littoral [litɔʀal] le n côte, bord de mer.

Marineland [maʀinlɑ̃d] un n parc de loisirs où l'on peut voir des animaux marins (dauphins, etc.).

Néerlandais(e) [neɛʀlɑ̃dɛ, -ɛz] un(e) n personne habitant les Pays-Bas.

observer [ɔpsɛʀve] qqch v étudier.

par tête [paʀ tɛt] loc par personne.

parapente [paʀapɑ̃t] le n parachute adapté pour le vol longue durée.

parisien(ne) [paʀizjɛ̃, -jɛn] adj de Paris.

particulièrement [paʀtikyljɛʀmɑ̃] adv spécialement.

partir [paʀtiʀ] v voyager.

patrimoine architectural [patʀimwan aʀʃitɛktyʀal] le n ensemble des bâtiments et des monuments remarquables d'un pays.

piste de ski [pist də ski] une n pente à flanc de montagne qui se prête à la pratique du ski.

potentiel [pɔtɑ̃sjɛl] un n capacité.

pour le compte de [puʀ lə kɔ̃t də] qqn loc fig pour.

pourtant [puʀtɑ̃] adv malgré cela.

primordial(e) [pʀimɔʀdjal] (mpl primordiaux [pʀimɔʀdjo], fpl primordiales [pʀimɔʀdjal]) adj essentiel.

Pyrénées [piʀene] les n fpl chaîne de montagnes qui sépare la France de l'Espagne.

raid en 4x4 [ʀɛd ɑ̃ katʀkatʀ] un n rallye de voitures tout terrain.

rallye moto [ʀali moto] un n course de motos.

rapporter [ʀapɔʀte] qqch v engendrer des bénéfices.

rarement [ʀaʀmɑ̃] adv pas souvent.

récompense [ʀekɔ̃pɑ̃s] une n cadeau obtenu en échange d'un effort.

relever un défi [ʀəl(ə)ve ɛ̃ defi] loc se mesurer à.

remplir une fonction [ʀɑ̃pliʀ yn fɔ̃ksjɔ̃] v avoir pour rôle.

responsable du développement [ʀɛspɔ̃sabl dy dev(ə)lɔpmɑ̃] un(e) n [marketing] cadre chargé de trouver de nouvelles stratégies de vente.

saut à l'élastique [so a lelastik] le n activité qui consiste à plonger dans le vide les pieds attachés à un élastique.

séminaire de motivation [seminɛʀ də mɔtivasjɔ̃] un n stage de dynamisation d'une équipe.

site touristique [sit tuʀistik] un n lieu fréquenté par les touristes.

situer [sitɥe] qqch v localiser.

stimuler [stimyle] qqch v encourager.

sur le terrain [suʀ lə teʀɛ̃] loc sur place.

touristique [tuʀistik] adj fréquenté par les touristes.

vaste [vast] adj grand, étendu.

veille concurrentielle [vɛj kɔ̃kyʀɑ̃sjɛl] la n surveillance de la concurrence, benchmarketing.

voyage d'agrément [vwajaʒ dagʀemɑ̃] un n voyage pour le plaisir.

VTT [vetete] le abrév vélo tout terrain.

MODULE 9

Mod. 9, Étape 1

ampoule [ɑ̃pul] une n globe qui émet de la lumière.

bancal(e) [bɑ̃kal] adj pas stable.

brancher [bʀɑ̃ʃe] qqch v connecter.

cahier des charges [kaje de ʃaʀʒ] un n liste des obligations qu'un client soumet à son fournisseur.

casser [kase] qqch v briser, empêcher de fonctionner.

ce n'est pas grave [sə nɛ pa gʀav] loc ce n'est pas très important.

check-list [(t)ʃɛklist] une n angl aide-mémoire.

cocher [kɔʃe] qqch v sélectionner certains éléments d'une liste en traçant une croix dans une case.

conférencier(ère) [kɔ̃feʀɑ̃sje, -jɛʀ] un(e) n orateur dans une conférence.

couverts [kuvɛʀ] les n mpl fourchettes et couteaux.

dans l'ensemble [dɑ̃ lɑ̃sɑ̃bl] loc en général.

devis [dəvi] un n estimation de prix détaillée donnée par un fournisseur à un client potentiel.

diapo [djapo] une abrév fam diapositive.

disque [disk] un n support rond sur lequel est enregistrée de la musique.

en ordre [ɑ̃n ɔʀdʀ] loc bien rangé.

envoyer [ɑ̃vwaje] qqn v faire venir.

griller [gʀije] v brûler.

installateur(trice) [ɛ̃stalatœʀ, -tʀis] un(e) n technicien chargé de l'installation du matériel sur un stand.

logistique [lɔʒistik] la n organisation matérielle.

marcher [maʀʃe] v fonctionner.

nommer [nɔme] qqch/qqn v indiquer, citer.

paperboard [pepœʀbɔʀd] un n angl tableau constitué de grandes feuilles de papier.

projection [pʀɔʒɛksjɔ̃] la n diffusion d'images sur un écran.

pupitre orateur [pypitʀ ɔʀatœʀ] un n table haute derrière laquelle se tient le conférencier.

rapprocher [ʀapʀɔʃe] qqch v mettre plus près.

régler [ʀegle] qqch v [un problème] résoudre, trouver une solution à.

réparer [ʀepaʀe] qqch v remettre en état.

rétroprojecteur [ʀetʀopʀɔʒɛktœʀ] un n appareil de projection de supports transparents.

sans problème [sɑ̃ pʀɔblɛm] loc fam cela ne pose aucune difficultés.

service [sɛʀvis] un n faveur.

vaisselle [vɛsɛl] la n service de table (assiettes, plats, etc.)

Mod. 9, Étape 2

à la fois [ala fwa] loc adv en même temps.

à la mode [ala mɔd] loc actuel.

affichage [afiʃaʒ] un n visualisation sur un écran.

ailleurs [ajœʀ] adv autre part.

argument de vente [aʀgymɑ̃ də vɑ̃t] un n ce que dit un vendeur pour convaincre un acheteur .

bureautique [byʀotik] adj relatif au matériel d'équipement de bureau.

capacité [kapasite] la n [d'une mémoire] potentiel de stockage des données.

carburant [kaʀbyʀɑ̃] le n essence, gasoil etc.

CD-ROM [sederɔm] un n inv angl abrév (Compact Disc Read Only Memory) support multimédia non enregistrable.

chevaux [ʃ(ə)vo] les n mpl unité de puissance d'un moteur.

cm³ [sɑ̃timɛtʀ kyb] un n abrév centimètre cube.

compétitif(ve) [kɔ̃petitif, -iv] adj qui peut faire face à la concurrence.

compliqué(e) [kɔ̃plike] adj complexe.

connu(e) [kɔny] pp et adj célèbre.

consommer [kɔ̃sɔme] qqch v [une voiture] brûler du carburant.

coûter [kute] qqch v valoir une somme d'argent.

démonstration [demɔ̃stʀasjɔ̃] une n présentation du fonctionnement d'un produit.

drap [dʀa] un n [de lit] tissu dans lequel on dort.

efficacité [efikasite] l' n f qualité d'une machine efficace.

ergonomie [ɛʀgɔnɔmi] l' n f fait que la forme d'un objet soit adaptée à son utilisateur.

faire ses preuves [fɛʀ se pʀœv] loc se montrer efficace.

fiable [fjabl] adj sûr.

garanti(e) [gaʀɑ̃ti] pp et adj assuré.

housse de couette ['us də kwɛt] une n drap fermé qui recouvre un duvet.

impression laser [ɛ̃pʀesjɔ̃ lazœʀ] l' n f technique d'impression utilisant le laser.

installation [ɛ̃stalasjɔ̃] une n mise en service.

installer [ɛ̃stale] qqch v mettre en service.

intéresser [ɛ̃teʀese] qqn v susciter l'intérêt de.

inventer [ɛ̃vɑ̃te] qqch v créer.

investissement [ɛ̃vɛstismɑ̃] un n placement financier productif.

linge de maison [lɛ̃ʒ də mezɔ̃] le n draps, serviettes, nappes, etc.

maintenance [mɛ̃t(ə)nɑ̃s] la n entretien d'une machine.

mémoire [memwaʀ] la n capacité de stockage des données d'un ordinateur.

multifonctions [myltifɔ̃ksjɔ̃] *adj* [machine] qui peut servir à plusieurs usages.

parc [paʀk] **un** *n* ensemble d'appareils.

pendant [pɑ̃dɑ̃] *prép* au même moment.

performance [pɛʀfɔʀmɑ̃s] **la** *n* efficacité.

poste de travail [pɔst də tʀavaj] **un** *n* ordinateur.

potentiel(le) [pɔtɑ̃sjɛl] *adj* [client] éventuel, possible.

prendre contact avec [pʀɑ̃dʀ kɔ̃takt avɛk] *qqn loc* entrer en relation avec.

puissance [pɥisɑ̃s] **la** *n* [d'un moteur] force.

rapport qualité-prix [ʀapɔʀ kalite/pʀi] **le** *n* relation entre la qualité d'un produit et son prix.

répondre aux besoins de [ʀepɔ̃dʀ o bəzwɛ̃ də] *qqn loc* satisfaire la demande de.

se terminer [sə tɛʀmine] *v* prendre fin.

simple [sɛ̃pl] *adj* facile.

spécification technique [spesifikasjɔ̃ tɛknik] **une** *n* caractéristique d'une machine.

supériorité [syperjɔʀite] **la** *n* fait d'être meilleur que les autres.

sur mesure [syʀ məzyʀ] *loc* en fonction des caractéristiques souhaitées par un client.

taie d'oreiller [tɛ dɔʀeje] **une** *n* housse dont on enveloppe un oreiller.

tomber en panne [tɔ̃be ɑ̃ pan] *v* s'arrêter de fonctionner.

véhicule [veikyl] **un** *n* moyen de transport routier.

vitesse (maximum) [vitɛs (maksimɔm)] **la** *n* rapidité exprimée en km/h.

Mod. 9, Étape 3

à ses frais [a se fʀɛ] *loc* dont le paiement est assuré par la personne.

à votre place [a vɔtʀ plas] *loc* pour vous remplacer.

accord [akɔʀ] **un** *n* [commercial] entente entre deux parties qui peut se conclure par un contrat.

agent (commercial) [aʒɑ̃ (kɔmɛʀsjal)] **un** *n* professionnel chargé de prospecter, négocier et conclure des contrats pour le compte d'une entreprise.

amical(e) [amikal] (*mpl* amicaux [amiko], *fpl* amicales [amikal]) *adj* chaleureux.

approprié(e) [apʀɔpʀije] *adj* adapté, qui convient.

Art. [aʀtikl] *abrév* article.

article [aʀtikl] **un** *n* paragraphe, clause d'un contrat.

assister à [asiste a] *qqch v* voir.

campagne de publicité [kɑ̃paɲ də pyblisite] **une** *n* opération de promotion.

CCI [sesei] **la** *abrév* Chambre de commerce internationale; *abrév* Chambre de commerce et d'industrie.

ce qui suit [s(ə) ki sɥi] *loc* ce que l'on peut lire après.

chambre de commerce [ʃɑ̃bʀ də kɔmɛʀs] **une** *n* organisme qui représente les commerçants et les industriels d'une ville.

ci-après [siapʀɛ] *loc adv* ce qui suit.

clause [kloz] **une** *n* disposition particulière dans un contrat.

clause d'exclusivité [kloz dɛksklyzivite] **une** *n* article d'un contrat qui stipule un droit sans partage.

concédé(e) [kɔ̃sede] *pp et adj* accordé.

conclure [kɔ̃klyʀ] *qqch v* signer.

concurrent(e) [kɔ̃kyʀɑ̃, -ɑ̃t] *adj* rival.

convenir [kɔ̃vniʀ] de *qqch v* **(il a été convenu** *passif*) décider.

définition [definisjɔ̃] **une** *n* explication.

démarche administrative [demaʀʃ administʀativ] **une** *n* action faite auprès des services d'une administration.

dénommé(e) [denɔme] *pp et adj* qui porte le nom de.

distribuer [distʀibɥe] *qqch v* commercialiser.

documentation technique [dɔkymɑ̃tasjɔ̃ tɛknik] **une** *n* brochure présentant les spécifications d'un produit.

droit exclusif [dʀwa ɛksklyzif] **un** *n* droit sans partage.

droits de douane [dʀwa də dwan] **les** *n mpl* taxes à payer à l'entrée ou à la sortie d'un pays.

échantillon [eʃɑ̃tijɔ̃] **un** *n* exemplaire.

en commun [ɑ̃ kɔmɛ̃] *loc* ensemble.

en principe [ɑ̃ pʀɛ̃sip] *loc* normalement.

en votre nom [ɑ̃ vɔtʀ nɔ̃] *loc* pour vous.

entrer en vigueur [ɑ̃tʀe ɑ̃ vigœʀ] *loc* prendre effet.

être à la charge de [ɛtʀ ala ʃaʀʒ də] *qqn loc* être payé par.

exclusivité [ɛksklyzivite] **l'** *n f* droit sans partage.

fiscalement [fiskalmɑ̃] *adv* en matière d'impôts.

fournir [fuʀniʀ] *qqch à qqn v* procurer.

franc(franche) [fʀɑ̃, fʀɑ̃ʃ] *adj* sincère.

groupage [gʀupaʒ] **le** *n* transport groupé de la marchandise.

intermédiaire [ɛ̃tɛʀmedjɛʀ] **un(e)** *n* [commercial] tiers qui ne fait pas partie de l'entreprise.

juridiquement [ʒyʀidikmɑ̃] *adv* selon la loi.

lancer [lɑ̃se] *qqch v* [un produit] mettre sur le marché.

limiter [limite] *qqch v* freiner.

local(e) [lɔkal] (*mpl* locaux [lɔko], *fpl* locales [lɔkal]) *adj* de la région.

marge [maʀʒ] **une** *n* bénéfice.

moyennant [mwajɛnɑ̃] *prép* en échange de.

objectif de vente [ɔbʒɛktif də vɑ̃t] **un** *n* volume ou valeur de vente visé.

par le biais de [paʀ lə bjɛ də] *loc* grâce à.

partenariat [paʀtənaʀja] **un** *n* collaboration.

parties [paʀti] **les** *n fpl* personnes ou entreprises concernées.

période d'essai [peʀjɔd desɛ] **une** *n* période pendant laquelle employé ou employeur peuvent rompre librement un contrat de travail.

politique commerciale [pɔlitik kɔmɛʀsjal] **la** *n* stratégie de vente.

porter sur [pɔʀte syʀ] *qqch v* traiter de.

poste d'expansion économique [pɔst dɛkspɑ̃sjɔ̃ ekɔnɔmik] **un** *n* organisme d'aide aux exportateurs.

pour son propre compte [puʀ sɔ̃ pʀɔpʀ kɔ̃t] *loc* pour soi.

préavis [pʀeavi] **un** *n* délai.

prendre en charge [pʀɑ̃dʀ ɑ̃ ʃaʀʒ] *loc* payer.

prix public [pʀi pyblik] **le** *n* prix proposé sur le marché.

quelque part [kɛlkə paʀ] *loc adv* dans un lieu.

recherche [ʀəʃɛʀʃ] **une** *n* quête.

reconductible [ʀəkɔ̃dyktibl] *adj* renouvelable.

remontée d'information [ʀəmɔ̃te dɛ̃fɔʀmasjɔ̃] **une** *n* circulation d'une information vers une hiérarchie supérieure.

rendre visite à [ʀɑ̃dʀ vizit a] *qqn loc* aller voir.

résiliation [ʀeziljasjɔ̃] **la** *n* annulation.

revendre [ʀəvɑ̃dʀ] *qqch v* vendre après avoir acheté.

risque de change [ʀisk də ʃɑ̃ʒ] **le** *n* risque de fluctuation d'une monnaie par apport à une autre.

succursale [sykyʀsal] **une** *n* établissement commercial dépendant d'un autre mais doté d'une certaine autonomie de gestion.

suffisant(e) [syfizɑ̃, -ɑ̃t] *adj* en quantité satisfaisante.

tester [tɛste] *qqch v* mettre à l'épreuve.

versement [vɛʀsəmɑ̃] **un** *n* paiement.

voter [vɔte] *v* exprimer son choix au cours d'une élection.

zone géographique [zon ʒeɔgʀafik] **une** *n* région.

Mod. 9, Étape 4

à table [a tabl] *loc* [négociations] à l'occasion d'un repas d'affaires.

affaires [afɛʀ] **les** *n fpl* activités économiques.

aménager [amenaʒe] *v* équiper.

augmenter [ɔgmɑ̃te] *v* accroître.

baisser [bese] *v* diminuer.

bio [bjo] *adj fam abrév* biologique.

c'est le contraire [sɛ lə kɔ̃tʀɛʀ] *loc* c'est l'inverse.

cafétéria [kafeteʀja] **une** *n* lieu de restauration rapide.

chaîne (de magasins) [ʃɛn (də magazɛ̃)] **une** *n* groupe de magasins ayant la même enseigne commerciale.

cibler [sible] *qqch v* viser.

connaissances [kɔnɛsɑ̃s] **des** *n fpl* relations, personnes que l'on connaît.

connaître [kɔnɛtʀ] *qqch v* [une hausse, des difficultés] faire l'expérience de, subir.

conserver [kɔ̃sɛʀve] *qqch v* maintenir.

déficitaire [defisitɛʀ] *adj* qui perd de l'argent.

déjà [deʒa] *adv* dès maintenant.

déjeuner d'affaires [deʒœne dafɛʀ] **un** *n* repas de midi entre hommes, femmes d'affaires.

deux fois par an [dø fwa paʀ ɑ̃] *loc* à deux occasions dans une année.

devanture [dəvɑ̃tyʀ] **une** *n* vitrine.

diminuer [diminɥe] *v* baisser.

en cours [ɑ̃ kuʀ] *loc adj* valable actuellement.

en rapport avec [ɑ̃ ʀapɔʀ avɛk] *loc* lié à.

équilibre [ekilibʀ] **l'** *n m* égalité entre gains et pertes.

essayer de [eseje də] faire *qqch v* tenter de.

être à l'étude [ɛtʀ a letyd] *loc* être en cours d'analyse.

être en augmentation [ɛtʀ ɑ̃n ɔgmɑ̃tasjɔ̃] *loc* croître.

être en baisse [ɛtʀ ɑ̃ bes] *loc* diminuer.

être ravi(e) de [ɛtʀ ʀavi də] faire *qqch loc* être content de.

évoluer [evɔlɥe] *v* changer.

faible [fɛbl] *adj* modeste, petit.

fidèle au poste [fidɛl o pɔst] *loc fam* toujours présent dans l'entreprise.

finir [finiʀ] *qqch v* terminer.

fluctuations [flyktɥasjɔ̃] **les** *n fpl* hausse et baisse fréquentes.

fort(e) [fɔʀ, fɔʀt] *adj* important.

hausse [ˈos] **une** *n* augmentation.

longtemps [lɔ̃tɑ̃] *adv* pour une longue durée.

négociation [negɔsjasjɔ̃] **une** *n* discussion en vue d'aboutir un accord.

passer de... à... [pase də... a...] *loc* augmenter/diminuer.

passer du temps à [pase dy tɑ̃ a] faire *qqch loc* se consacrer longuement à.

perte [pɛʀt] **une** n déficit.

politique [pɔlitik] **une** n stratégie.

présenter [pʀezɑ̃te] qqn v faire rencontrer quelqu'un à quelqu'un d'autre.

progresser [pʀɔgʀese] v augmenter.

propice [pʀɔpis] à qqch adj favorable.

rachat [ʀaʃa] **le** n [d'une entreprise] acquisition.

racheter [ʀaʃ(ə)te] qqch v acquérir.

redresser [ʀədʀese] qqch v [une entreprise] améliorer la situation de.

réduire [ʀedɥiʀ] qqch v diminuer.

remonter la pente [ʀəmɔ̃te la pɑ̃t] loc fig améliorer sa situation.

rendre une invitation [ʀɑ̃dʀ yn ɛ̃vitasjɔ̃] qqch loc inviter à son tour.

repas d'affaires [ʀəpa dafɛʀ] **un** n déjeuner ou dîner entre hommes, femmes d'affaires.

résultat [ʀezylta] (de qqch) loc fam conclusion.

réussir [ʀeysiʀ] v avoir du succès, prospérer.

revoir [ʀəvwaʀ] qqn v retrouver.

s'agrandir [sagʀɑ̃diʀ] v se développer.

sensiblement [sɑ̃sibləmɑ̃] adv notablement.

souffrir de [sufʀiʀ də] qqch v subir les conséquences de.

supérette [sypeʀɛt] **une** n petit supermarché.

supérieur(e) à [sypeʀjœʀ a] adj [chiffres] d'un montant plus élevé que.

temps [tɑ̃] **le** n météorologie.

tradition [tʀadisjɔ̃] **une** n coutume.

transmettez mes amitiés à [tʀɑ̃smete mez‿amitje a] loc faites part de mes salutations à.

PROFIL 9

accès [aksɛ] **un** n fig possibilité d'entrer.

action [aksjɔ̃] **une** n opération, campagne.

affirmer [afiʀme] qqch v [notoriété] consolider.

agricole [agʀikɔl] adj de l'agriculture.

ainsi [ɛ̃si] adv par conséquent.

air [ɛʀ] **l'** n m ce que l'on respire.

alimentation [alimɑ̃tasjɔ̃] **l'** n f secteur des produits que l'on mange ou que l'on boit.

Antiquité [ɑ̃tikite] **l'** n f époque ancienne grecque et romaine.

atelier [atəlje] **un** n [dans un salon] animation.

au service de [o sɛʀvis də] loc dont l'activité est utile à.

Bordeaux [bɔʀdo] n ville d'Aquitaine dans le sud-ouest de la France.

bruit [bʀɥi] **le** n volume sonore.

capacité d'accueil [kapasite dakœj] **la** n nombre de places.

centre d'exposition [sɑ̃tʀ dɛkspozisjɔ̃] **un** n lieu qui accueille les manifestations.

classer [klase] qqch v ordonner.

clés en main [kle(z)‿ɑ̃ mɛ̃] loc prêt à l'emploi.

CNIT [knit]; [seenit] **le** abrév (Centre national des industries et des techniques) centre d'affaires et d'expositions situé dans le quartier de la Défense à Paris.

collectivité locale [kɔlɛktivite lɔkal] **une** n circonscription administrative (municipalité, département, région).

communication interne/externe [kɔmynikasjɔ̃ ɛ̃tɛʀn/ɛkstɛʀn] **la** n communication à l'usage des employés d'une entreprise/à l'usage des personnes extérieures à l'entreprise (public, presse, etc).

congrès [kɔ̃gʀɛ] **un** n conférence.

convaincre [kɔ̃vɛ̃kʀ] qqn v persuader.

croissant(e) [kʀwasɑ̃, -ɑ̃t] adj en augmentation.

cycle [sikl] **un** n ce qui revient périodiquement.

décoration [dekɔʀasjɔ̃] **la** n aménagement de l'habitat.

découvrir [dekuvʀiʀ] qqch v trouver.

demander [d(ə)mɑ̃de] qqch v nécessiter.

dépendre de [depɑ̃dʀ də] qqch / qqn v subir les conditions de.

deux-roues [døʀu] **un** n véhicule de type vélo ou moto.

eau [o] **l'** n f élément naturel liquide.

éco-industrie [ekoɛ̃dystʀi] **une** n industrie dont l'activité est liée à l'écologie.

édition [edisjɔ̃] **une** n [d'un salon] session.

électoral(e) [elɛktɔʀal] (mpl électoraux [elɛktɔʀo], fpl électorales [elɛktɔʀal]) adj de vote.

en action [ɑ̃‿aksjɔ̃] loc en activité.

en un temps record [ɑ̃ ɛ̃ tɑ̃ ʀəkɔʀ] loc très rapidement.

enfantin(e) [ɑ̃fɑ̃tɛ̃, -in] adj pour enfants.

enquête [ɑ̃kɛt] **une** n investigation, recherche.

expert [ɛkspɛʀ] **un(e)** n personne très qualifiée dans un domaine précis.

finances [finɑ̃s] **les** n fpl budget.

foire [fwaʀ] **une** n salon.

fondamentalement [fɔ̃damɑ̃talmɑ̃] adv principalement.

grand public [gʀɑ̃ pyblik] loc [salon] ouvert aux non professionnels.

impair(e) [ɛ̃pɛʀ] adj avec un nombre impair comme trois.

improviser [ɛ̃pʀɔvize] qqch v faire quelque chose sans l'avoir préparé.

innovation [inɔvasjɔ̃] **une** n nouveauté, changement.

international(e) [ɛ̃tɛʀnasjɔnal] (mpl internationaux [ɛ̃tɛʀnasjɔno], fpl internationales [ɛ̃tɛʀnasjɔnal]) adj des pays étrangers.

investir [ɛ̃vestiʀ] v placer de l'argent pour le faire fructifier.

jouer un rôle [ʒwe ɛ̃ ʀol] loc compter, avoir de l'importance.

l'autre [lotʀ] loc qui n'est pas soi.

lingerie [lɛ̃ʒʀi] **la** n ensemble des sous-vêtements pour femmes.

logistique [lɔʒistik] adj concernant l'organisation.

mener une enquête [məne yn‿ɑ̃kɛt] loc faire une recherche, investiguer.

montrer [mɔ̃tʀe] qqch v exposer.

notoriété [nɔtɔʀjete] **la** n célébrité.

pair(e) [pɛʀ] adj avec un nombre pair comme quatre.

palmarès [palmaʀɛs] **le** n liste.

parallèle [paʀalɛl] adj simultané.

PDG [pedeʒe] **un** n abrév (président-directeur général) personne qui a la plus haute fonction de direction dans l'entreprise.

perspective [pɛʀspɛktiv] **une** n possibilité.

politique de communication [pɔlitik də kɔmynikasjɔ̃] **la** n stratégie de relation publique et de publicité.

présence [pʀezɑ̃s] **la** n existence.

prospect [pʀɔspɛ(kt)] **un** n angl client potentiel.

public [pyblik] **le** n gens.

réactif(ve) [ʀeaktif, -iv] adj sensible.

remonter à [ʀəmɔ̃te a] qqch v dater de.

se faire une idée de [sə fɛʀ yn ide də] qqch loc juger.

se justifier [sə ʒystifje] v s'expliquer.

se professionnaliser [sə pʀɔfesjɔnalize] v se spécialiser.

se rencontrer [sə ʀɑ̃kɔ̃tʀe] v se voir, entrer en contact.

se tenir [sə təniʀ] v avoir lieu.

session [sesjɔ̃] **une** n période pendant laquelle a lieu un événement.

sophistiqué(e) [sɔfistike] adj élaboré, complexe.

Strasbourg [stʀazbuʀ] n ville de l'est de la France.

stratégie [stʀateʒi] **une** n politique, plan.

supposer [sypoze] qqch v nécessiter.

table ronde [tabl ʀɔ̃d] **une** n réunion comprenant un petit nombre de participants.

tenue [təny] **la** n déroulement.

toucher [tuʃe] qqch v prendre.

traitement de l'information [tʀɛtmɑ̃ də lɛ̃fɔʀmasjɔ̃] **le** n tri, sélection des informations.

vitrine [vitʀin] **la** n fig lieu de présentation.

voir [vwaʀ] qqch v constater visuellement.

MODULE 10

Mod. 10, Étape 1

à l'ordre de [a lɔʀdʀ də] loc [payer] au bénéfice de.

améliorer [ameljɔʀe] qqch v rendre meilleur.

article (de presse) [aʀtikl (də pʀɛs)] **un** n texte écrit par un journaliste.

attentes [atɑ̃t] **les** n fpl demandes, exigences.

avec impatience [avɛk‿ɛ̃pasjɑ̃s] loc sans pouvoir attendre.

avoir le temps [avwaʀ lə tɑ̃] de faire qqch loc être disponible pour.

bon d'achat [bɔ̃ daʃa] **un** n coupon d'une certaine valeur à échanger contre un produit.

carte de fidélité [kaʀt də fidelite] **une** n carte donnant droit, après un certain nombre d'achats, à une réduction ou à une offre gratuite.

chèque cadeau [ʃɛk kado] **un** n chèque factice d'une certaine valeur à échanger contre un produit.

club de vacances [klœb də vakɑ̃s] **un** n centre de vacances où sont rassemblés l'hébergement, les loisirs et les activités sportives.

confiance [kɔ̃fjɑ̃s] **la** n assurance que quelqu'un ou quelque chose ne peut décevoir.

consacrer du temps [kɔ̃sakʀe dy tɑ̃] à qqn loc passer un long moment avec.

courrier des lecteurs [kuʀje de lɛktœʀ] **le** n rubrique consacrée à la correspondance des lecteurs dans un journal.

croisière [kʀwazjɛʀ] **une** n voyage touristique en bateau.

donner l'impression de [dɔne lɛ̃pʀesjɔ̃ də] loc faire croire que.

durer [dyʀe] v s'étendre dans le temps.

empêcher [ɑ̃peʃe] qqn de faire qqch v ne pas permettre à.

en période de [ɑ̃ peʀjɔd də] loc pendant.

enquête de satisfaction [ɑ̃kɛt də satisfaksjɔ̃] **une** n sondage pour mesurer le niveau de contentement des consommateurs.

enquêteur(se) [ɑ̃kɛtœʀ, -øz] **un(e)** n professionnel qui fait un sondage.

entretenir [ɑ̃tʀət(ə)niʀ] qqch v [image de marque] prendre soin de, maintenir.

fait à [fɛt a] loc [sur un chèque] indication du lieu de signature du chèque.

fidèle [fidɛl] *adj* [client] qui achète régulièrement.

fidélisation [fidelizasjɔ̃] **la** *n* techniques visant à faire revenir les clients.

image de marque [imaʒ də maʀk] **l'** *n f* réputation.

inciter [ɛ̃site] qqn à faire qqch *v* convaincre de, amener à.

journal télévisé [ʒuʀnal televize] **le** *n* informations présentées à la télévision.

lecteur(trice) [lɛktœʀ, -tʀis] **un(e)** *n* personne qui achète et lit un journal ou un magazine.

magazine [magazin] **un** *n* revue généralement illustrée qui paraît régulièrement.

marchand de journaux [maʀʃɑ̃ də ʒuʀno] **un** *n* vendeur de journaux.

nombreux(se) [nɔ̃bʀø, -øz] *adj* en grand nombre.

nominatif(ve) [nɔminatif, -iv] *adj* personnel.

note [nɔt] **une** *n* appréciation, commentaire.

numéro [nymeʀo] **un** *n* [de magazine] exemplaire.

offre (promotionnelle) [ɔfʀ (pʀɔmosjɔnɛl)] **une** *n* action commerciale consistant à baisser le prix d'un produit ou à offrir un autre avantage à l'achat pendant un certain temps.

ouverture [uvɛʀtyʀ] **l'** *n f* [des magasins] heure où les portes s'ouvrent.

pareil(le) [paʀɛj] *adj* semblable.

particulier(ère) [paʀtikylje, -jɛʀ] *adj* spécifique.

pas mal [pa mal] *loc fam* plutôt bien.

passage [pɑsaʒ] **un** *n* visite.

personnel(le) [pɛʀsɔnɛl] *adj* [invitation] adressée à une seule personne.

plein de [plɛ̃ də] *adv* rempli de.

poser des questions [poze de kɛstjɔ̃] *loc* interroger.

privé(e) [pʀive] *adj* [vente] sur invitation, réservée aux meilleurs clients.

profil [pʀɔfil] **un** *n* personnalité.

promesse [pʀɔmɛs] **une** *n* engagement.

promotion [pʀɔmosjɔ̃] **une** *n* réduction sur le prix.

quotidien [kɔtidjɛ̃] **un** *n* journal qui paraît tous les jours.

randonnée [ʀɑ̃dɔne] **une** *n* longue promenade à pied.

récompenser [ʀekɔ̃pɑse] qqn *v* offrir quelque chose à quelqu'un pour le remercier d'un effort.

régulièrement [ʀegyljɛʀmɑ̃] *adv* périodiquement.

revenir [ʀəv(ə)niʀ] *v* venir à nouveau.

s'abonner à [sabɔne a] qqch *v* [un magazine] payer un forfait pour recevoir plusieurs numéros.

s'inscrire [sɛ̃skʀiʀ] quelque part *v* faire enregistrer son nom et éventuellement verser de l'argent pour participer à.

spécial(e) [spesjal] (*mpl* **spéciaux** [spesjo], *fpl* **spéciales** [spesjal]) *adj* particulier, différent.

superbe [sypɛʀb] *adj* très beau.

tout le temps [tu l(ə) tɑ̃] *loc adv* en permanence.

utile [ytil] *adj* qui sert à quelque chose.

vanity(-case) [vaniti(-kɛz)] **un** *n angl* petite valise de toilette.

voir au dos [vwaʀ o do] *loc* retourner le document pour lire ce qu'il y a derrière.

Mod. 10, Étape 2

accroche [akʀɔʃ] **une** *n* slogan publicitaire qui attire l'attention.

affranchir [afʀɑ̃ʃiʀ] qqch *v* [une lettre] coller un timbre sur.

aménagement [amenaʒmɑ̃] **un** *n* arrangement, amélioration.

arranger [aʀɑ̃ʒe] qqn *v* convenir à.

attirer [atiʀe] qqn *v* [des clients] faire venir.

attrayant(e) [atʀɛjɑ̃, -ɑ̃t] *adj* [offre] intéressant, qui pousse à l'achat.

ça ne sera pas long [sa nə s(ə)ʀa pa lɔ̃] *loc* ça sera rapide.

carte-réponse [kaʀtʀepɔ̃s] **une** *n* coupon détachable servant à répondre à une offre.

chargé(e) [ʃaʀʒe] *adj* [emploi du temps] rempli.

code [kɔd] **le** *n* [d'un immeuble] numéro à composer sur un clavier pour entrer.

conformément à [kɔ̃fɔʀmemɑ̃ a] *adv* comme prévu par, en adéquation avec.

constructeur [kɔ̃stʀyktœʀ] **un** *n* professionnel de la construction immobilière.

cuisine équipée [kɥizin ekipe] **une** *n* cuisine aménagée avec des meubles encastrés.

démarcheur [demaʀʃœʀ] **un** *n* vendeur qui sollicite ses clients à domicile (porte-à-porte ou démarchage par téléphone).

déranger [deʀɑ̃ʒe] qqn *v* gêner, importuner.

devis [dəvi] **un** *n* estimation de prix détaillée donnée par un fournisseur à un client potentiel.

disposition légale [dispozisjɔ̃ legal] **une** *n* article de loi.

elle-même/lui-même [ɛlmɛm/lɥimɛm] *loc* [au téléphone] c'est moi.

emploi du temps [ɑ̃plwa dy tɑ̃] **un** *n* programme.

en vigueur [ɑ̃ vigœʀ] *loc* en application.

engagement ferme [ɑ̃gaʒmɑ̃ fɛʀm] **un** *n* promesse sur laquelle on ne peut revenir.

enrichir [ɑ̃ʀiʃiʀ] qqch *v fig* [un fichier] ajouter des informations à.

entendre parler de [ɑ̃tɑ̃dʀ paʀle də] qqch *v* avoir connaissance de.

être occupé(e) [ɛtʀ ɔkype] *pp et passif* ne pas être disponible.

faire barrage [fɛʀ baʀaʒ] à qqn *loc* [au téléphone] empêcher quelqu'un de joindre son correspondant.

faire construire [fɛʀ kɔ̃stʀɥiʀ] qqch *v* faire bâtir.

fichier clients [fiʃje klijɑ̃] **le** *n* liste informatique comportant les noms et les coordonnées des clients.

financement [finɑ̃smɑ̃] **le** *n* paiement.

formation permanente [fɔʀmasjɔ̃ pɛʀmanɑ̃t] **la** *n* enseignement destiné aux salariés des entreprises (on dit aussi *formation continue*).

il paraît que [il paʀɛ kə] *loc impers* j'ai entendu dire que.

immeuble [imœbl] **un** *n* bâtiment.

importer [ɛ̃pɔʀte] qqch *v* [des données] transférer d'un ordinateur à un autre.

je suis bien chez [ʒə sɥi bjɛ̃ ʃe] *loc* [au téléphone] je m'adresse bien à.

lettre type [lɛtʀ tip] **une** *n* document dont on peut se servir comme modèle.

mailing [meliŋ] **un** *n angl* envoi massif de courrier.

maison individuelle [mɛzɔ̃ ɛ̃dividɥɛl] **une** *n* habitation réservée à une seule famille.

mettre sous enveloppe [mɛtʀ suz ɑ̃v(ə)lɔp] *loc* glisser un document dans une enveloppe.

motif [mɔtif] **le** *n* raison.

objection [ɔbʒɛksjɔ̃] **une** *n* réserve.

passer chez [pase ʃe] qqn *v* aller voir, visiter.

poster [pɔste] qqch *v* mettre à la poste ou dans une boîte aux lettres.

prendre rendez-vous [pʀɑ̃dʀ ʀɑ̃devu] avec qqn *loc* retenir une date et une heure de rencontre avec.

prise de congé [pʀiz də kɔ̃ʒe] **la** *n* [avec un client] fin d'un entretien.

prise de contact [pʀiz də kɔ̃takt] **la** *n* [avec un client] premiers échanges.

prise en charge [pʀiz ɑ̃ ʃaʀʒ] **la** *n* fait de s'occuper de.

rapporter [ʀapɔʀte] qqch *v* [oralement] répéter.

rassembler [ʀasɑ̃ble] qqch *v* réunir.

s'exprimer [sɛkspʀime] *v* parler, s'expliquer.

se déplacer [sə deplase] *v* venir.

se procurer [sə pʀɔkyʀe] qqch *v* obtenir, trouver.

sonner [sɔne] chez qqn *v* avertir quelqu'un de son arrivée à l'aide d'une sonnette.

terrain [teʀɛ̃] **un** *n* [à bâtir] zone constructible.

variété [vaʀjete] **une** *n* diversité.

voisin(e) [vwazɛ̃, -in] **un(e)** *n* personne qui habite à proximité.

Mod. 10, Étape 3

à base de [a baz də] *loc* qui contient.

affiche [afiʃ] **une** *n* panneau publicitaire.

animateur(trice) [animatœʀ, -tʀis] **un(e)** *n* professionnel de la démonstration qui vante les qualités d'un produit pour en faire la promotion.

appareil électroménager [apaʀɛj elɛktʀomenaʒe] **un** *n* machine électrique servant aux tâches ménagères.

avoir horreur de [avwaʀ ɔʀœʀ də] qqch *loc* détester.

biodégradable [bjodegʀadabl] *adj* qui se décompose naturellement.

biologique [bjɔlɔʒik] *adj* naturel.

bon de réduction [bɔ̃ də ʀedyksjɔ̃] **un** *n* coupon donnant droit à une remise sur le prix.

bulletin-réponse [byltɛ̃ʀepɔ̃s] **un** *n* questionnaire à remplir et à renvoyer.

ce n'est pas mauvais [sə nɛ pa mɔvɛ] *loc fam* c'est mangeable.

chemise [ʃ(ə)miz] **une** *n* vêtement léger boutonné devant et couvrant le torse.

chimique [ʃimik] *adj* artificiel.

combien ça coûte [kɔ̃bjɛ̃ sa kut] *loc* quel est le prix.

composition [kɔ̃pozisjɔ̃] **la** *n* éléments rentrant dans la fabrication, ingrédients.

croissant [kʀwasɑ̃] **un** *n* pâtisserie que l'on mange traditionnellement au petit-déjeuner.

déclencher [deklɑ̃ʃe] qqch *v* provoquer.

dégustation gratuite [degystasjɔ̃ gʀatɥit] **une** *n* action commerciale permettant aux consommateurs de goûter des produits.

démonstration [demɔ̃stʀasjɔ̃] **une** *n* action commerciale permettant de montrer le fonctionnement d'un produit.

deux... pour le prix d'un [dø puʀ lə pʀi dɛ̃] *loc* offre de deux produits pour le prix d'un seul.

écolabel [ekolabɛl] **un** *n* logo européen certifiant que le produit respecte l'environnement.

efficace [efikas] *adj* performant, qui produit l'effet attendu.

en fibres naturelles [ɑ̃ fibʀ natyʀɛl] *loc* non synthétique.

enfant [ɑ̃fɑ̃] **un(e)** *n* petite fille ou petit garçon.

être combiné(e) [ɛtʀ kɔ̃bine] *pp et passif* être composé.

faire les vitres [fɛʀ le vitʀ] *loc* laver les carreaux d'une fenêtre.

faire un effort [fɛʀ ɛ̃ ̭efɔʀ] *loc* se donner du mal.

fourré(e) au miel/au raisin [fuʀe o mjɛl/o ʀɛzɛ̃] *loc* qui contient du miel/du raisin.

galette [galɛt] **une** *n* gâteau plat et sec.

gâteau [gato] (*pl* gâteaux [gato]) **un** *n* pâtisserie.

goûter [gute] qqch *v* manger en petite quantité pour tester.

hypoallergénique [ipoalɛʀʒenik] *adj* qui ne provoque pas d'allergie.

immédiat(e) [imedja, -jat] *adj* qui a lieu tout de suite.

impact [ɛ̃pakt] **l'** *n m* effet.

individuellement [ɛ̃dividɥɛlmɑ̃] *adv* un par un.

ingrédient [ɛ̃gʀedjɑ̃] **un** *n* élément qui entre dans la composition d'un produit alimentaire.

lessive [lesiv] **la** *n* produit pour laver le linge.

lieu de vente [ljø də vɑ̃t] **le** *n* endroit où un produit est commercialisé.

naturel(le) [natyʀɛl] *adj* qui n'a pas été modifié par l'homme.

nettoyage [netwajaʒ] **le** *n* lavage.

offrir [ɔfʀiʀ] qqch *v* donner.

OGM [oʒeɛm] **un** *abrév* organisme génétiquement modifié.

paquet [pakɛ] **un** *n* boîte.

parfum [paʀfɛ̃] **un** *n* goût, saveur.

plus produit [plus pʀɔdɥi] **un** *n* quantité en plus.

point commun [pwɛ̃ kɔmɛ̃] **un** *n* élément partagé.

polluant(e) [pɔlɥɑ̃, -ɑ̃t] *adj* dangereux pour l'environnement.

prépayé(e) [pʀepeje] *pp et adj* déjà payé.

prix spécial de lancement [pʀi spesjal də lɑ̃smɑ̃] **un** *n* tarif promotionnel pour la sortie d'un produit sur le marché.

produit chimique [pʀɔdɥi ʃimik] **un** *n* produit synthétique.

produit de nettoyage [pʀɔdɥi də netwajaʒ] **un** *n* produit qui sert à laver.

promo [pʀomo] **une** *n abrév fam* promotion.

propreté [pʀɔpʀəte] **la** *n* qualité de ce qui est propre, de ce qui n'est pas sale.

pur beurre [pyʀ bœʀ] *loc* fait seulement avec du beurre.

radio [ʀadjo] **la** *n* média d'émission et de transmission de sons des ondes.

rayon pâtisserie [ʀejɔ̃ pɑtisʀi] **le** *n* partie d'un magasin où l'on vend des gâteaux.

révolutionnaire [ʀevɔlysjɔnɛʀ] *adj* innovant, sans comparaison avec ce qui existait auparavant.

sans colorant [sɑ̃ kɔlɔʀɑ̃] *loc* sans additif chimique.

sans effort [sɑ̃ ̭efɔʀ] *loc* sans peine.

sous-sol [susɔl] **le** *n* niveau en dessous du rez-de-chaussée.

spot télévisé [spɔt televize] **un** *n* message publicitaire à la télévision.

supplément [syplemɑ̃] **un** *n* [produit] offre en plus.

timbre(-poste) [tɛ̃bʀ(-pɔst] **un** *n* ce que l'on colle sur une lettre ou un colis pour l'affranchir.

trop [tʀo] *adv* plus qu'il ne faudrait.

vanter les mérites de [vɑ̃te le meʀit də] qqch *loc* faire l'éloge de, énumérer les qualités de.

yogourt/yaourt ['jɔguʀt/'jauʀt] **un** *n* produit laitier en petit pot.

Mod. 10, Étape 4

aider [ede] qqn *v* renseigner.

américain(e) [ameʀikɛ̃, -ɛn] *adj* des Etats-Unis.

arriver à [aʀive a] faire qqch *v* réussir à.

assistance technique [asistɑ̃s tɛknik] **l'** *n* service après-vente d'aide au client qui a un problème avec une machine et qui peut téléphoner pour le résoudre par téléphone.

assurer [asyʀe] qqch *v* s'occuper de.

caisse [kɛs] **une** *n* machine qui calcule et qui enregistre les ventes.

chiffre [ʃifʀ] **un** *n* nombre.

congélateur [kɔ̃ʒelatœʀ] **un** *n* appareil frigorifique qui maintient les aliments à très basse température.

dans les vingt-quatre heures [dɑ̃ le vɛ̃katʀ̭ œʀ] *loc* dans un délai de un jour.

de rechange [də ʀəʃɑ̃ʒ] *loc* qui remplace une pièce défectueuse.

dépanneur [depanœʀ] **un** *n* réparateur.

essorer [esɔʀe] qqch *v* débarrasser du maximum d'eau.

faire qqch pour qqn [fɛʀ kɛlkəʃoz puʀ kɛlkɛ̃] *loc* aider.

faire une faveur à [fɛʀ yn favœʀ a] qqn *loc* rendre un service à.

fonctionner [fɔ̃ksjɔne] *v* marcher.

fondateur(trice) [fɔ̃datœʀ, -tʀis] **un(e)** *n* créateur.

gagner une bataille [gaɲe yn bataj] *loc fig* remporter une victoire.

garantie pièces et main-d'œuvre [gaʀɑ̃ti pjɛs e mɛ̃dœvʀ] **une** *n* engagement du vendeur envers l'acheteur à réparer gratuitement un appareil défectueux sans lui faire payer ni les pièces de rechange ni le réparateur.

gratuitement [gʀatɥitmɑ̃] *adv* sans frais.

interruption [ɛ̃teʀypsjɔ̃] **une** *n* arrêt.

lave-vaisselle [lavvɛsɛl] **un** *n inv* machine servant à nettoyer couverts, assiettes, verres, etc.

machine à laver [maʃin ̭a lave] **une** *n* machine servant à nettoyer le linge.

numéro vert [nymeʀo vɛʀ] **un** *n* numéro de téléphone gratuit.

opportunité [ɔpɔʀtynite] **une** *n* occasion.

panne [pan] **une** *n* arrêt à la suite d'un dysfonctionnement.

profitable [pʀɔfitabl] *adj* utile.

rassurer [ʀasyʀe] qqn *v* redonner confiance à.

recevoir [ʀəsəvwaʀ] qqch *v* capter.

réparation [ʀepaʀasjɔ̃] **une** *n* remise en état.

SAV [ɛsave] **le** *abrév* service après-vente.

se disputer avec [sə dispyte avɛk] qqn *v* se quereller avec.

se faire un plaisir de [sə fɛʀ ɛ̃ pleziʀ də] faire qqch *loc* faire volontiers.

service après-vente [sɛʀvis ̭apʀɛvɑ̃t] **le** *n* engagement du vendeur envers l'acheteur à assurer la maintenance ou la réparation des produits.

service consommateurs [sɛʀvis kɔ̃sɔmatœʀ] **le** *n* département chargé des relations avec la clientèle.

sous garantie [su gaʀɑ̃ti] *loc* se dit d'un produit qui bénéficie de la possibilité d'être réparé gratuitement par le vendeur.

touche étoile [tuʃ ̭etwal] **la** *n* touche d'un clavier téléphonique.

transfert d'appels [tʀɑ̃sfɛʀ dapɛl] **le** *n* service téléphonique qui permet d'envoyer ses appels vers un autre poste.

à la française [ala fʀɑ̃sɛz] *loc prép* comme on le fait en France.

acteur [aktœʀ] **un** *n fig* personnalité importante.

adolescent(e) [adɔlesɑ̃, -ɑ̃t] **un(e)** *n* jeune garçon/fille.

afficheur [afiʃœʀ] **un** *n* professionnel de l'affichage publicitaire.

affrété(e) [afʀete] *pp et adj* loué.

aller bien/mal [ale bjɛ̃/mal] *loc* [une entreprise] avoir une bonne/mauvaise santé financière.

ampleur [ɑ̃plœʀ] **l'** *n f* importance.

annonceur [anɔ̃sœʀ] **un** *n* société qui fait passer une annonce publicitaire dans la presse, à la télévision, etc.

appeler à [aple a] qqch *v* demander, faire une campagne pour.

au cours de [o kuʀ də] *loc* pendant.

au large de [o laʀʒ də] *loc* en face de.

avoir de beaux jours devant soi [avwar də bo ʒuʀ dəvɑ̃ swa] *loc* avoir un avenir prometteur.

baptiser [batize] qqch *v fig* surnommer.

bonneterie [bɔnɛtʀi] **une** *n* industrie et commerce de vêtements de type chaussettes, collants, culottes, etc.

boycott [bɔjkɔt] **le** *n angl* refus des relations commerciales ou politiques pour sanctionner.

Bretagne [bʀətaɲ] **la** *n* région maritime de l'ouest de la France.

chic [ʃik] *adj inv et n* élégant, distingué.

choc [ʃɔk] *appos et n* étonnant.

chocolat [ʃɔkɔla] **le** *n* produit alimentaire fabriqué à partir de cacao.

cible [sibl] **la** *n* [des critiques] objet d'une attaque.

cinéma [sinema] **le** *n* septième art.

commune [kɔmyn] **une** *n* division administrative, ville ou village.

compagnie pétrolière [kɔ̃paɲi petʀɔljɛʀ] **une** *n* entreprise qui exploite et distribue des produits à base pétrole.

cosmétiques [kɔsmetik] **les** *n mpl* produits de beauté.

couler [kule] *v* disparaître sous la mer, sombrer.

coup de pouce [ku də pus] **un** *n* aide.

coup dur [ku dyʀ] **un** *n* événement négatif inattendu.

coupable [kupabl] *adj* qui a commis une faute.

créatif(ve) [kʀeatif, -iv] *adj* qui a des idées nouvelles, de l'imagination.

critique [kʀitik] **une** *n* jugement négatif.

culotte [kylɔt] **une** *n* slip.

culture [kyltyʀ] **la** *n* connaissances liées à un groupe de personnes, un pays, comme la musique, la littérature.

cure de rajeunissement [kyʀ də ʀaʒœnismɑ̃] **une** *n fig* promotion d'une nouvelle image.

défilé (de mode) [defile (də mɔd)] **un** *n* présentation de vêtements portés par des mannequins.

dépenser [depɑ̃se] qqch *v* employer de l'argent pour acheter.

désastre [dezastʀ] **un** *n* catastrophe.

désir [deziʀ] **un** *n* souhait.

diffuser [difyze] qqch *v* transmettre au public.

diversification [divɛsifikasjɔ̃] **la** *n* augmentation de la variété.

diversifié(e) [divɛʀsifje] *pp et adj* varié.

élitiste [elitist] *adj* réservé à un petit nombre de personnes.

en chute libre [ɑ̃ ʃyt libʀ] *loc* en baisse rapide.

en coton [ɑ̃ kɔtɔ̃] *loc* fait à partir de la plante de coton.

en forme [ɑ̃ fɔʀm] *loc fig* qui donne de bons résultats, qui marche.

en panne [ɑ̃ pan] *loc fig* qui donne de mauvais résultats, qui ne marche plus.

envie [ɑ̃vi] **l'** *n f* désir.

essor [esɔʀ] **un** *n* croissance.

faire appel à [fɛʀ‿apɛl‿a] qqch *loc* évoquer, faire penser.

faire la différence [fɛʀ la difeʀɑ̃s] *loc* être différent des autres, se faire remarquer.

finalement [finalmɑ̃] *adv* à la fin, en définitive.

finir par [finiʀ paʀ] faire qqch *loc* en arriver à.

fondé(e) [fɔ̃de] *pp et adj* créé.

fou (folle) [fu, fɔl] *adj* déraisonnable.

gagner un pari [gaɲe ɛ̃ paʀi] *loc* réussir quelque chose de risqué.

gaieté [gete] **la** *n* joie.

gigantesque [ʒigɑ̃tɛsk] *adj* immense.

grande distribution [gʀɑ̃d distʀibysjɔ̃] **la** *n* secteur de la vente en grande surface.

indemnisation [ɛ̃dɛmnizasjɔ̃] **une** *n* réparation financière.

inespéré(e) [inɛspeʀe] *pp et adj* inattendu.

insolent(e) [ɛ̃sɔlɑ̃, -ɑ̃t] *adj* provoquant.

Internet [ɛ̃tɛʀnɛt] *n m* réseau de communication télématique international.

irresponsable [iʀɛspɔ̃sabl] *adj* inconséquent, qui ne prend pas en compte les conséquences de ses actes.

jeu de mots [ʒø d(ə) mo] **un** *n* plaisanterie à partir d'une ressemblance entre des mots.

libre-échange [libʀeʃɑ̃ʒ] **le** *n* système économique dans lequel les échanges commerciaux entre les pays se font librement et sans droits de douane.

look [luk] **le** *n fam* allure.

marée noire [maʀe nwaʀ] **la** *n* pollution maritime par les hydrocarbures.

marqué(e) par [maʀke paʀ] *pp et adj* caractérisé par.

médias [medja] **les** *n mpl* télévision, radio, journaux, etc.

message (publicitaire) [mesaʒ (pyblisitɛʀ)] **un** *n* annonce, réclame.

million [miljɔ̃] **un** *n* mille fois mille.

minimiser [minimize] qqch *v* rendre moins important, sous-estimer.

naufrage [nofʀaʒ] **le** *n* disparition d'un bateau en mer.

nécessité [nesesite] **la** *n* obligation.

packaging [paka(d)ʃiŋ] **le** *n angl* conditionnement d'un produit en vue de sa publicité.

photo [foto] **une** *n* image.

plan de restructuration [plɑ̃ də ʀəstʀyktyʀasjɔ̃] **un** *n* stratégie de redressement d'une entreprise en difficulté.

poids [pwa] **le** *n* force.

pollué(e) [pɔlɥe] *adj* sali, souillé par la pollution.

porter [pɔʀte] qqch *v* revêtir.

prospectus [pʀɔspɛktys] **un** *n* papier sur lequel est imprimée une publicité.

pub [pyb] **la** *n fam abrév* publicité.

RATP [ɛʀatepe] **la** *abrév* (Régie autonome des transports parisiens) société qui gère les transports en commun de Paris et la région parisienne (métro, autobus).

réagir [ʀeaʒiʀ] *v* répondre à.

reprendre [ʀəpʀɑ̃dʀ] qqch *v* [une affaire] prendre en charge la gestion de.

s'attaquer à [satake a] qqch *v* [un problème] chercher à résoudre.

s'exporter [sɛkspɔʀte] *v* se vendre à l'étranger.

s'habiller [sabije] *v* se vêtir.

satirique [satiʀik] *adj* humoristique.

se démarquer de [sə demaʀke də] *v* se différencier de.

se vendre [sə vɑ̃dʀ] *v* avoir un succès commercial.

sentiment [sɑ̃timɑ̃] **un** *n* impression.

simplicité [sɛ̃plisite] **la** *n* modestie.

sous la pression de [su la pʀesjɔ̃ də] qqch/qqn *loc* sous l'influence de.

sous-vêtements [suvɛtmɑ̃] **les** *n mpl* vêtements que l'on porte à même la peau, sous les autres habits.

spectaculaire [spɛktakylɛʀ] *adj* impressionnant.

succès [syksɛ] **le** *n* réussite.

support publicitaire [sypɔʀ pyblisitɛʀ] **un** *n* mode de diffusion d'une publicité.

susciter [sysite] qqch *v* provoquer.

symbole [sɛ̃bɔl] **un** *n* incarnation.

tailleur [tajœʀ] **un** *n* ensemble composé d'une veste et d'une jupe ou d'un pantalon.

tee-shirt [tiʃœʀt] **un** *n angl* vêtement léger à manches courtes.

tendresse [tɑ̃dʀɛs] **la** *n* affection.

ticket (de métro) [tikɛ (də metʀo)] **un** *n* titre de transport pour prendre le métro.

totalement [tɔtalmɑ̃] *adv* complètement.

triste [tʀist] *adj* sans joie.

vie [vi] **la** *n* existence.

XXᵉ siècle [vɛ̃tjɛm sjɛkl] *loc* années comprises entre 1901 et 2001.

NET 3

affiner la recherche [afine la ʀ(ə)ʃɛʀʃ] *loc* choisir des critères plus précis pour obtenir une information.

agence événementielle [aʒɑ̃s evɛnmɑ̃sjɛl] **une** *n* entreprise de service qui organise des salons, des séminaires.

avoir lieu [avwaʀ ljø] *loc* se tenir, se dérouler.

barre de menu [baʀ də məny] **la** *n* partie de l'écran ou sont regroupées les icônes ou les fonctions d'un logiciel ou d'un site.

curseur [kyʀsœʀ] **le** *n* petite flèche sur l'écran que l'on peut faire bouger à l'aide de la souris.

événement (professionnel) [evɛnmɑ̃ (pʀofesjonɛl)] **un** *n* salon, séminaire, etc.

l'année dernière [lane dɛʀnjɛʀ] *loc* l'année d'avant.

manifestation (professionnelle) [manifɛstasjɔ̃ (pʀofesjonɛl)] **une** *n* salon, séminaire, etc.

mode de recherche [mɔd də ʀ(ə)ʃɛʀʃ] **un** critères permettant de trouver une information.

newsletter [njuzlɛtœʀ] **une** *n angl* bulletin d'information diffusé par courrier électronique.

onglet [ɔ̃glɛ] **un** *n* pastille de couleur signalant un lien avec une section ou une rubrique sur le site et permettant l'ouverture d'une nouvelle page.

organiser [ɔʀganize] qqch *v* mettre sur pied.

portail thématique [pɔʀtaj tematik] **un** *n* site Internet qui permet d'accéder à d'autres sites autour d'un même sujet.

prévu(e) [pʀevy] *adj et pp* à venir.

recherche rapide [ʀ(ə)ʃɛʀʃ ʀapid] **une** *n* sélection de critères afin d'accéder à une information.

ressources [ʀəsuʀs] **des** *n* informations.

retour à [ʀətuʀ a] *loc* pour revenir en arrière.

retour haut de page [ʀətuʀ 'o d(ə) paʒ] *loc* icône qui permet de revenir au début de la page.

s'y retrouver [si ʀətʀuve] *loc* ne pas se perdre dans la masse d'information.

se dérouler [sə deʀule] *v* avoir lieu.

trouver [tʀuve] (+ *adj*) *v* sembler.

une multitude de [yn myltityd də] *loc* beaucoup de.

INDEX ALPHABÉTIQUE GÉNÉRAL